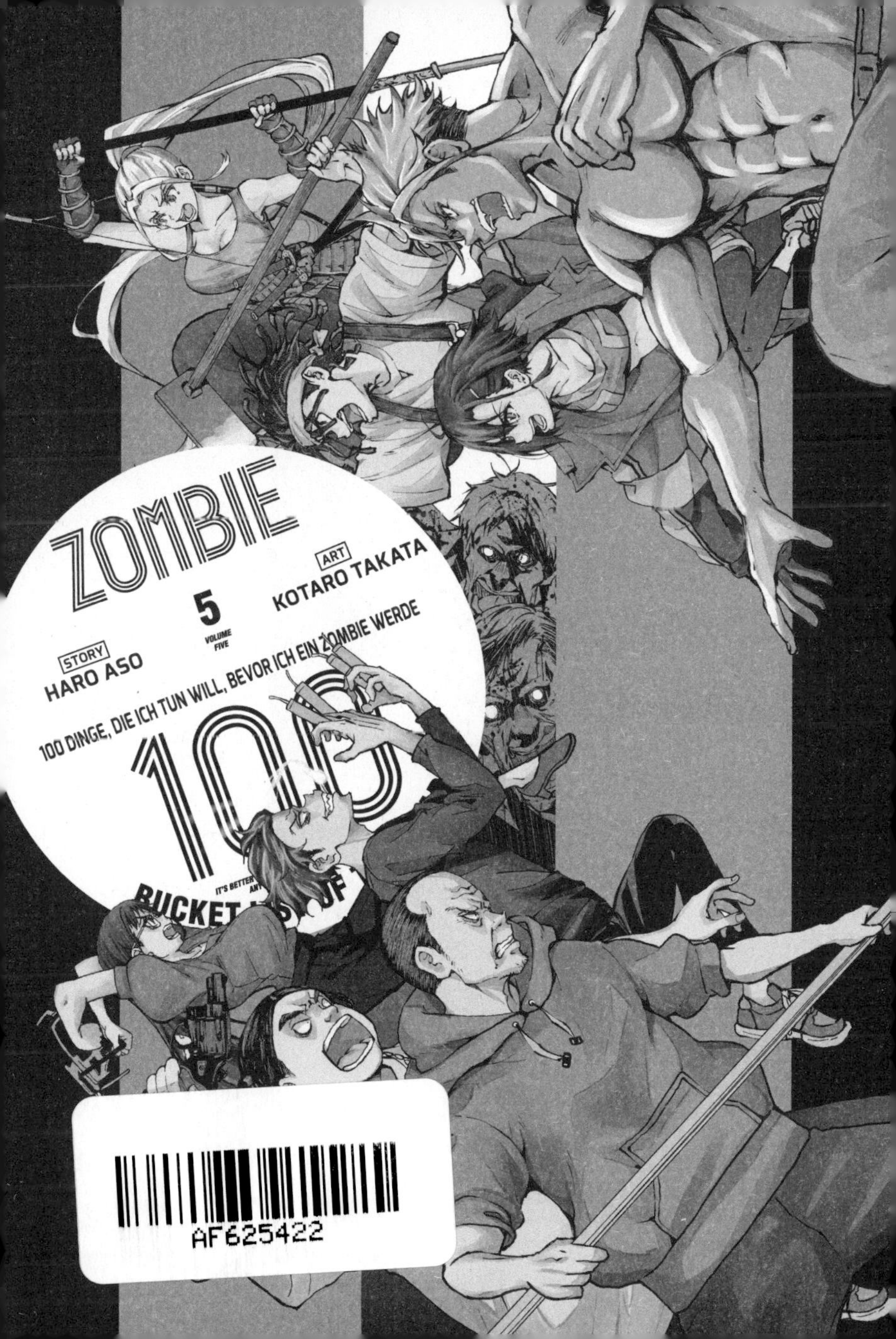
ZOMBIE
ART
KOTARO TAKATA
5
VOLUME FIVE
STORY
HARO ASO
100 DINGE, DIE ICH TUN WILL, BEVOR ICH EIN ZOMBIE WERDE
100

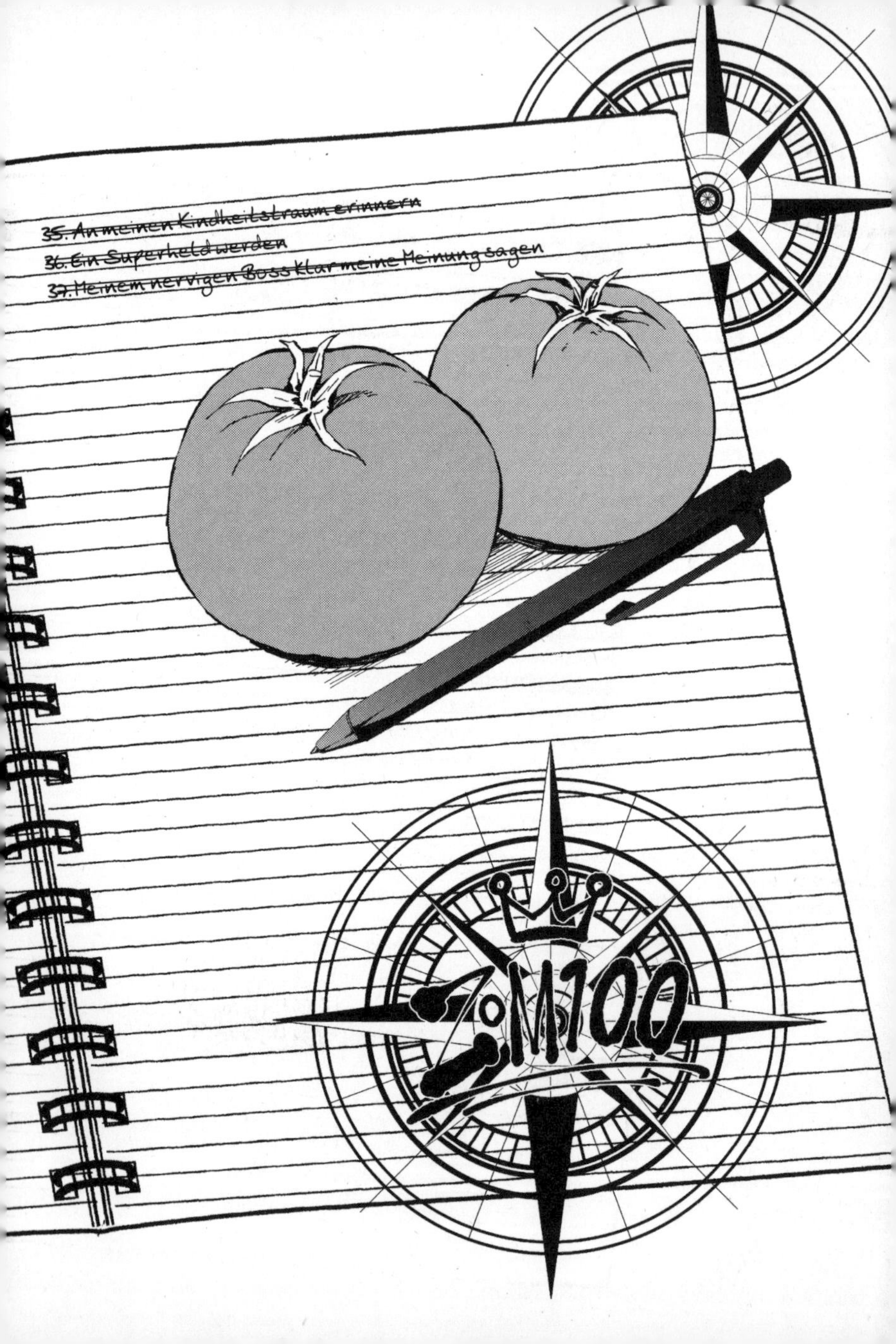
35. An meinen Kindheitstraum erinnern
36. Ein Superheld werden
37. Meinem nervigen Boss klar meine Meinung sagen

# 100 DINGE, DIE ICH TUN WILL, BEVOR ICH EIN ZOMBIE WERDE

~~1. Der Person, die ich mochte, sagen, dass ich sie mag~~
~~2. Apartment-Großputz~~
~~3. Ab mittags Bier trinken und gammeln~~
~~4. Mit einem A-Klasse-Motorrad herumfahren~~
5. Dreadlocks
6. Ganz Japan bereisen
~~7. Bauch mit teurem Sushi vollschlagen~~
8. Polarlicht ansehen
~~9. Mit einer Stewardess abhängen~~
~~10. Einen coolen Bart wachsen lassen~~
~~11. Auf einem großen TV Games zocken~~
12. Lobster-all-you-can-eat
13. Kriegsspiel
14. Skydiving
~~15. Golduhr tragen~~
~~16. Im Onsen relaxen~~
~~17. Im Campingmobil rumfahren~~
~~18. Terrassencamping~~
19. Ölgemälde malen
~~20. In einen Stripklub gehen~~
21. SLR-Kamera benutzen
22. Cosplay machen
~~23. Baumhaus bauen~~
24. Englisch lernen
25. Free-Hug-Aktion machen
26. Ein Flaschenschiff bauen
~~27. SUP-Yoga machen~~
28. Outdoor-Livekonzert anschauen
29. Mit hohem Einsatz um den Riesengewinn zocken
30. Alle 60 Bände von Sangokushi auf einmal lesen
31. Zu Hause mit meinen Eltern Zeit verbringen
~~32. Mit meinem besten Kumpel bis zum Morgen trinken und rum~~
33. Eine liebenswerte Frau treffen
34. Comedian werden

INHALT

# #16 HOMETOWN OF THE DEAD ②

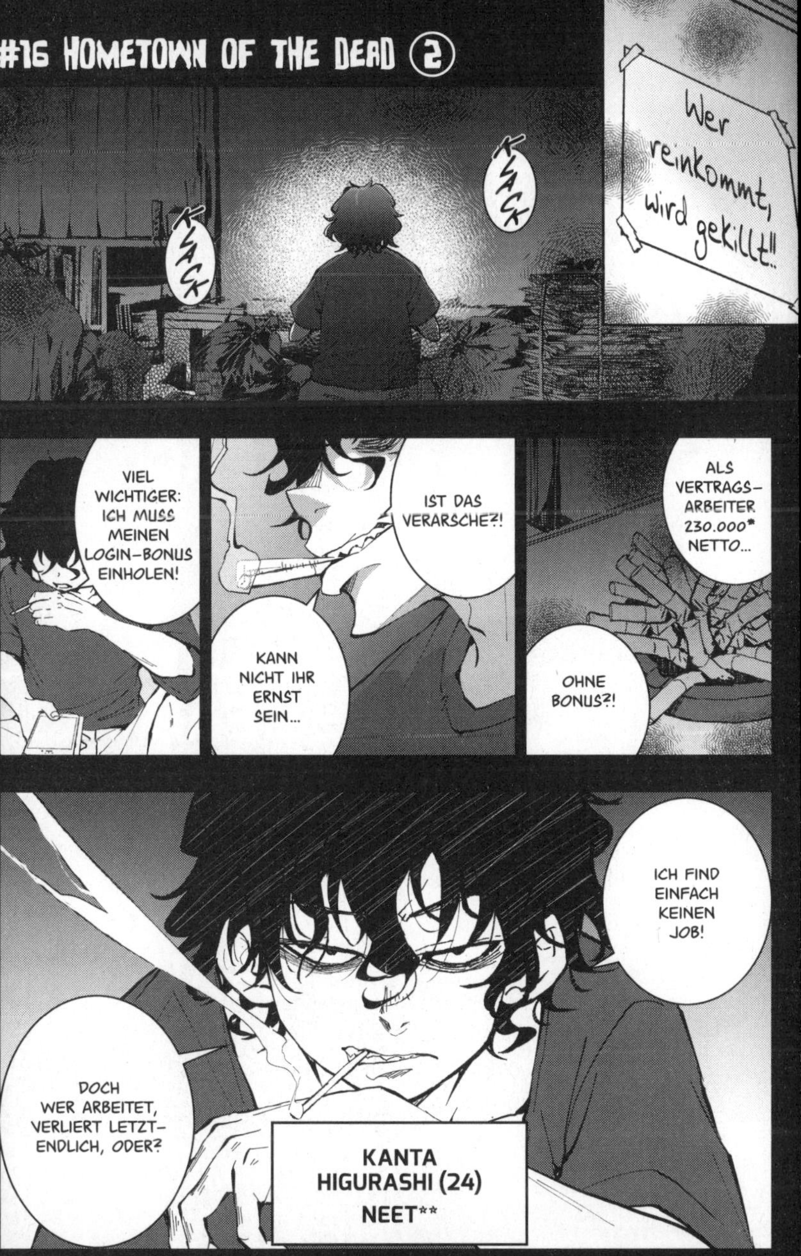


* CA. 1770 EURO

** JUGENDLICHER OHNE AUSBILDUNG ODER ARBEIT

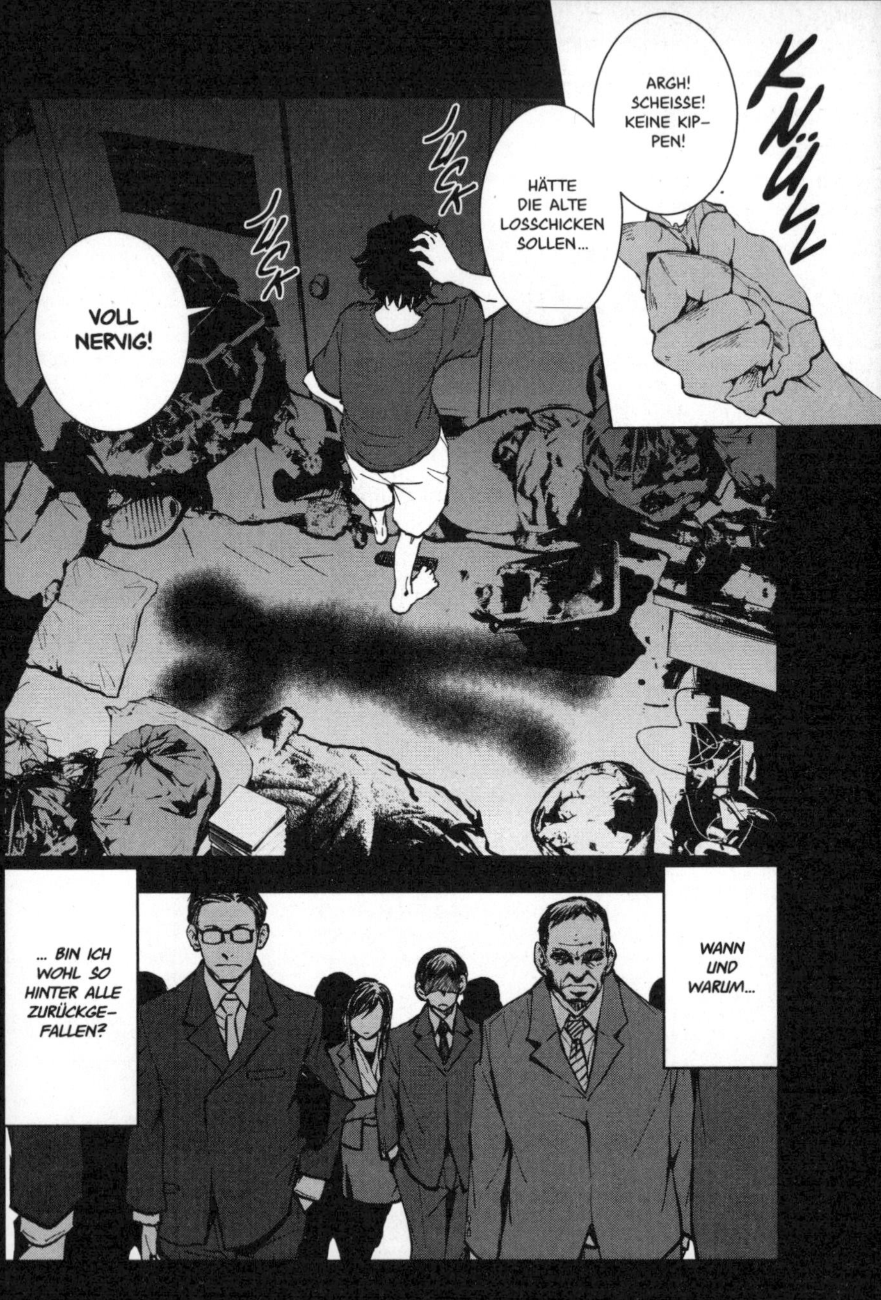
KNÜLL
ARGH! SCHEISSE! KEINE KIP-PEN!
HÄTTE DIE ALTE LOSSCHICKEN SOLLEN...
JUCK JUCK
VOLL NERVIG!
WANN UND WARUM...
... BIN ICH WOHL SO HINTER ALLE ZURÜCKGE-FALLEN?

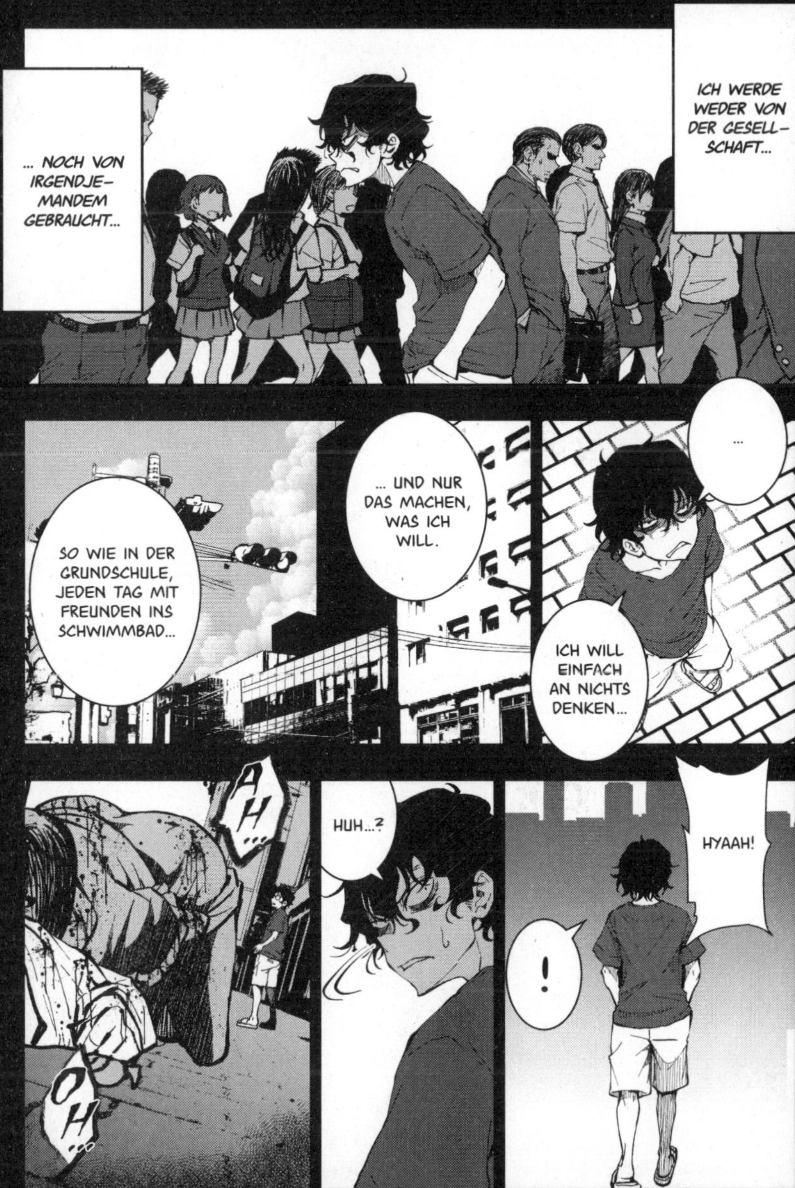
ICH WERDE WEDER VON DER GESELL-SCHAFT...
... NOCH VON IRGENDJE-MANDEM GEBRAUCHT...
...
ICH WILL EINFACH AN NICHTS DENKEN...
... UND NUR DAS MACHEN, WAS ICH WILL.
SO WIE IN DER GRUNDSCHULE, JEDEN TAG MIT FREUNDEN INS SCHWIMMBAD...
HYAAH!
!
HUH...?
AH...
OH...

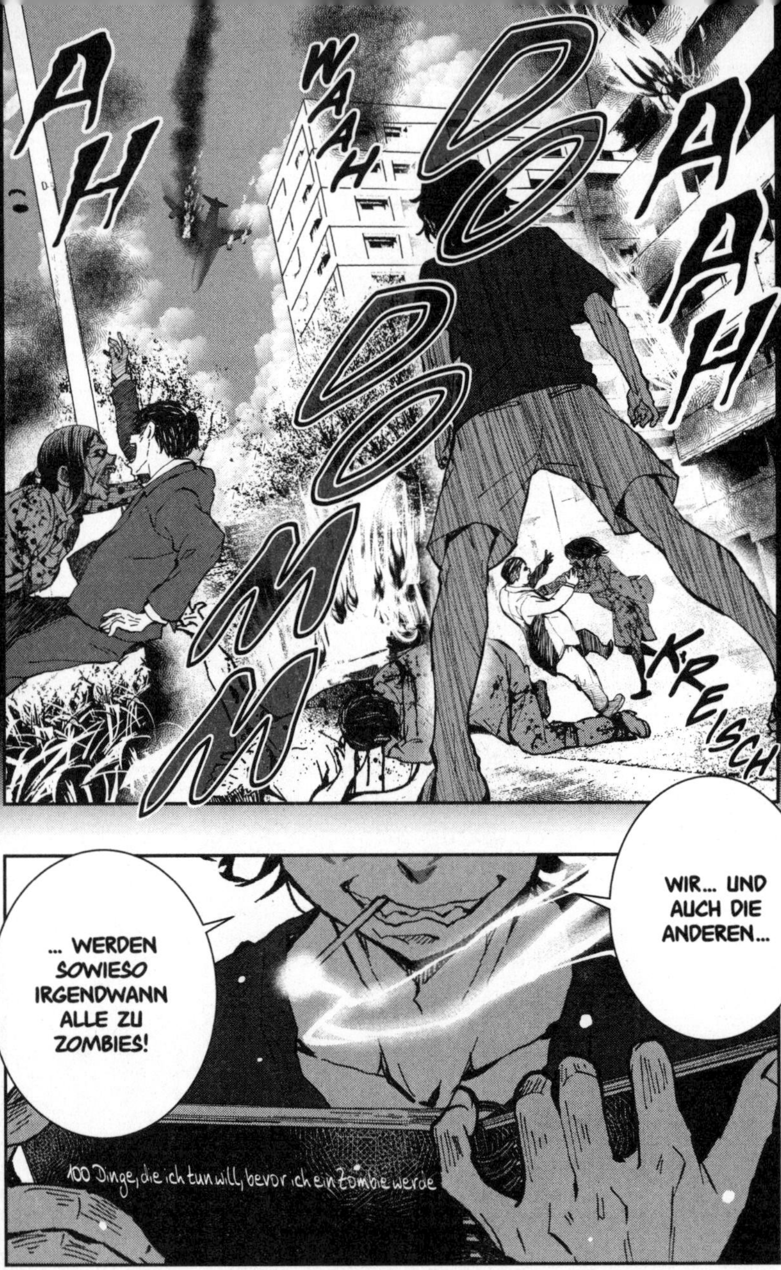
AAAAAH
WAAAH
DOOOSSMMM
AH
KREISCH
WIR... UND AUCH DIE ANDEREN...
... WERDEN SOWIESO IRGENDWANN ALLE ZU ZOMBIES!
100 Dinge, die ich tun will, bevor ich ein Zombie werde

# #16 HOMETOWN OF THE DEAD ②

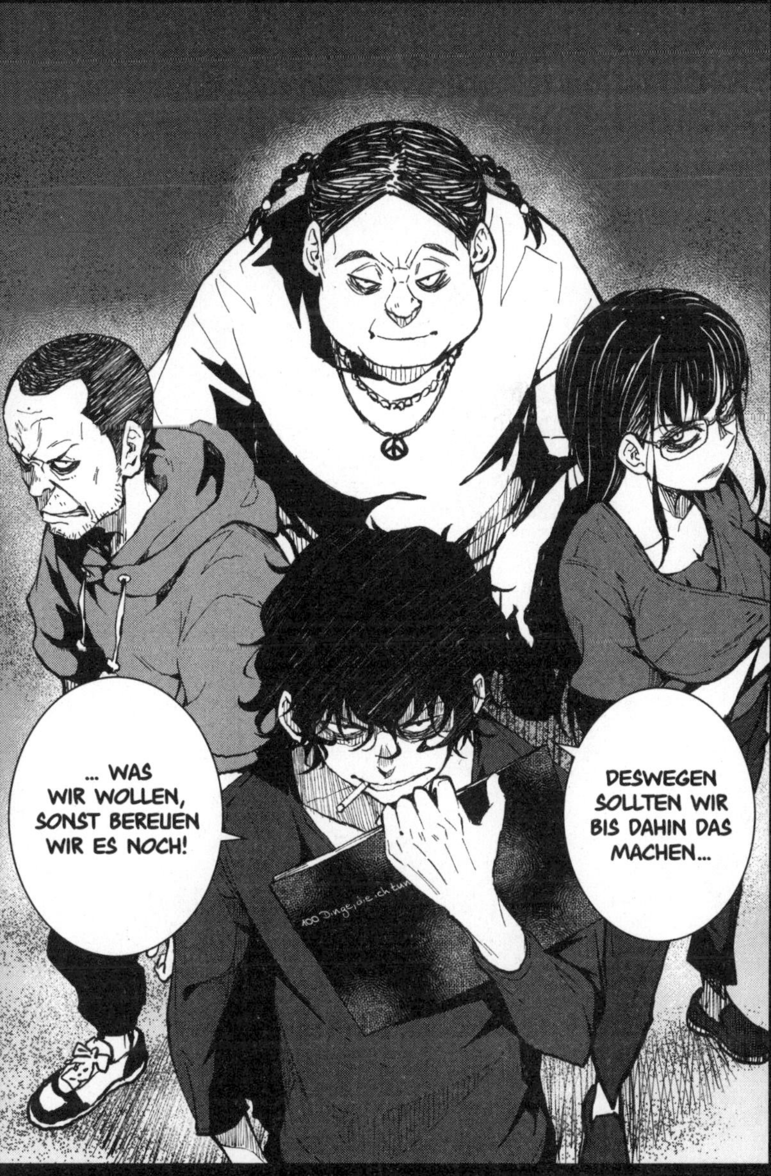

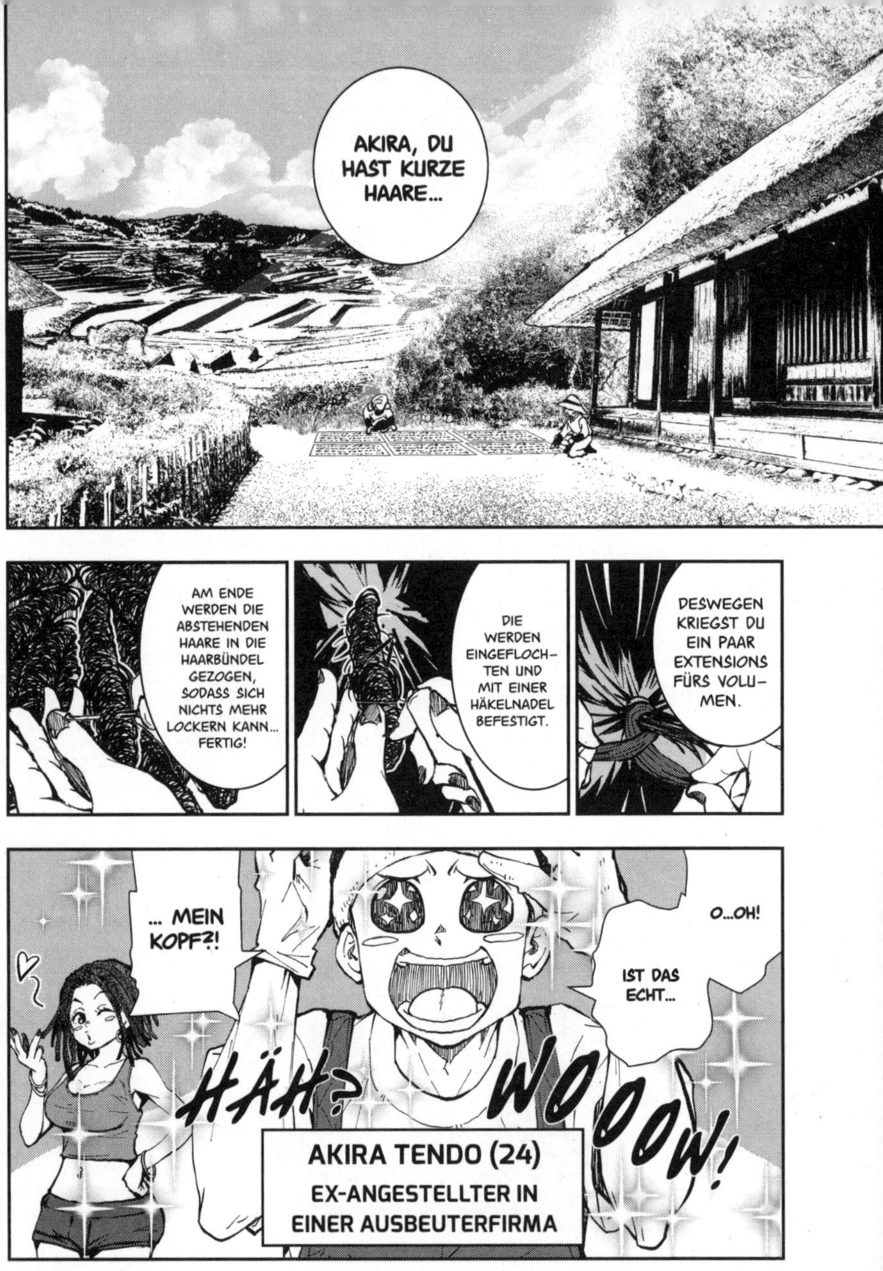
AKIRA, DU HAST KURZE HAARE ...
DESWEGEN KRIEGST DU EIN PAAR EXTENSIONS FÜRS VOLU- MEN.
DIE WERDEN EINGEFLOCH- TEN UND MIT EINER HÄKELNADEL BEFESTIGT.
AM ENDE WERDEN DIE ABSTEHENDEN HAARE IN DIE HAARBÜNDEL GEZOGEN, SODASS SICH NICHTS MEHR LOCKERN KANN ... FERTIG!
O...OH!
IST DAS ECHT ...
... MEIN KOPF?!
WOOOOW!
HÄH?
AKIRA TENDO (24)
EX-ANGESTELLTER IN EINER AUSBEUTERFIRMA

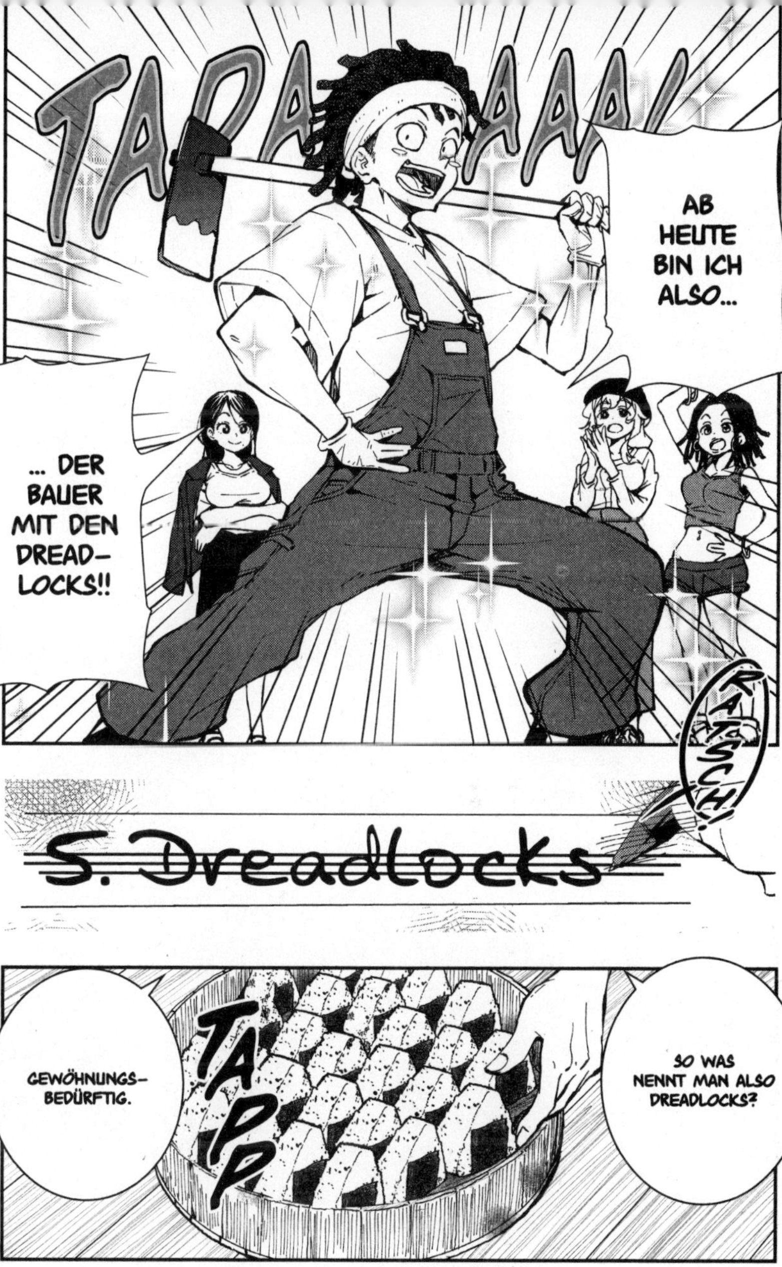
AB HEUTE BIN ICH ALSO...
... DER BAUER MIT DEN DREADLOCKS!!
RATSCH!
5. Dreadlocks
SO WAS NENNT MAN ALSO DREADLOCKS?
TAPP
GEWÖHNUNGS-BEDÜRFTIG.

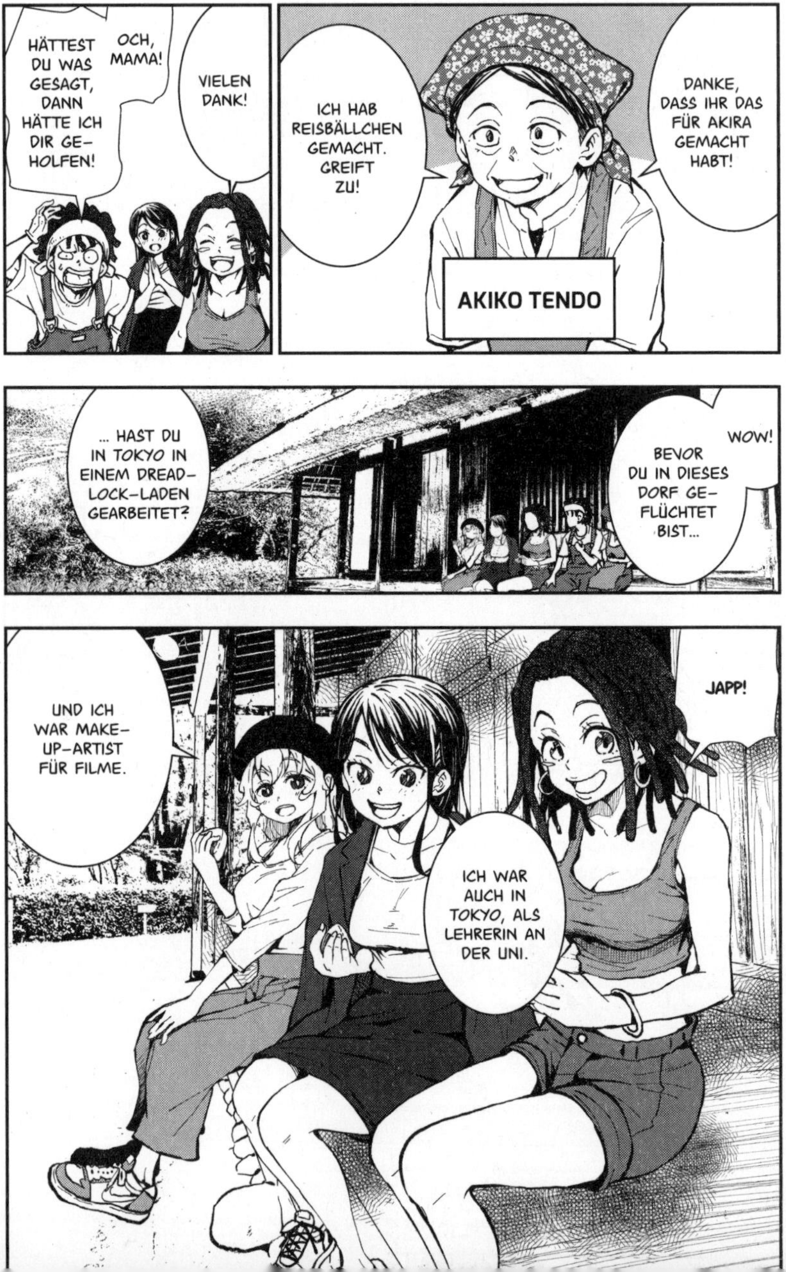

DANKE, DASS IHR DAS FÜR AKIRA GEMACHT HABT!
ICH HAB REISBÄLLCHEN GEMACHT. GREIFT ZU!
AKIKO TENDO
VIELEN DANK!
OCH, MAMA!
HÄTTEST DU WAS GESAGT, DANN HÄTTE ICH DIR GEHOLFEN!
WOW!
BEVOR DU IN DIESES DORF GEFLÜCHTET BIST...
... HAST DU IN TOKYO IN EINEM DREADLOCK-LADEN GEARBEITET?
JAPP!
ICH WAR AUCH IN TOKYO, ALS LEHRERIN AN DER UNI.
UND ICH WAR MAKE-UP-ARTIST FÜR FILME.

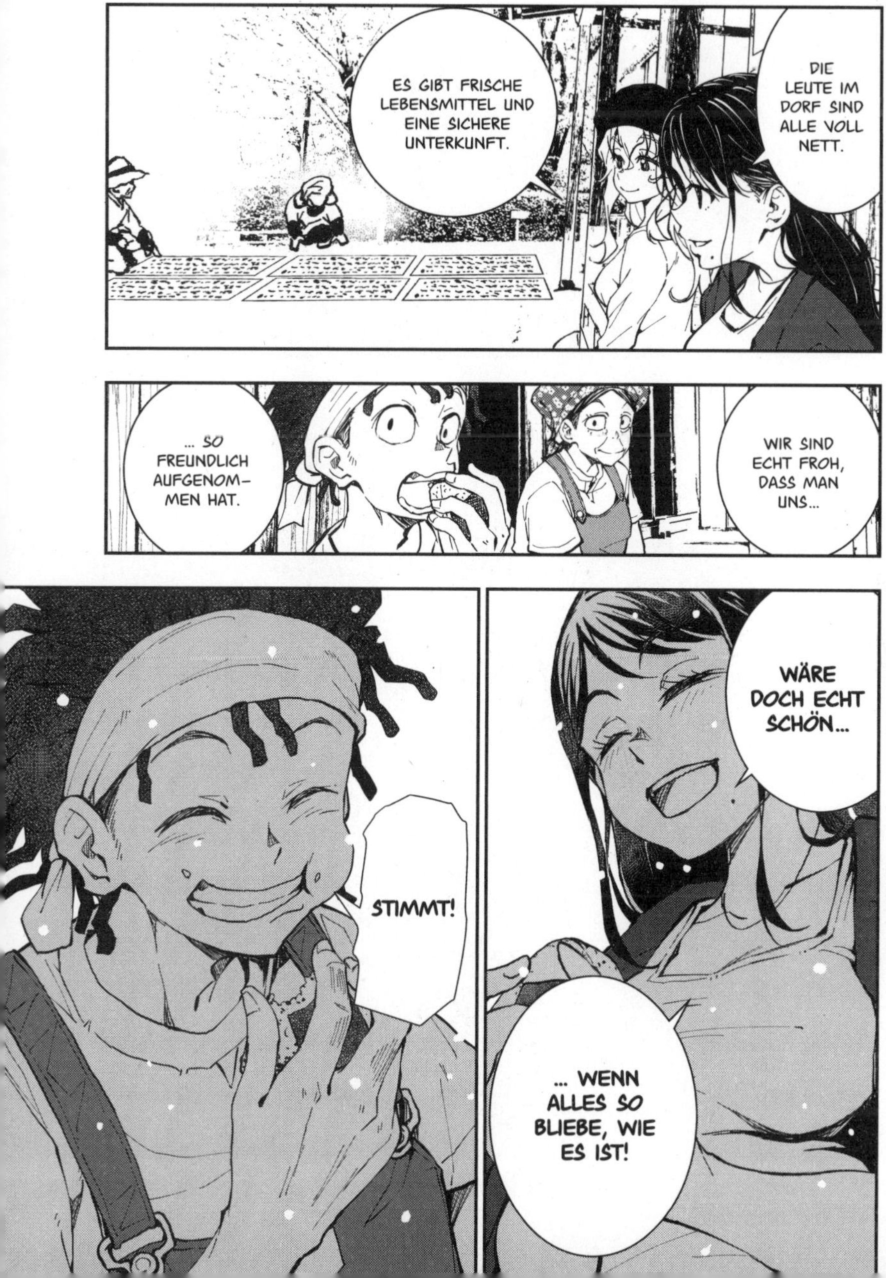
DIE LEUTE IM DORF SIND ALLE VOLL NETT.
ES GIBT FRISCHE LEBENSMITTEL UND EINE SICHERE UNTERKUNFT.
WIR SIND ECHT FROH, DASS MAN UNS...
... SO FREUNDLICH AUFGENOM-MEN HAT.
WÄRE DOCH ECHT SCHÖN...
... WENN ALLES SO BLIEBE, WIE ES IST!
STIMMT!

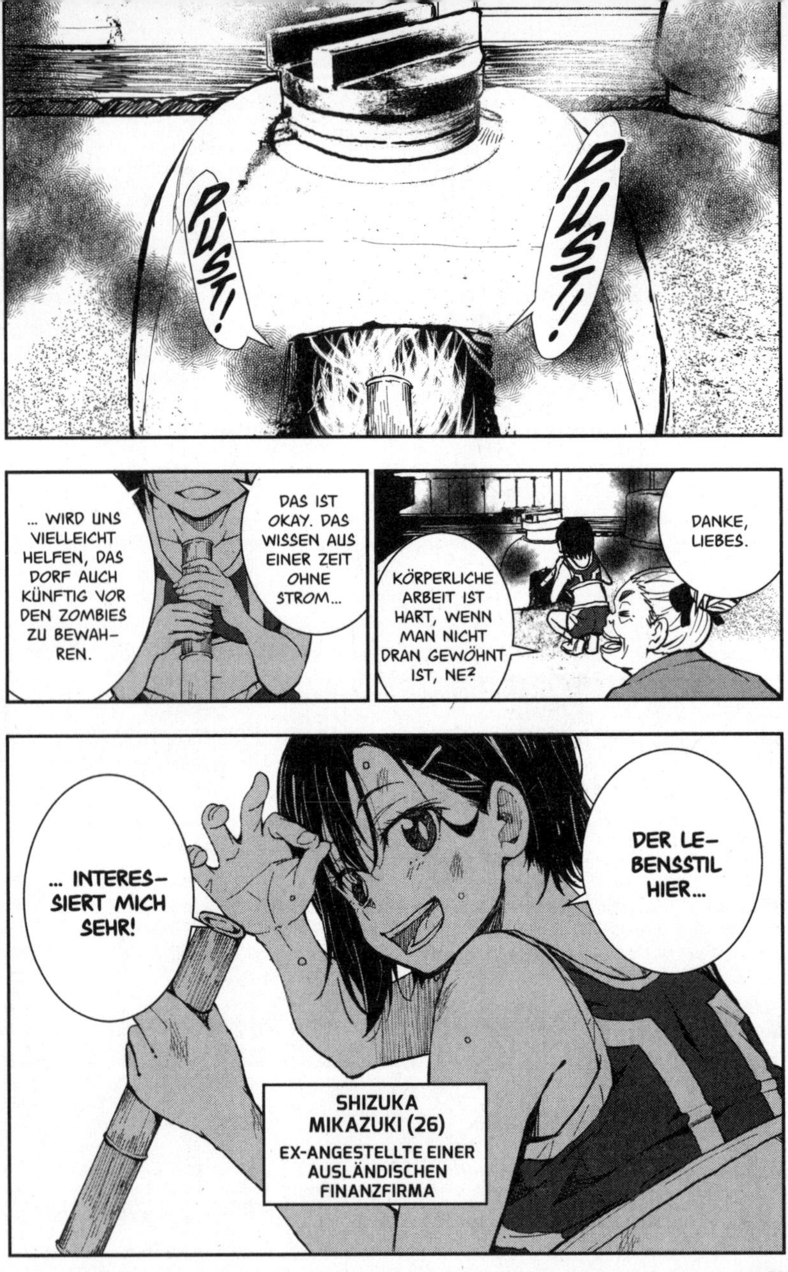
PUSH!
PUSH!
DANKE, LIEBES.
KÖRPERLICHE ARBEIT IST HART, WENN MAN NICHT DRAN GEWÖHNT IST, NE?
DAS IST OKAY. DAS WISSEN AUS EINER ZEIT OHNE STROM ...
... WIRD UNS VIELLEICHT HELFEN, DAS DORF AUCH KÜNFTIG VOR DEN ZOMBIES ZU BEWAHREN.
DER LEBENSSTIL HIER ...
... INTERESSIERT MICH SEHR!
SHIZUKA MIKAZUKI (26)
EX-ANGESTELLTE EINER AUSLÄNDISCHEN FINANZFIRMA

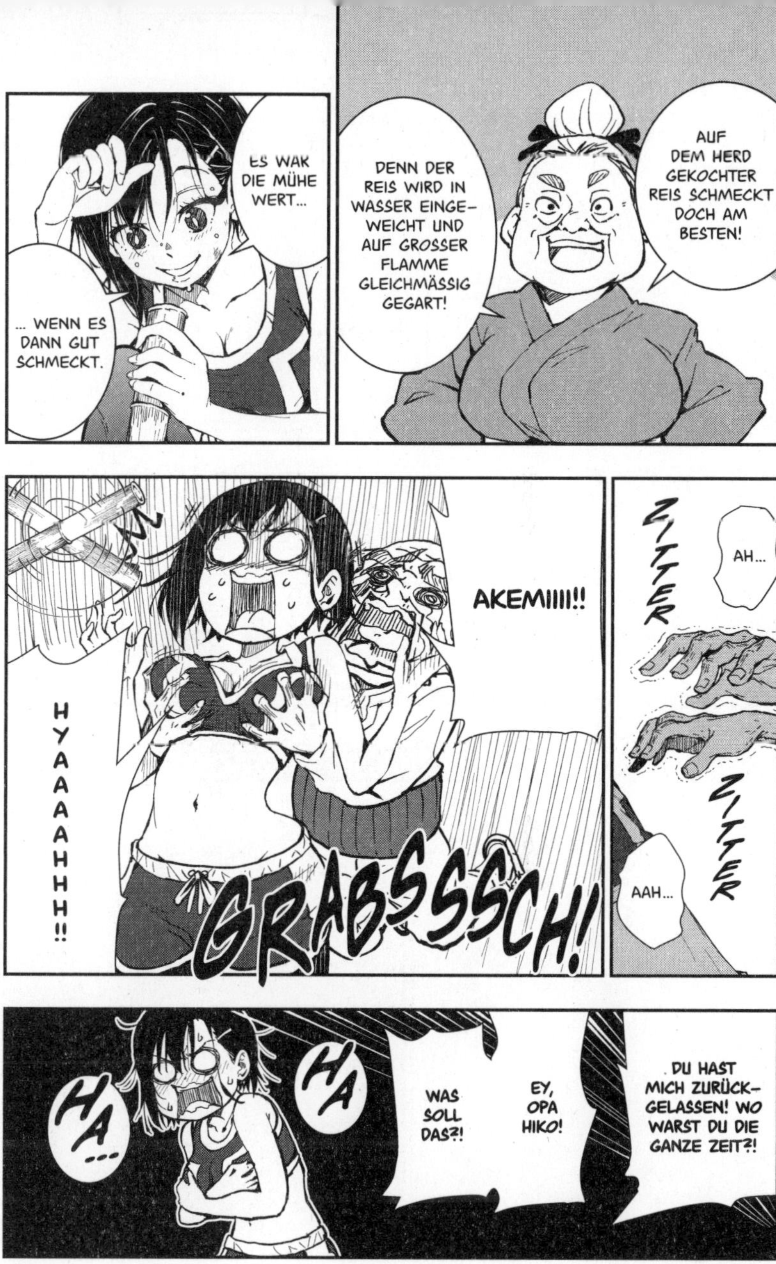
AUF DEM HERD GEKOCHTER REIS SCHMECKT DOCH AM BESTEN!
DENN DER REIS WIRD IN WASSER EINGE-WEICHT UND AUF GROSSER FLAMME GLEICHMÄSSIG GEGART!
ES WAR DIE MÜHE WERT...
... WENN ES DANN GUT SCHMECKT.
ZITTER
AH...
ZITTER
AAH...
AKEMIIIII!!
GRABSSSSCH!
HYAAAAAHHHH!!
DU HAST MICH ZURÜCK-GELASSEN! WO WARST DU DIE GANZE ZEIT?!
EY, OPA HIKO!
WAS SOLL DAS?!
HA
HA...

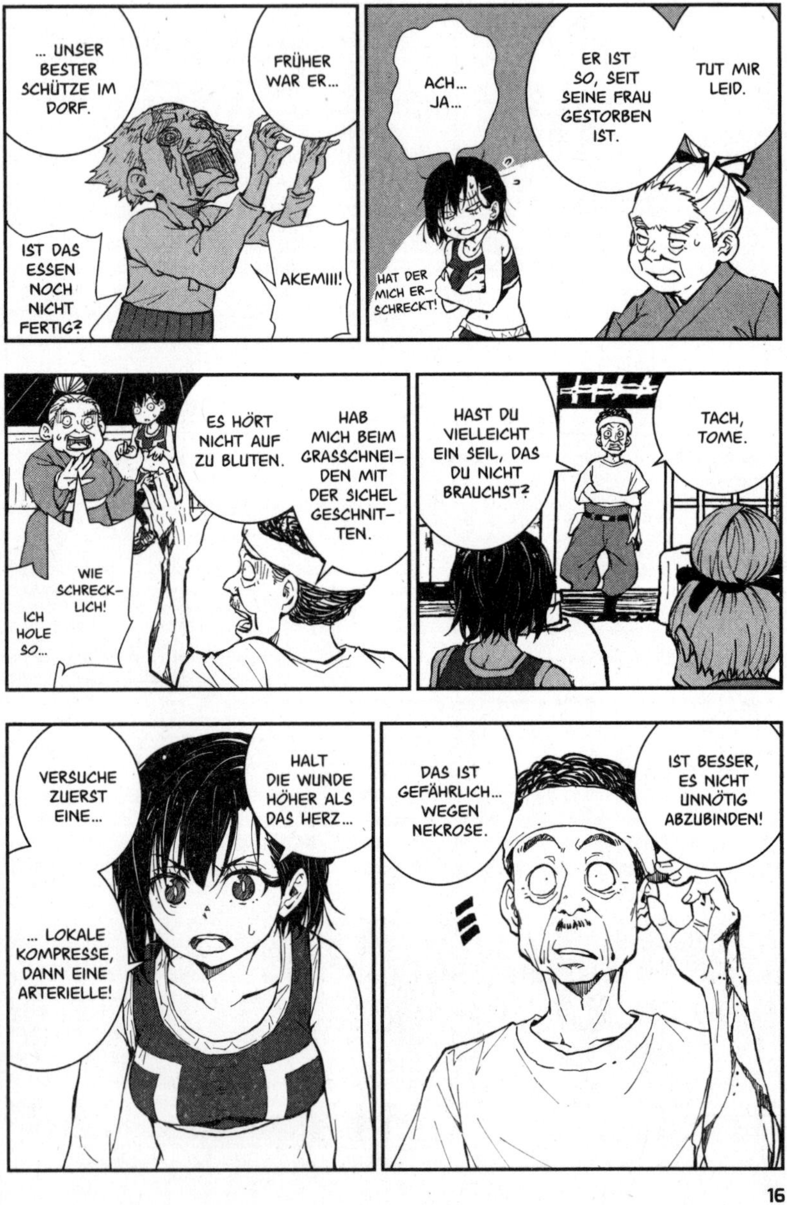
TUT MIR LEID.
ER IST SO, SEIT SEINE FRAU GESTORBEN IST.
ACH... JA...
HAT DER MICH ERSCHRECKT!
FRÜHER WAR ER...
... UNSER BESTER SCHÜTZE IM DORF.
AKEMIII!
IST DAS ESSEN NOCH NICHT FERTIG?
TACH, TOME.
HAST DU VIELLEICHT EIN SEIL, DAS DU NICHT BRAUCHST?
HAB MICH BEIM GRASSCHNEIDEN MIT DER SICHEL GESCHNITTEN.
ES HÖRT NICHT AUF ZU BLUTEN.
WIE SCHRECKLICH!
ICH HOLE SO...
IST BESSER, ES NICHT UNNÖTIG ABZUBINDEN!
DAS IST GEFÄHRLICH... WEGEN NEKROSE.
HALT DIE WUNDE HÖHER ALS DAS HERZ...
VERSUCHE ZUERST EINE...
... LOKALE KOMPRESSE, DANN EINE ARTERIELLE!

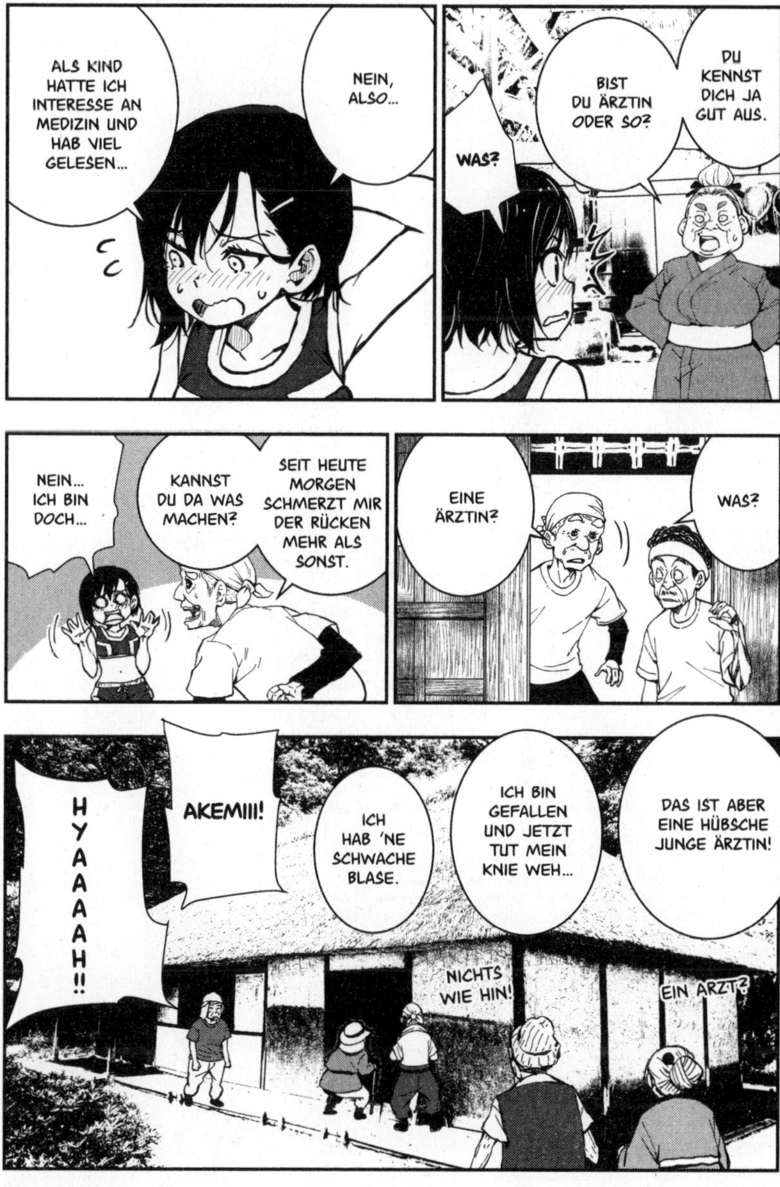
DU KENNST DICH JA GUT AUS.
BIST DU ÄRZTIN ODER SO?
WAS?
NEIN, ALSO...
ALS KIND HATTE ICH INTERESSE AN MEDIZIN UND HAB VIEL GELESEN...
WAS?
EINE ÄRZTIN?
SEIT HEUTE MORGEN SCHMERZT MIR DER RÜCKEN MEHR ALS SONST.
KANNST DU DA WAS MACHEN?
NEIN... ICH BIN DOCH...
DAS IST ABER EINE HÜBSCHE JUNGE ÄRZTIN!
ICH BIN GEFALLEN UND JETZT TUT MEIN KNIE WEH...
ICH HAB 'NE SCHWACHE BLASE.
AKEMIII!
EIN ARZT?
NICHTS WIE HIN!
HYAAAAAH!!

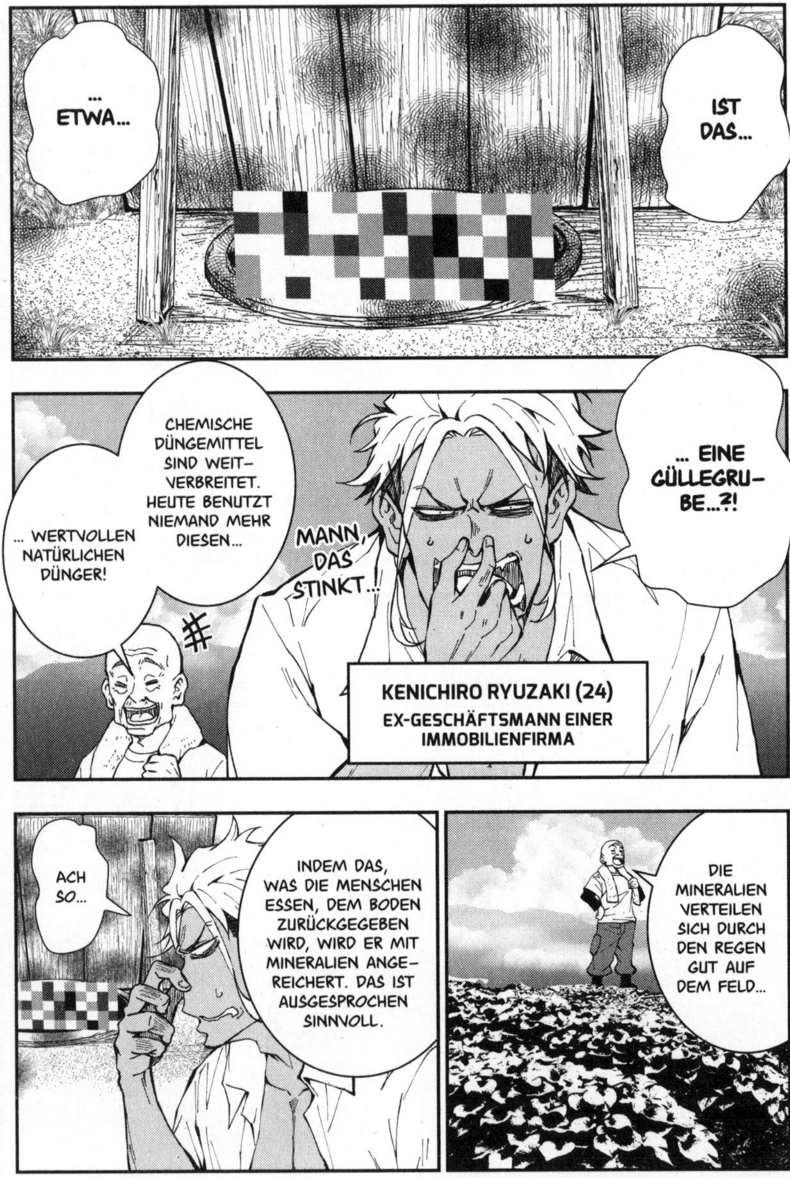
IST DAS...
... ETWA...
... EINE GÜLLEGRUBE...?!
MANN, DAS STINKT...
KENICHIRO RYUZAKI (24)
EX-GESCHÄFTSMANN EINER IMMOBILIENFIRMA
CHEMISCHE DÜNGEMITTEL SIND WEITVERBREITET. HEUTE BENUTZT NIEMAND MEHR DIESEN...
... WERTVOLLEN NATÜRLICHEN DÜNGER!
DIE MINERALIEN VERTEILEN SICH DURCH DEN REGEN GUT AUF DEM FELD...
INDEM DAS, WAS DIE MENSCHEN ESSEN, DEM BODEN ZURÜCKGEGEBEN WIRD, WIRD ER MIT MINERALIEN ANGEREICHERT. DAS IST AUSGESPROCHEN SINNVOLL.
ACH SO...

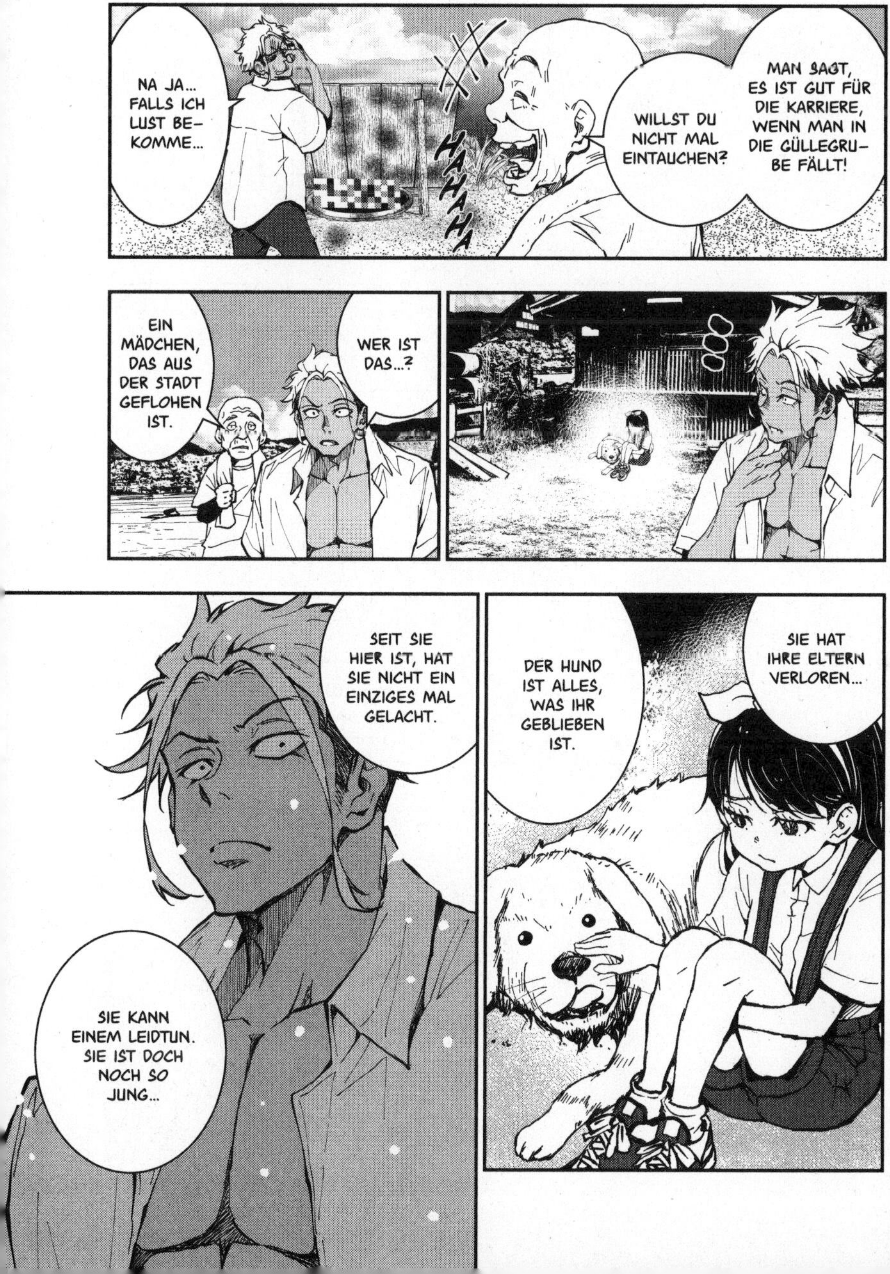
MAN SAGT, ES IST GUT FÜR DIE KARRIERE, WENN MAN IN DIE GÜLLEGRUBE FÄLLT!
WILLST DU NICHT MAL EINTAUCHEN?
HAHAHAHA
NA JA... FALLS ICH LUST BEKOMME...
WER IST DAS...?
EIN MÄDCHEN, DAS AUS DER STADT GEFLOHEN IST.
SIE HAT IHRE ELTERN VERLOREN...
DER HUND IST ALLES, WAS IHR GEBLIEBEN IST.
SEIT SIE HIER IST, HAT SIE NICHT EIN EINZIGES MAL GELACHT.
SIE KANN EINEM LEIDTUN. SIE IST DOCH NOCH SO JUNG...

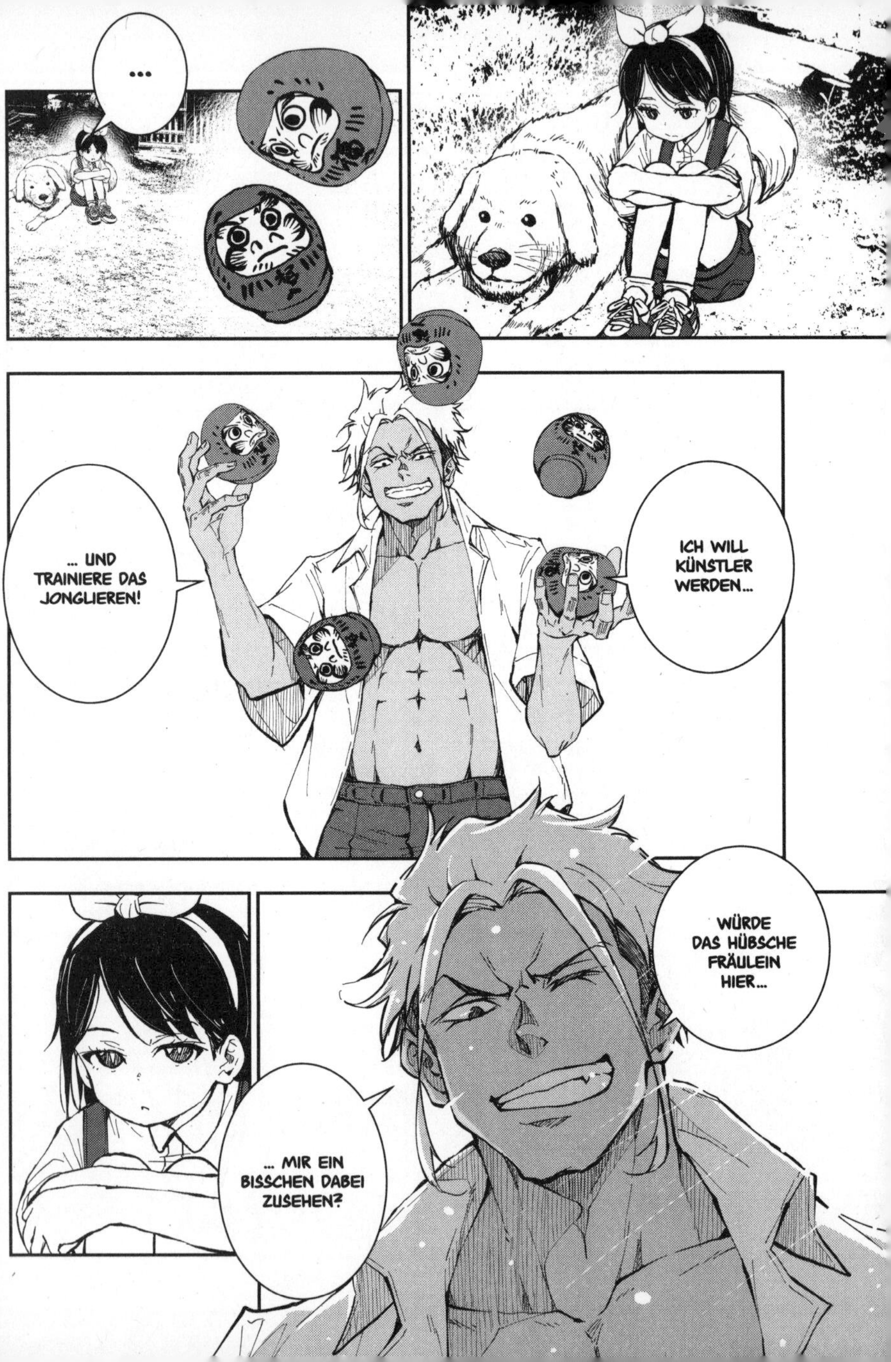
...
ICH WILL KÜNSTLER WERDEN...
... UND TRAINIERE DAS JONGLIEREN!
WÜRDE DAS HÜBSCHE FRÄULEIN HIER...
... MIR EIN BISSCHEN DABEI ZUSEHEN?

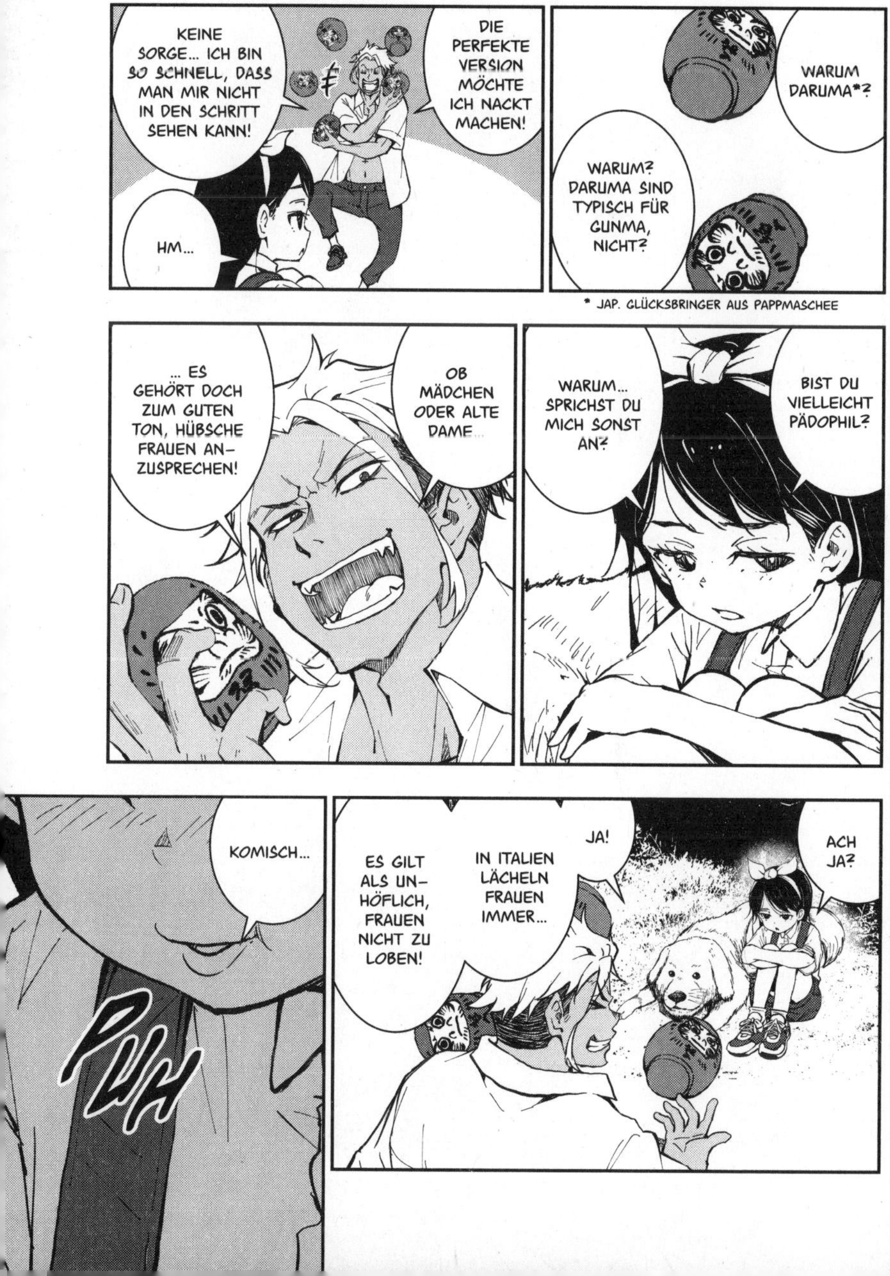


* JAP. GLÜCKSBRINGER AUS PAPPMASCHEE

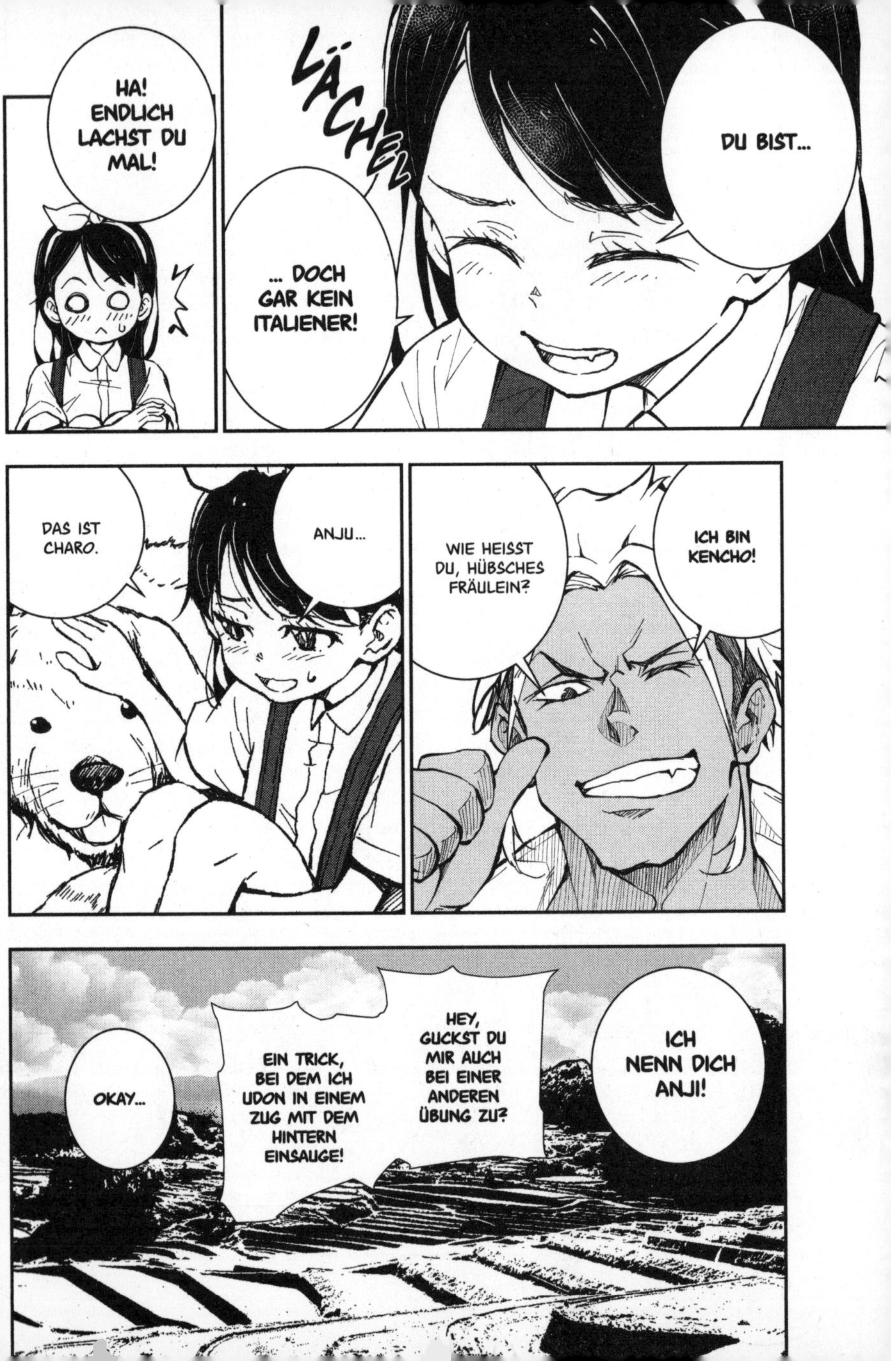
DU BIST...
LÄCHEL
... DOCH GAR KEIN ITALIENER!
HA! ENDLICH LACHST DU MAL!
ICH BIN KENCHO!
WIE HEISST DU, HÜBSCHES FRÄULEIN?
ANJU...
DAS IST CHARO.
ICH NENN DICH ANJI!
HEY, GUCKST DU MIR AUCH BEI EINER ANDEREN ÜBUNG ZU?
EIN TRICK, BEI DEM ICH UDON IN EINEM ZUG MIT DEM HINTERN EINSAUGE!
OKAY...

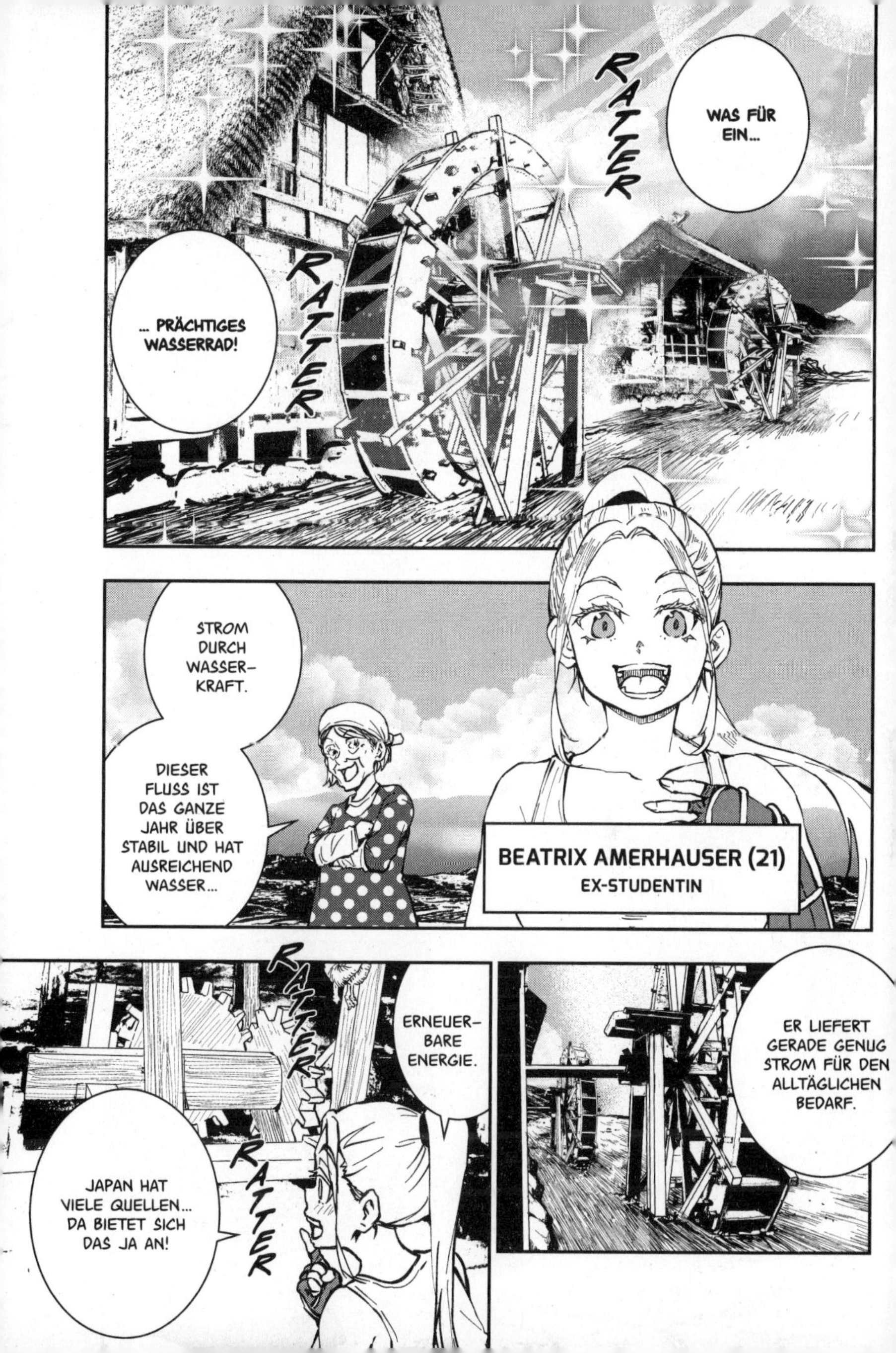
WAS FÜR EIN...
RATTER
... PRÄCHTIGES WASSERRAD!
RATTER
BEATRIX AMERHAUSER (21)
EX-STUDENTIN
STROM DURCH WASSER-KRAFT.
DIESER FLUSS IST DAS GANZE JAHR ÜBER STABIL UND HAT AUSREICHEND WASSER...
ER LIEFERT GERADE GENUG STROM FÜR DEN ALLTÄGLICHEN BEDARF.
ERNEUER-BARE ENERGIE.
RATTER
RATTER
JAPAN HAT VIELE QUELLEN... DA BIETET SICH DAS JA AN!

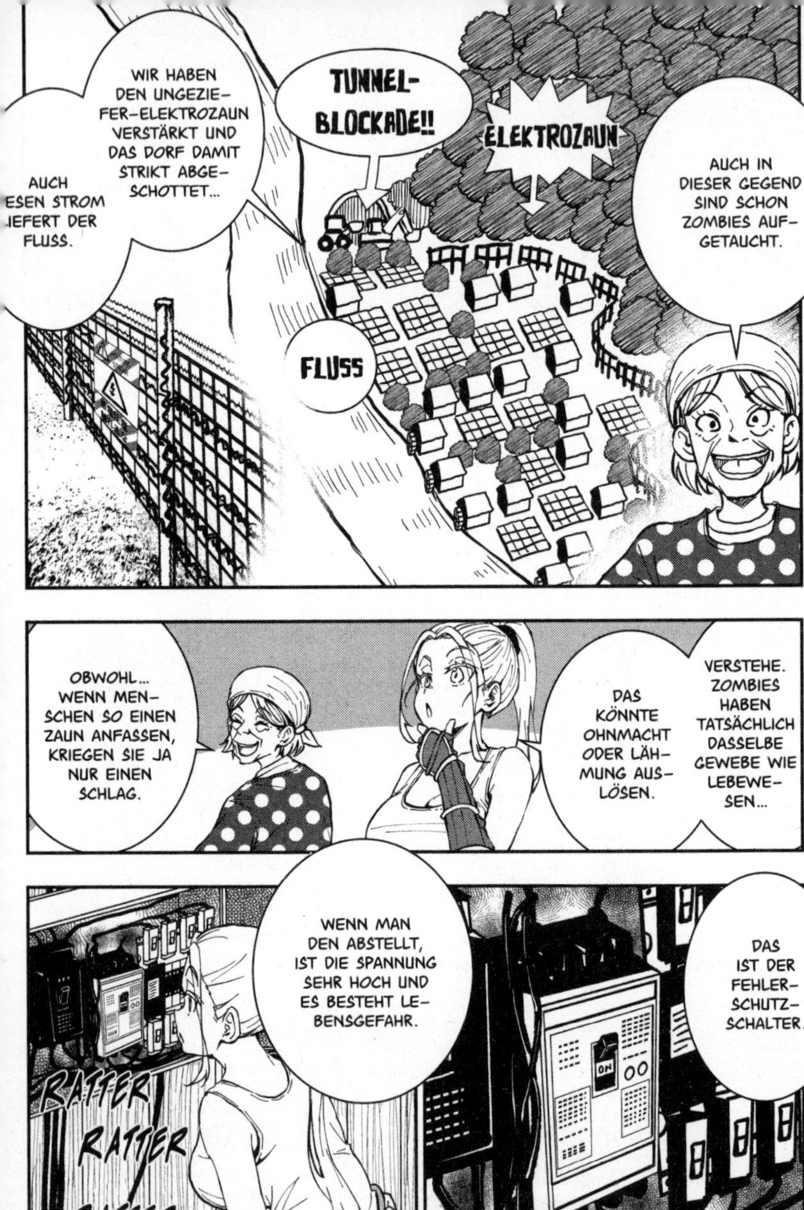

AUCH IN DIESER GEGEND SIND SCHON ZOMBIES AUFGETAUCHT.
ELEKTROZAUN
TUNNEL-BLOCKADE!!
FLUSS
WIR HABEN DEN UNGEZIEFER-ELEKTROZAUN VERSTÄRKT UND DAS DORF DAMIT STRIKT ABGESCHOTTET...
AUCH ESEN STROM IEFERT DER FLUSS.
VERSTEHE. ZOMBIES HABEN TATSÄCHLICH DASSELBE GEWEBE WIE LEBEWESEN...
DAS KÖNNTE OHNMACHT ODER LÄHMUNG AUSLÖSEN.
OBWOHL... WENN MENSCHEN SO EINEN ZAUN ANFASSEN, KRIEGEN SIE JA NUR EINEN SCHLAG.
DAS IST DER FEHLERSCHUTZSCHALTER.
ON
WENN MAN DEN ABSTELLT, IST DIE SPANNUNG SEHR HOCH UND ES BESTEHT LEBENSGEFAHR.
RATTER
RATTER
RATTER

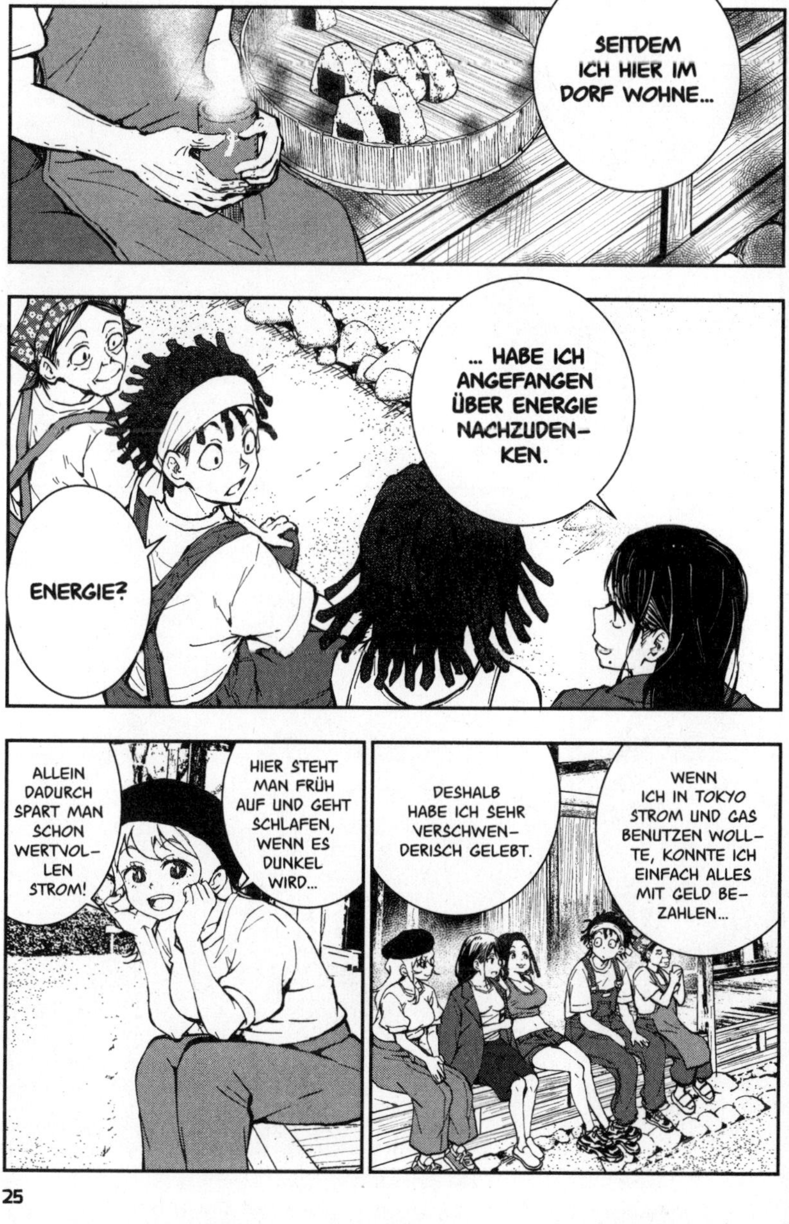
SEITDEM ICH HIER IM DORF WOHNE...
... HABE ICH ANGEFANGEN ÜBER ENERGIE NACHZUDEN-KEN.
ENERGIE?
WENN ICH IN TOKYO STROM UND GAS BENUTZEN WOLL-TE, KONNTE ICH EINFACH ALLES MIT GELD BE-ZAHLEN...
DESHALB HABE ICH SEHR VERSCHWEN-DERISCH GELEBT.
HIER STEHT MAN FRÜH AUF UND GEHT SCHLAFEN, WENN ES DUNKEL WIRD...
ALLEIN DADURCH SPART MAN SCHON WERTVOL-LEN STROM!

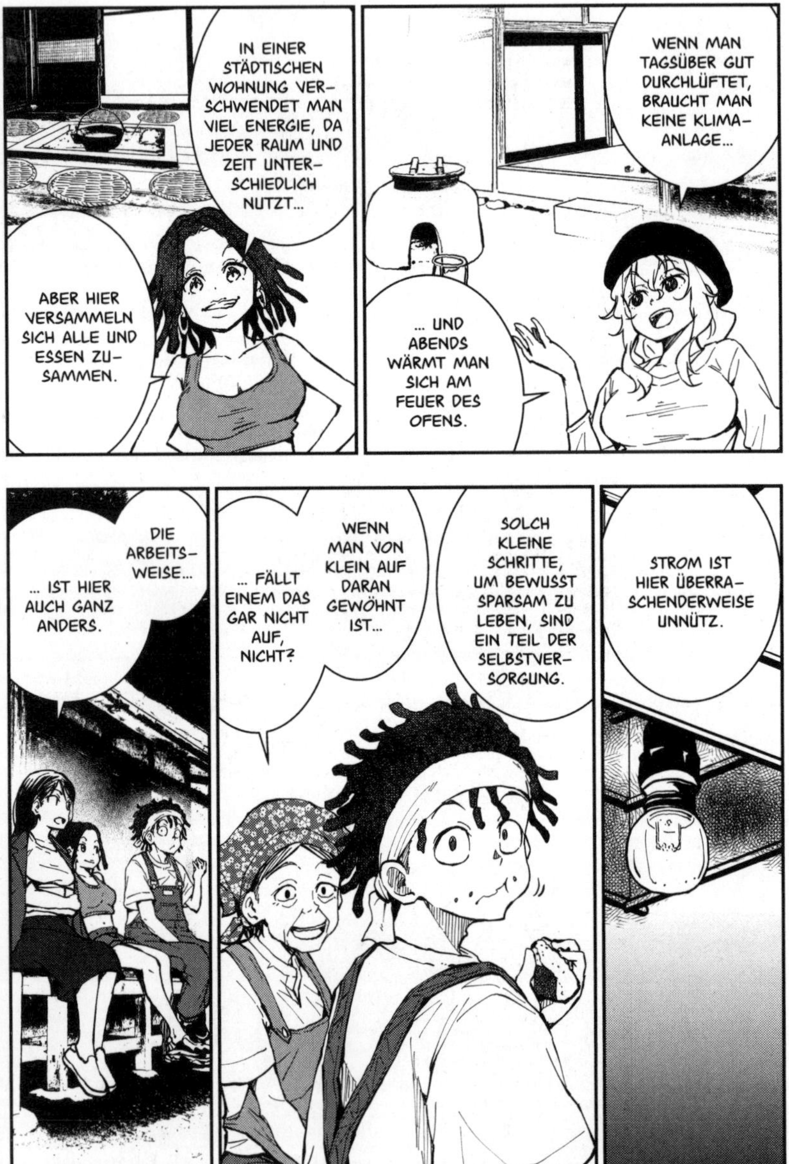
WENN MAN TAGSÜBER GUT DURCHLÜFTET, BRAUCHT MAN KEINE KLIMA-ANLAGE...
... UND ABENDS WÄRMT MAN SICH AM FEUER DES OFENS.
IN EINER STÄDTISCHEN WOHNUNG VER-SCHWENDET MAN VIEL ENERGIE, DA JEDER RAUM UND ZEIT UNTER-SCHIEDLICH NUTZT...
ABER HIER VERSAMMELN SICH ALLE UND ESSEN ZU-SAMMEN.
STROM IST HIER ÜBERRA-SCHENDERWEISE UNNÜTZ.
SOLCH KLEINE SCHRITTE, UM BEWUSST SPARSAM ZU LEBEN, SIND EIN TEIL DER SELBSTVER-SORGUNG.
WENN MAN VON KLEIN AUF DARAN GEWÖHNT IST...
... FÄLLT EINEM DAS GAR NICHT AUF, NICHT?
DIE ARBEITS-WEISE...
... IST HIER AUCH GANZ ANDERS.

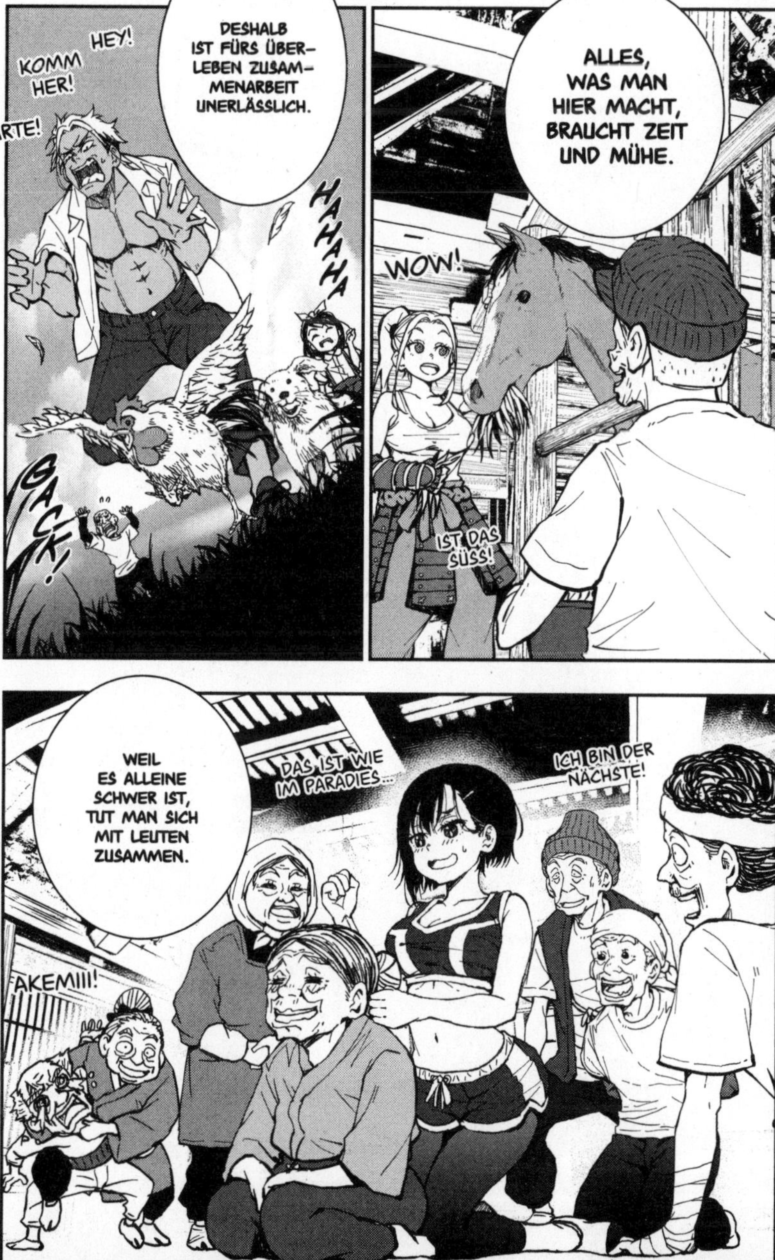

ALLES, WAS MAN HIER MACHT, BRAUCHT ZEIT UND MÜHE.
WOW!
IST DAS SÜSS!
DESHALB IST FÜRS ÜBERLEBEN ZUSAMMENARBEIT UNERLÄSSLICH.
HEY!
KOMM HER!
WARTE!
HAHAHAHA
GACK!
WEIL ES ALLEINE SCHWER IST, TUT MAN SICH MIT LEUTEN ZUSAMMEN.
ICH BIN DER NÄCHSTE!
DAS IST WIE IM PARADIES...
AKEMIII!

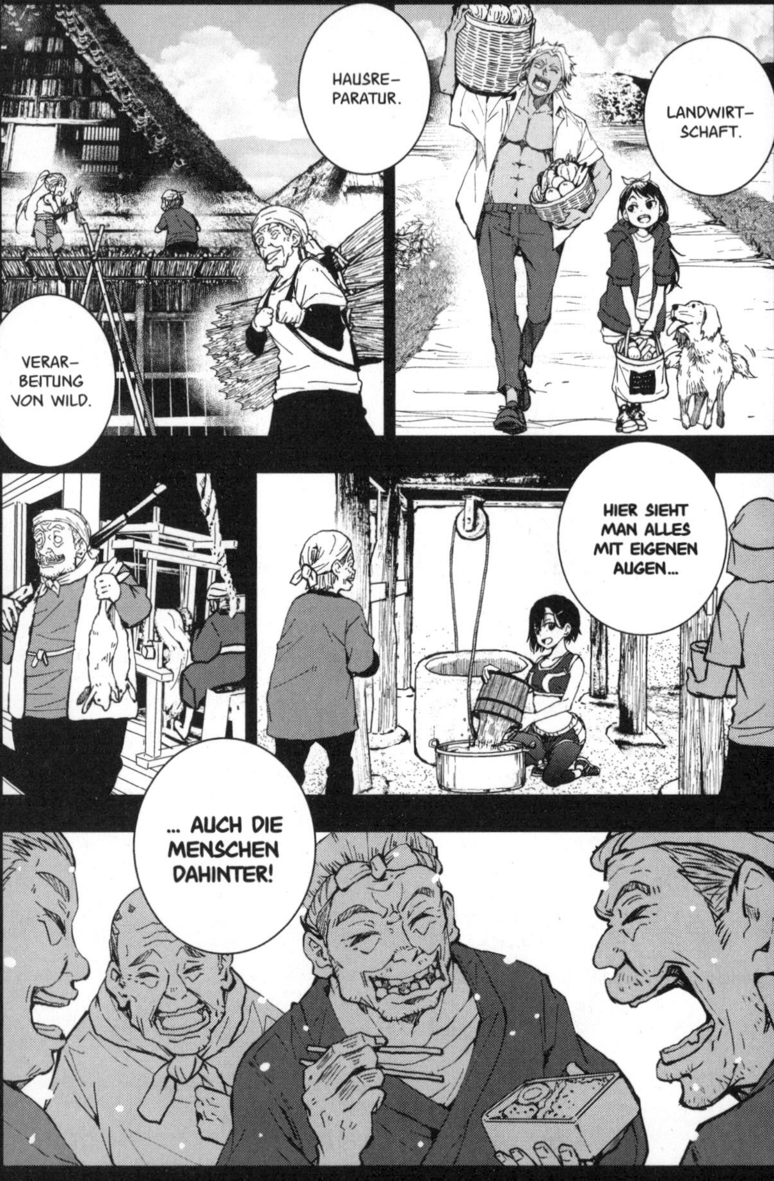
LANDWIRT-
SCHAFT.
HAUSRE-
PARATUR.
VERAR-
BEITUNG
VON WILD.
HIER SIEHT
MAN ALLES
MIT EIGENEN
AUGEN...
... AUCH DIE
MENSCHEN
DAHINTER!

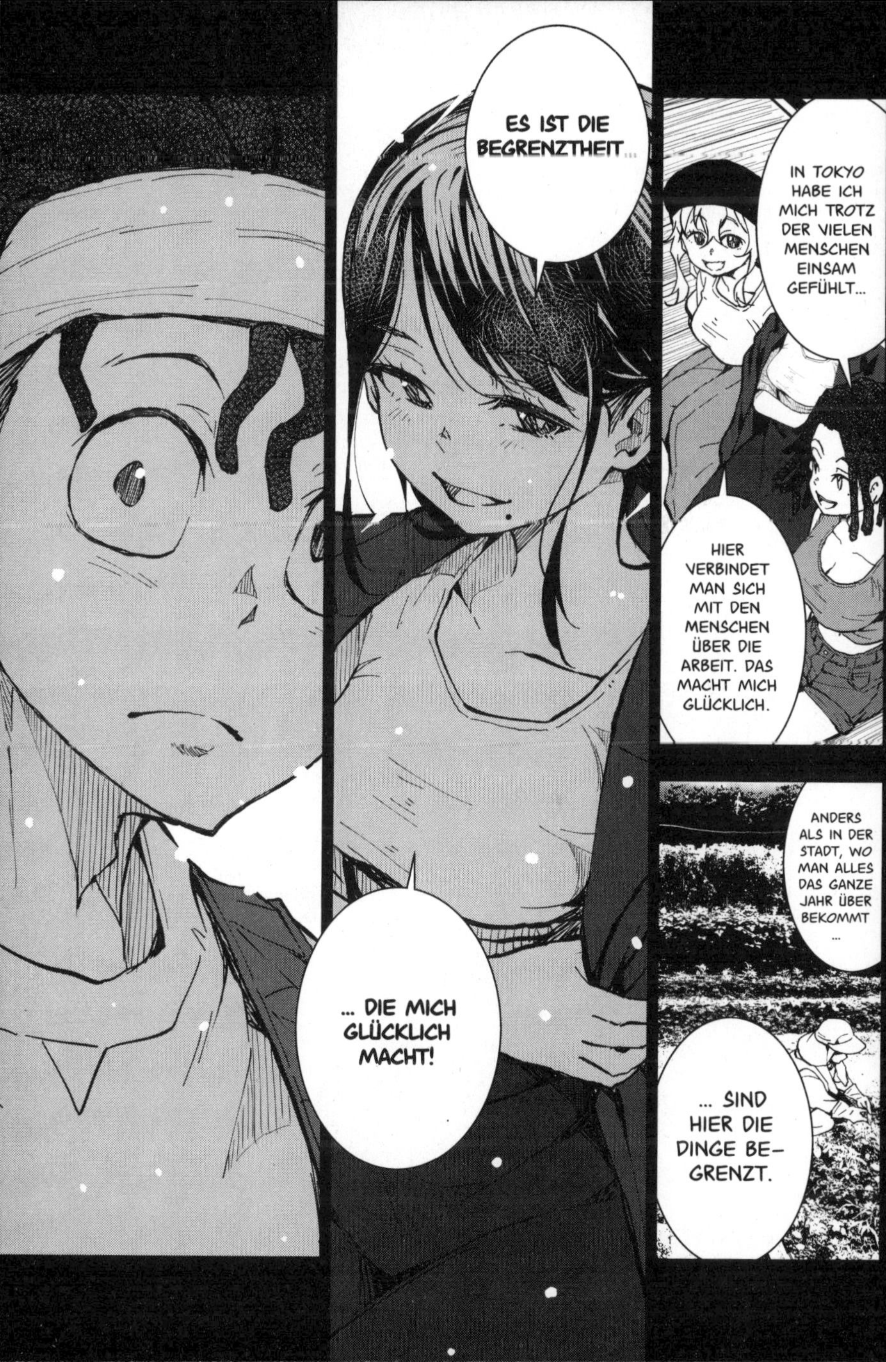
IN TOKYO HABE ICH MICH TROTZ DER VIELEN MENSCHEN EINSAM GEFÜHLT...
HIER VERBINDET MAN SICH MIT DEN MENSCHEN ÜBER DIE ARBEIT. DAS MACHT MICH GLÜCKLICH.
ANDERS ALS IN DER STADT, WO MAN ALLES DAS GANZE JAHR ÜBER BEKOMMT ...
... SIND HIER DIE DINGE BE-GRENZT.
ES IST DIE BEGRENZTHEIT...
... DIE MICH GLÜCKLICH MACHT!

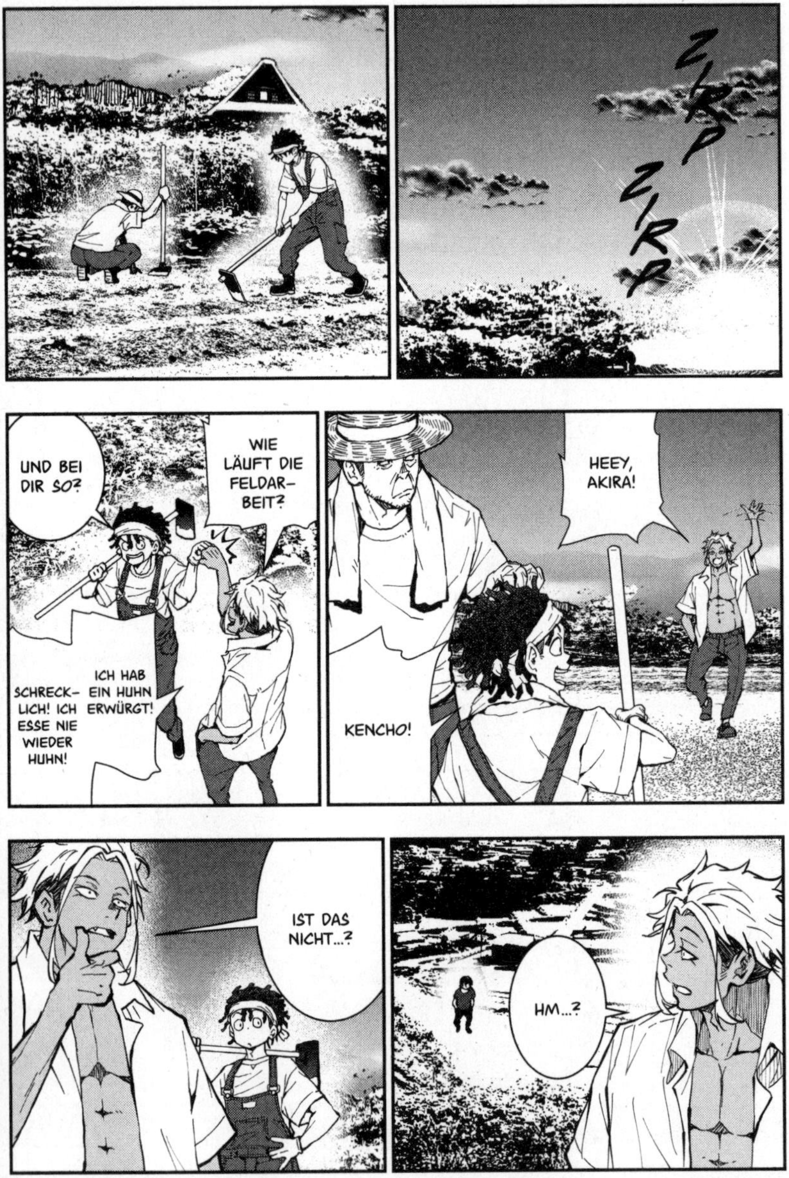
ZIRP ZIRP
WIE LÄUFT DIE FELDARBEIT?
UND BEI DIR SO?
ICH HAB EIN HUHN ERWÜRGT!
SCHRECKLICH! ICH ESSE NIE WIEDER HUHN!
HEEY, AKIRA!
KENCHO!
IST DAS NICHT...?
HM...?

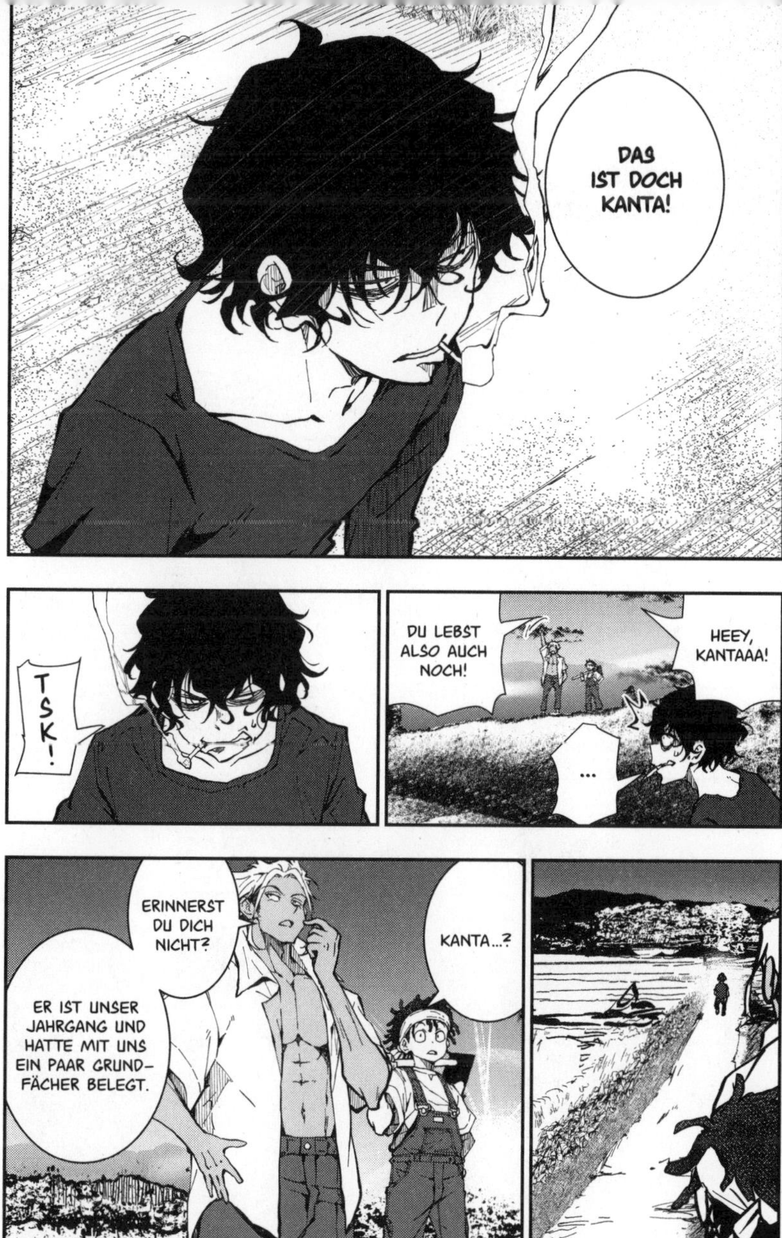
DAS IST DOCH KANTA!
HEEY, KANTAAA!
DU LEBST ALSO AUCH NOCH!
...
TSK!
KANTA...?
ERINNERST DU DICH NICHT?
ER IST UNSER JAHRGANG UND HATTE MIT UNS EIN PAAR GRUND-FÄCHER BELEGT.

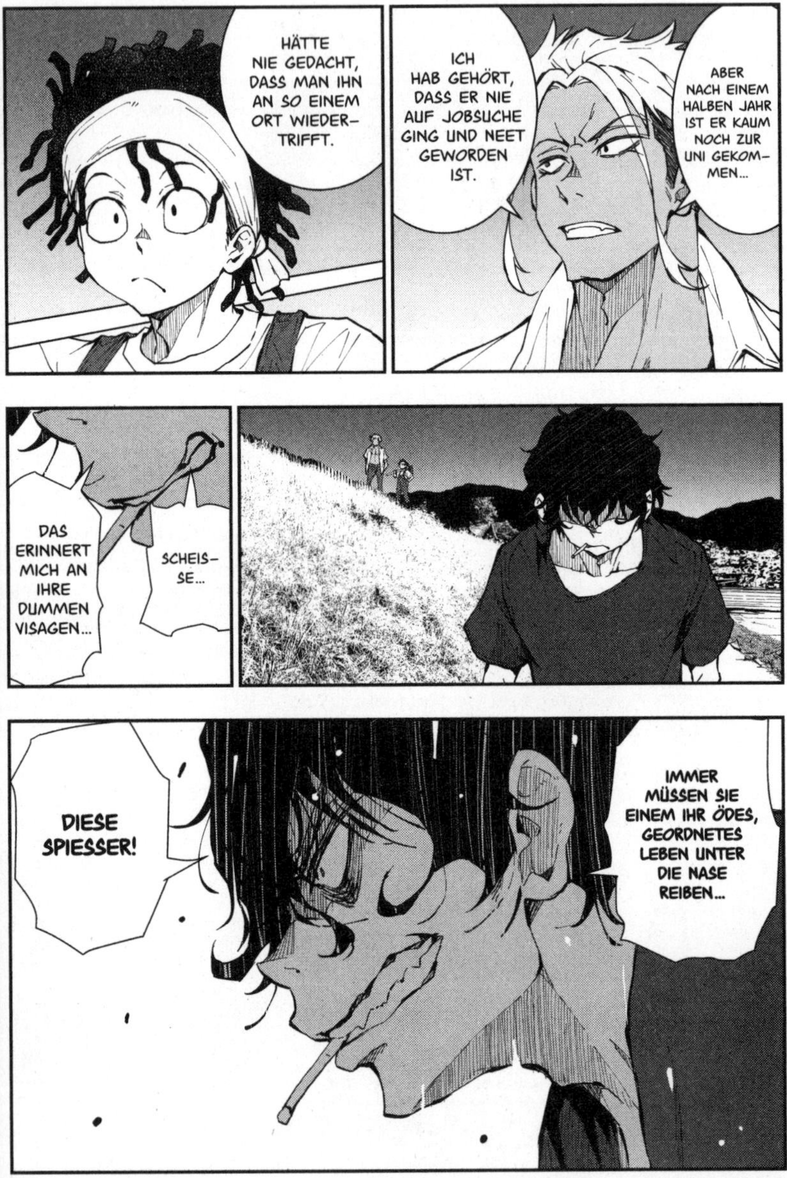
ABER NACH EINEM HALBEN JAHR IST ER KAUM NOCH ZUR UNI GEKOMMEN...
ICH HAB GEHÖRT, DASS ER NIE AUF JOBSUCHE GING UND NEET GEWORDEN IST.
HÄTTE NIE GEDACHT, DASS MAN IHN AN SO EINEM ORT WIEDERTRIFFT.
SCHEISSE...
DAS ERINNERT MICH AN IHRE DUMMEN VISAGEN...
IMMER MÜSSEN SIE EINEM IHR ÖDES, GEORDNETES LEBEN UNTER DIE NASE REIBEN...
DIESE SPIESSER!

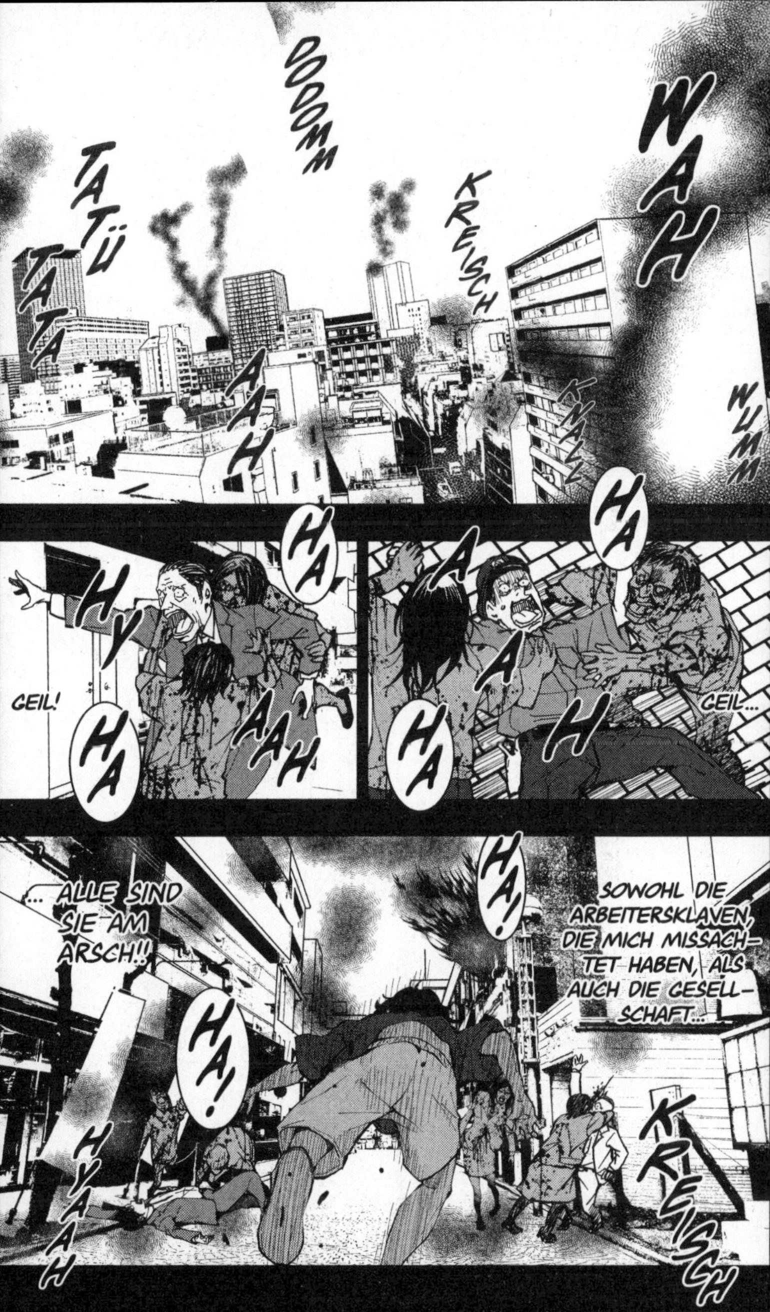
WAAH
WUMM
KNALL
KREISCH
DOOOMM
AAH
TATÜ
TATA
HA
AAAH
HA
GEIL...
HA
HY
HA
AAAH
GEIL!
SOWOHL DIE ARBEITERSKLAVEN, DIE MICH MISSACHTET HABEN, ALS AUCH DIE GESELLSCHAFT...
KREISCH
HA!
HA!
... ALLE SIND SIE AM ARSCH!!
HYAAAH

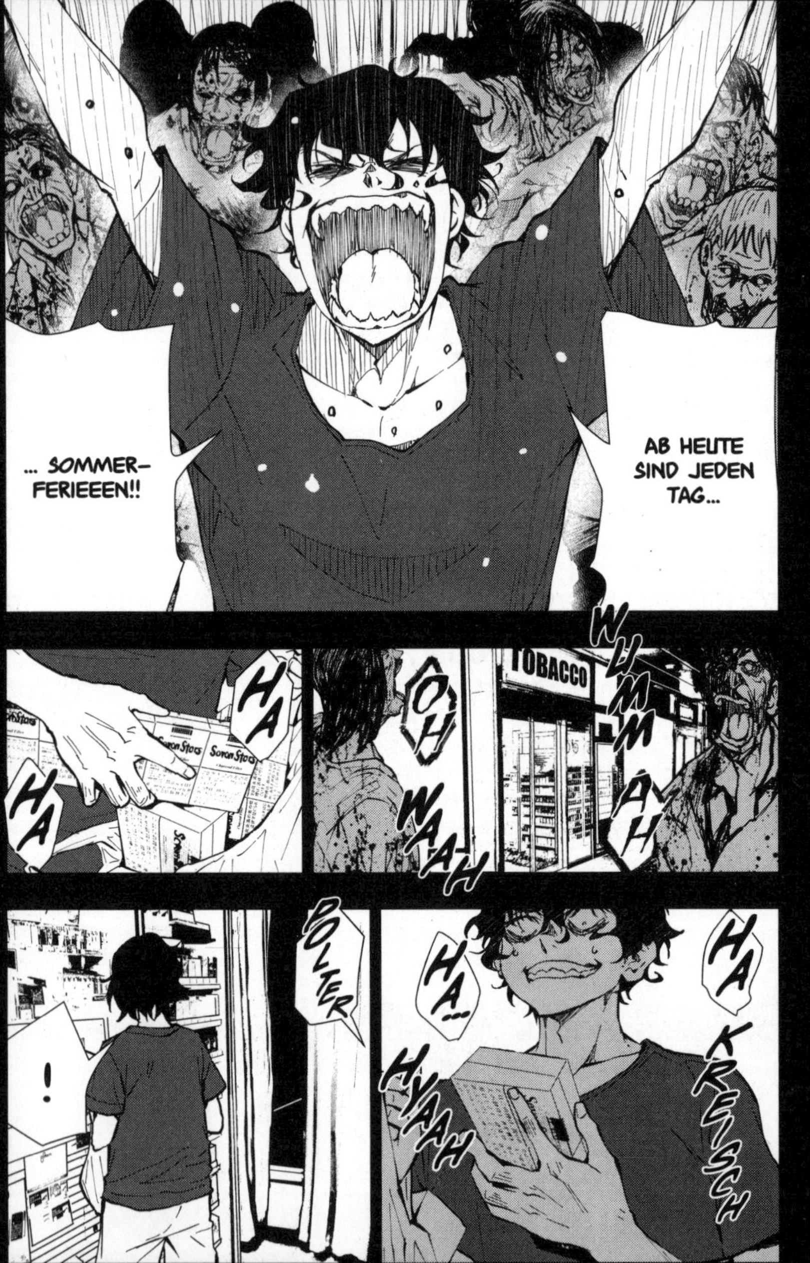
AB HEUTE SIND JEDEN TAG...
... SOMMER-FERIEEEN!!
WUMMAH
TOBACCO
OH
WAAAH
HA
HA
HA
HA...
HA
KREISCH
HYAAH
POLTER
!

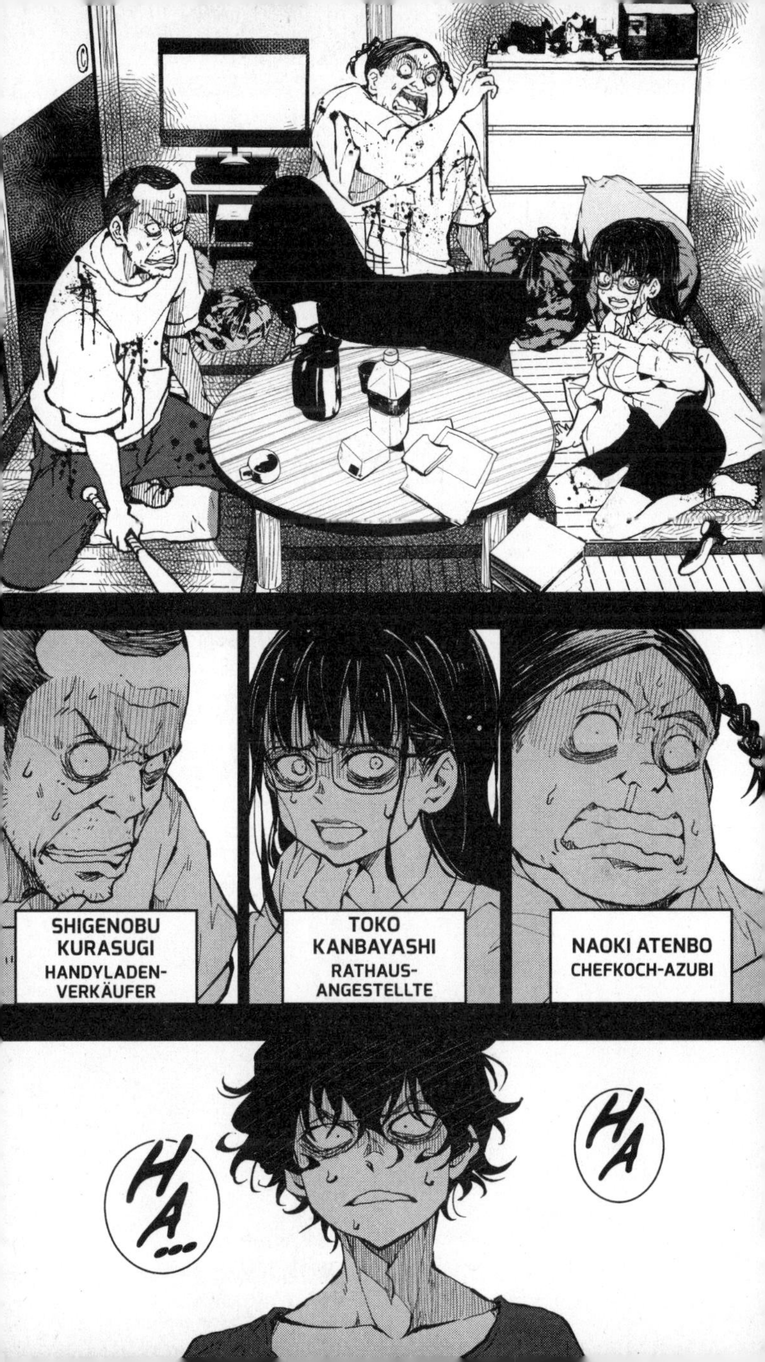
NAOKI ATENBO
CHEFKOCH-AZUBI
TOKO KANBAYASHI
RATHAUS-ANGESTELLTE
SHIGENOBU KURASUGI
HANDYLADEN-VERKÄUFER
HA
HA...

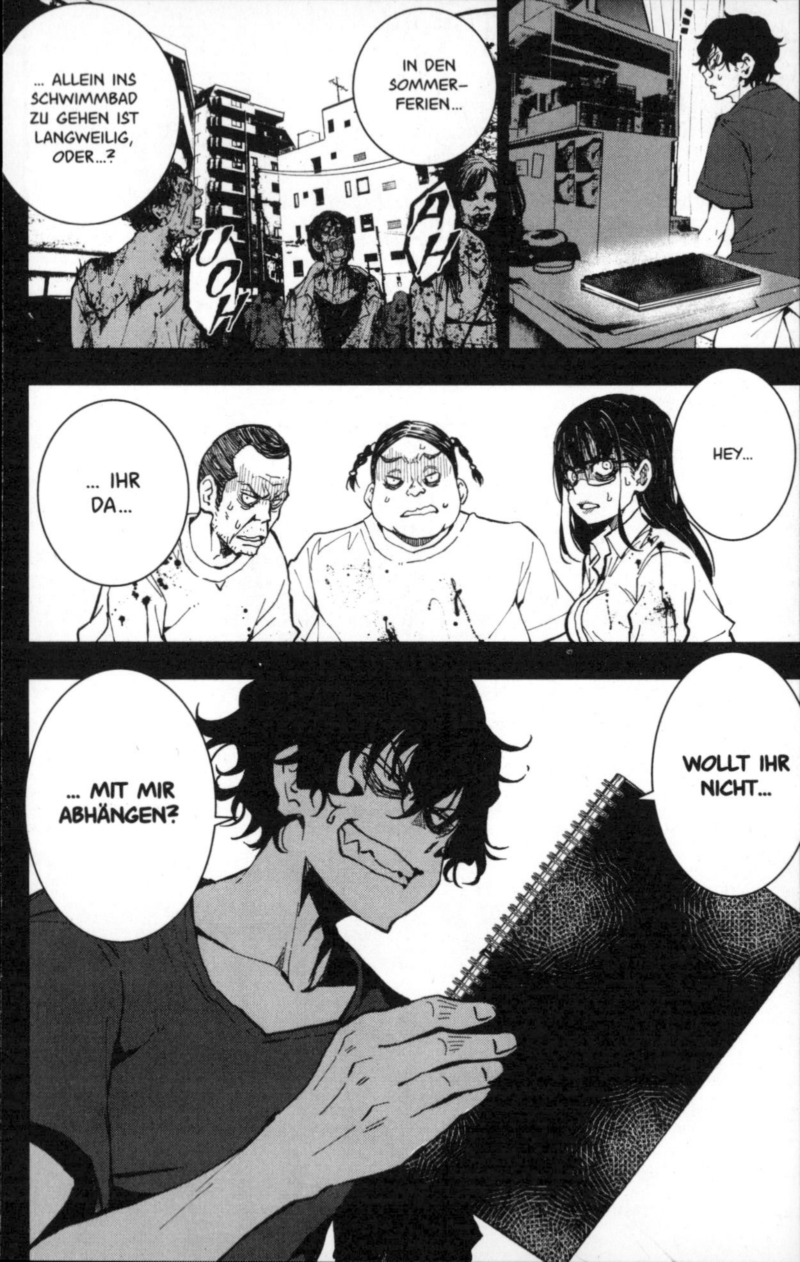
IN DEN SOMMER-FERIEN...
... ALLEIN INS SCHWIMMBAD ZU GEHEN IST LANGWEILIG, ODER...?
AH
UOH
HEY...
... IHR DA...
WOLLT IHR NICHT...
... MIT MIR ABHÄNGEN?

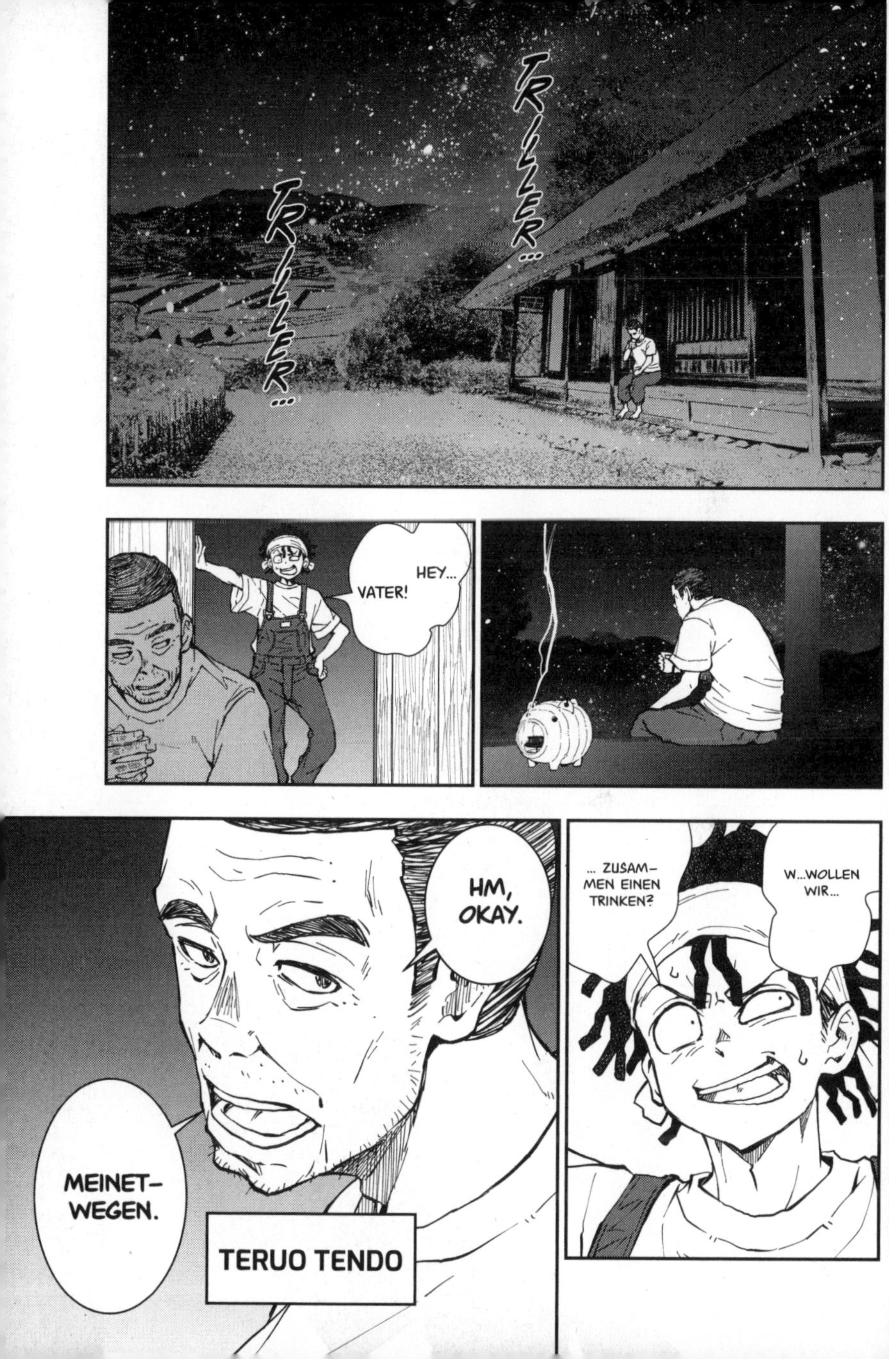
TRILLER...
TRILLER...
HEY... VATER!
W...WOLLEN WIR...
... ZUSAMMEN EINEN TRINKEN?
HM, OKAY.
MEINETWEGEN.
TERUO TENDO

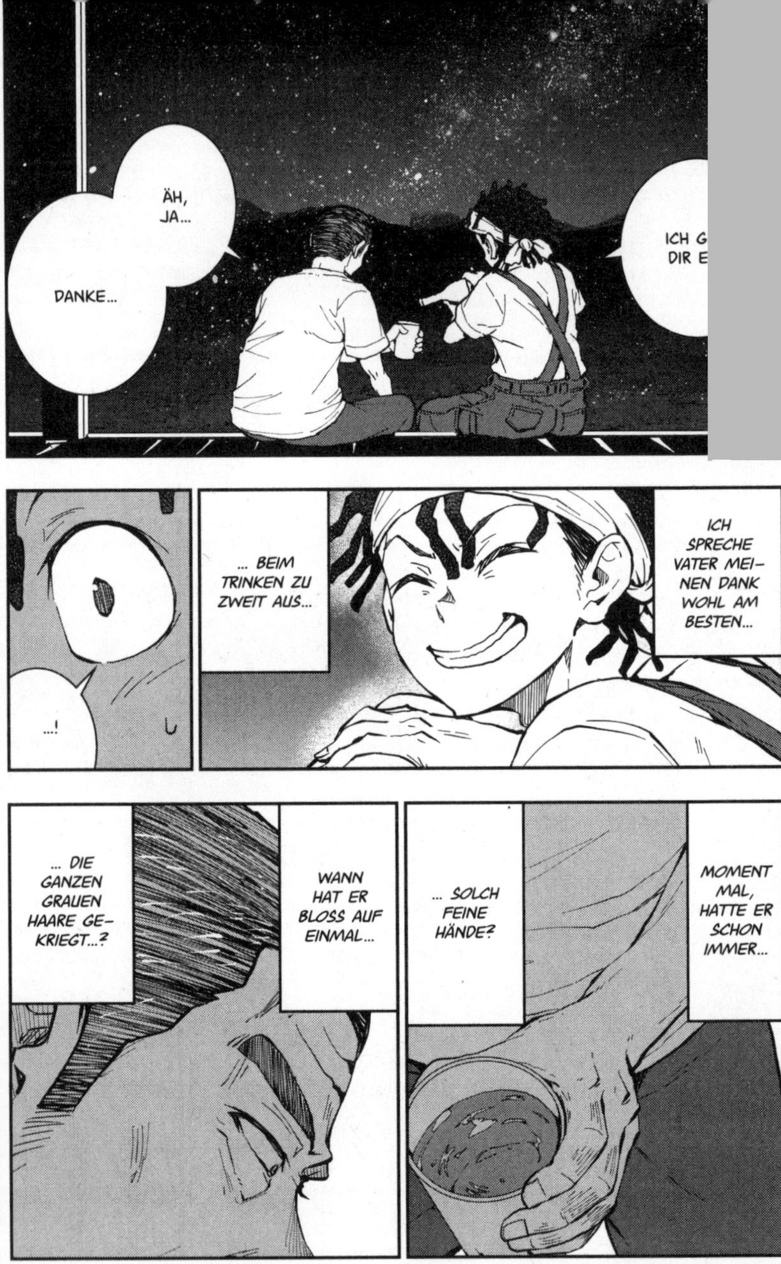
ICH G
DIR E
ÄH, JA...
DANKE...
ICH SPRECHE VATER MEINEN DANK WOHL AM BESTEN...
... BEIM TRINKEN ZU ZWEIT AUS...
...!
MOMENT MAL, HATTE ER SCHON IMMER...
... SOLCH FEINE HÄNDE?
WANN HAT ER BLOSS AUF EINMAL...
... DIE GANZEN GRAUEN HAARE GEKRIEGT...?

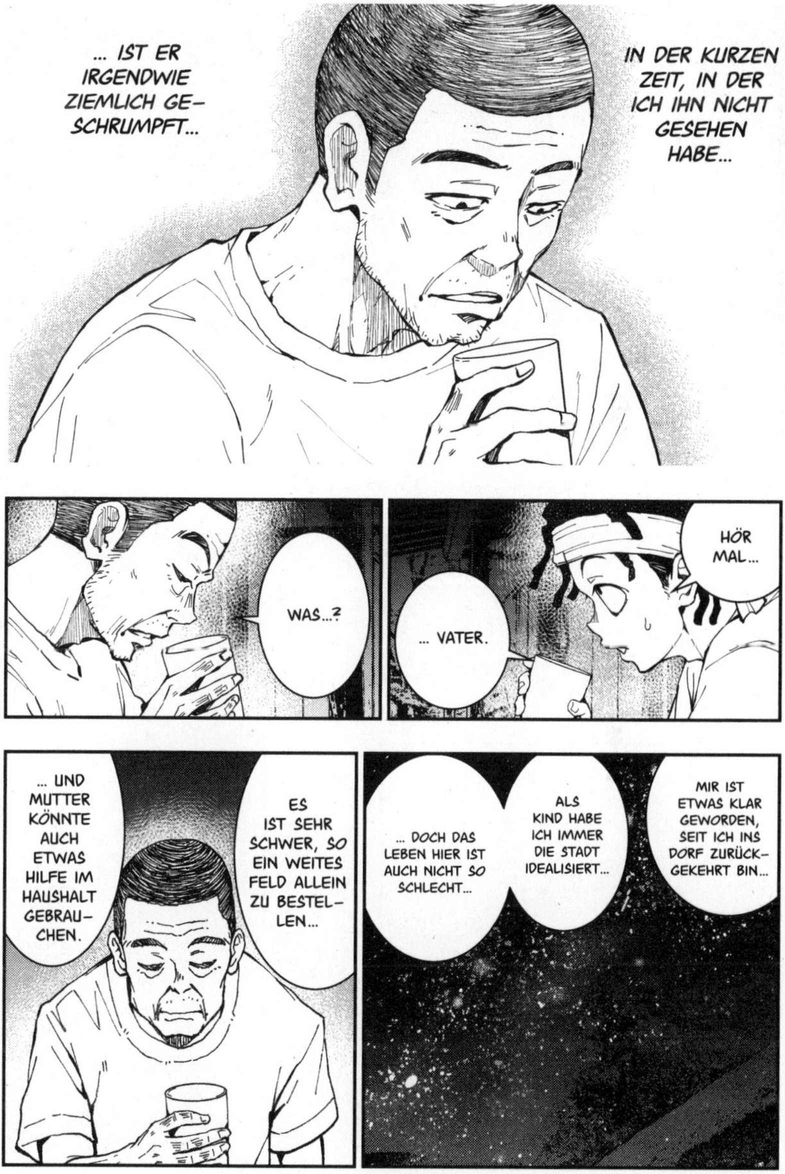
IN DER KURZEN ZEIT, IN DER ICH IHN NICHT GESEHEN HABE...
... IST ER IRGENDWIE ZIEMLICH GESCHRUMPFT...
HÖR MAL...
... VATER.
WAS...?
MIR IST ETWAS KLAR GEWORDEN, SEIT ICH INS DORF ZURÜCKGEKEHRT BIN...
ALS KIND HABE ICH IMMER DIE STADT IDEALISIERT...
... DOCH DAS LEBEN HIER IST AUCH NICHT SO SCHLECHT...
ES IST SEHR SCHWER, SO EIN WEITES FELD ALLEIN ZU BESTELLEN...
... UND MUTTER KÖNNTE AUCH ETWAS HILFE IM HAUSHALT GEBRAUCHEN.

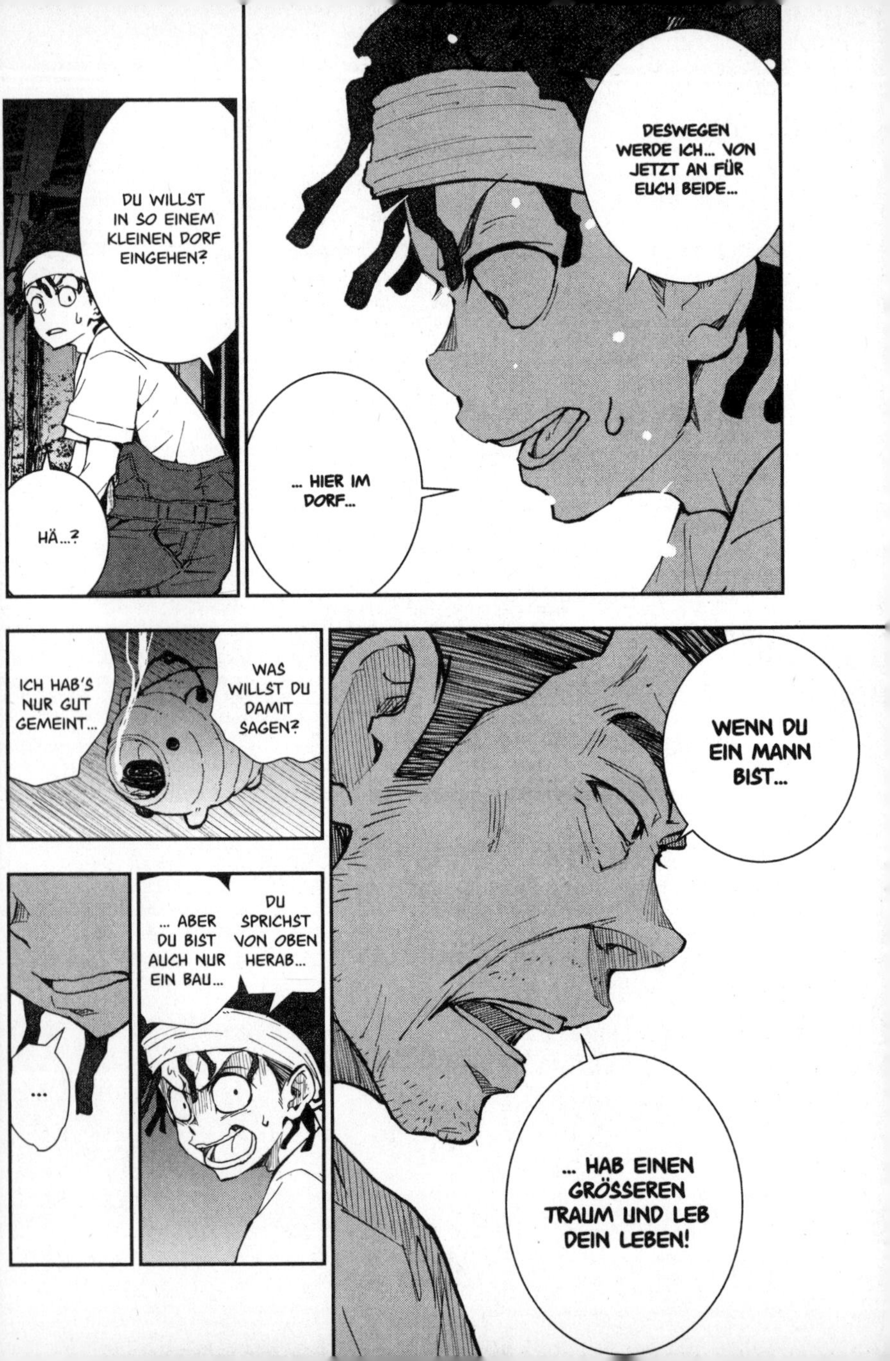
DESWEGEN WERDE ICH... VON JETZT AN FÜR EUCH BEIDE...
... HIER IM DORF...
DU WILLST IN SO EINEM KLEINEN DORF EINGEHEN?
HÄ...?
WENN DU EIN MANN BIST...
... HAB EINEN GRÖSSEREN TRAUM UND LEB DEIN LEBEN!
WAS WILLST DU DAMIT SAGEN?
ICH HAB'S NUR GUT GEMEINT...
DU SPRICHST VON OBEN HERAB...
... ABER DU BIST AUCH NUR EIN BAU...
...

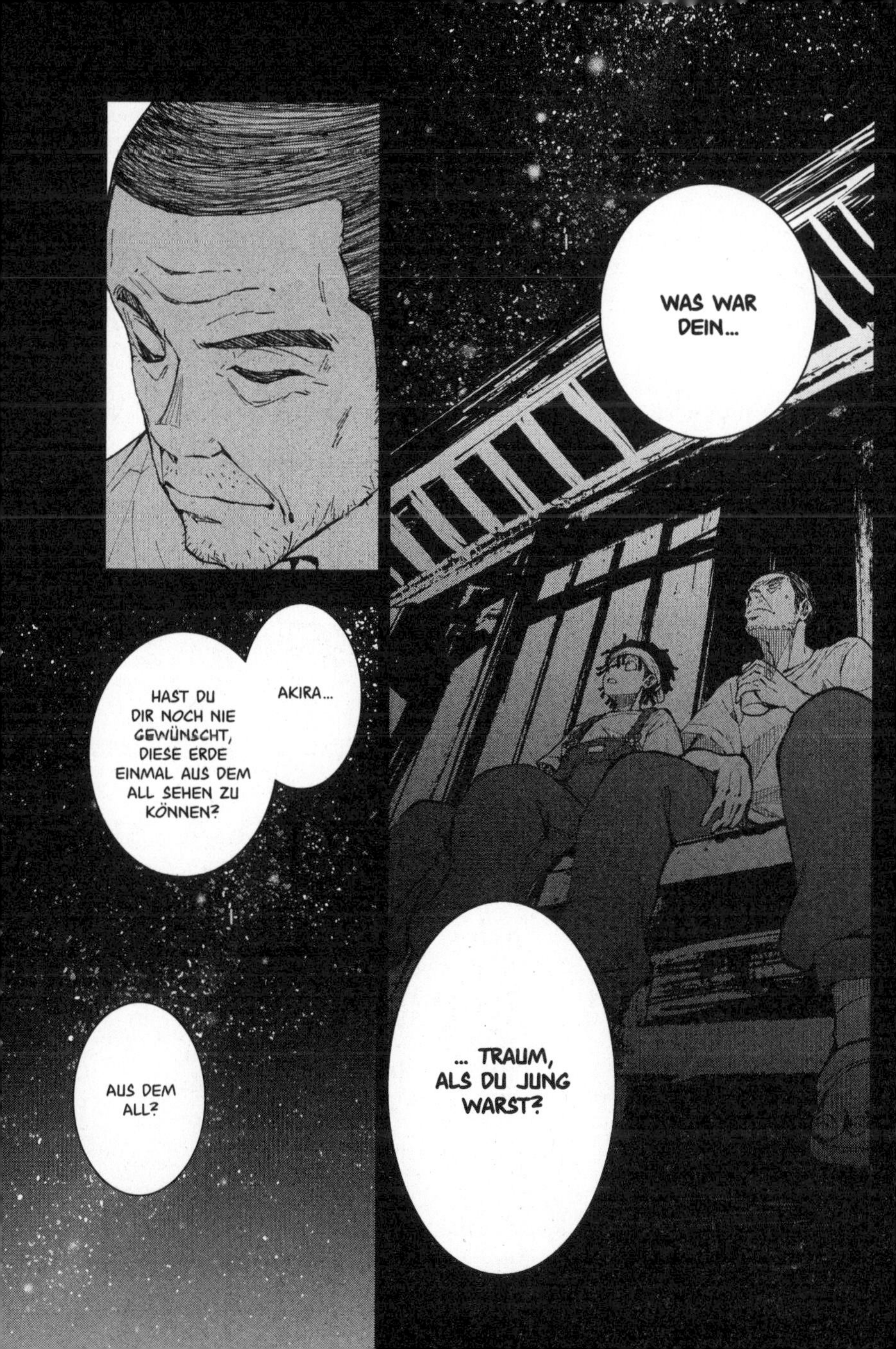
WAS WAR DEIN...
... TRAUM, ALS DU JUNG WARST?
AKIRA...
HAST DU DIR NOCH NIE GEWÜNSCHT, DIESE ERDE EINMAL AUS DEM ALL SEHEN ZU KÖNNEN?
AUS DEM ALL?

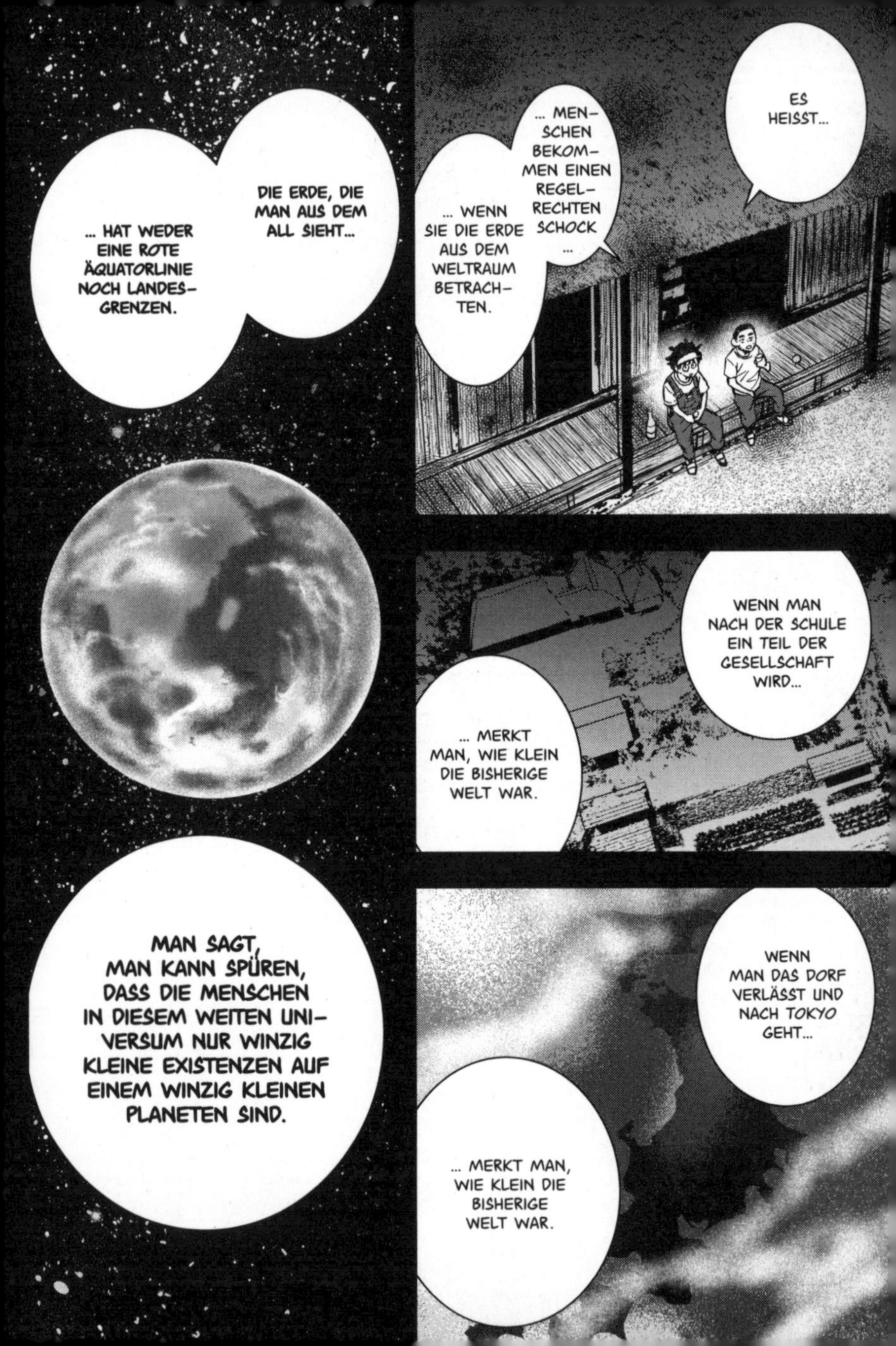

ES HEISST...
... MENSCHEN BEKOMMEN EINEN REGELRECHTEN SCHOCK ...
... WENN SIE DIE ERDE AUS DEM WELTRAUM BETRACHTEN.
DIE ERDE, DIE MAN AUS DEM ALL SIEHT...
... HAT WEDER EINE ROTE ÄQUATORLINIE NOCH LANDESGRENZEN.
MAN SAGT, MAN KANN SPÜREN, DASS DIE MENSCHEN IN DIESEM WEITEN UNIVERSUM NUR WINZIG KLEINE EXISTENZEN AUF EINEM WINZIG KLEINEN PLANETEN SIND.
WENN MAN NACH DER SCHULE EIN TEIL DER GESELLSCHAFT WIRD...
... MERKT MAN, WIE KLEIN DIE BISHERIGE WELT WAR.
WENN MAN DAS DORF VERLÄSST UND NACH TOKYO GEHT...
... MERKT MAN, WIE KLEIN DIE BISHERIGE WELT WAR.

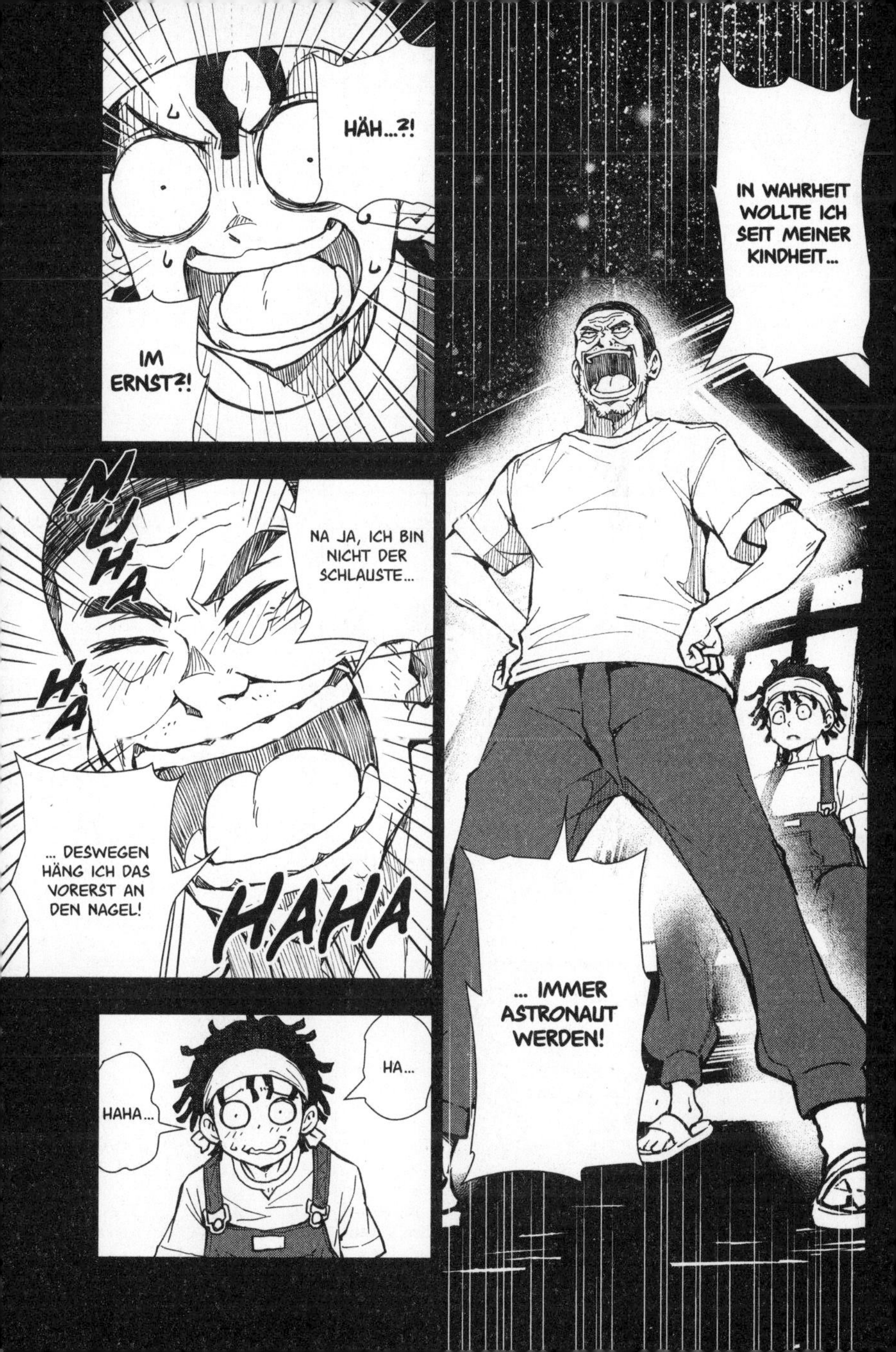
IN WAHRHEIT WOLLTE ICH SEIT MEINER KINDHEIT...
... IMMER ASTRONAUT WERDEN!
HÄH...?!
IM ERNST?!
NA JA, ICH BIN NICHT DER SCHLAUSTE...
MUHAHA
HAHA
... DESWEGEN HÄNG ICH DAS VORERST AN DEN NAGEL!
HAHA
HA...
HAHA...

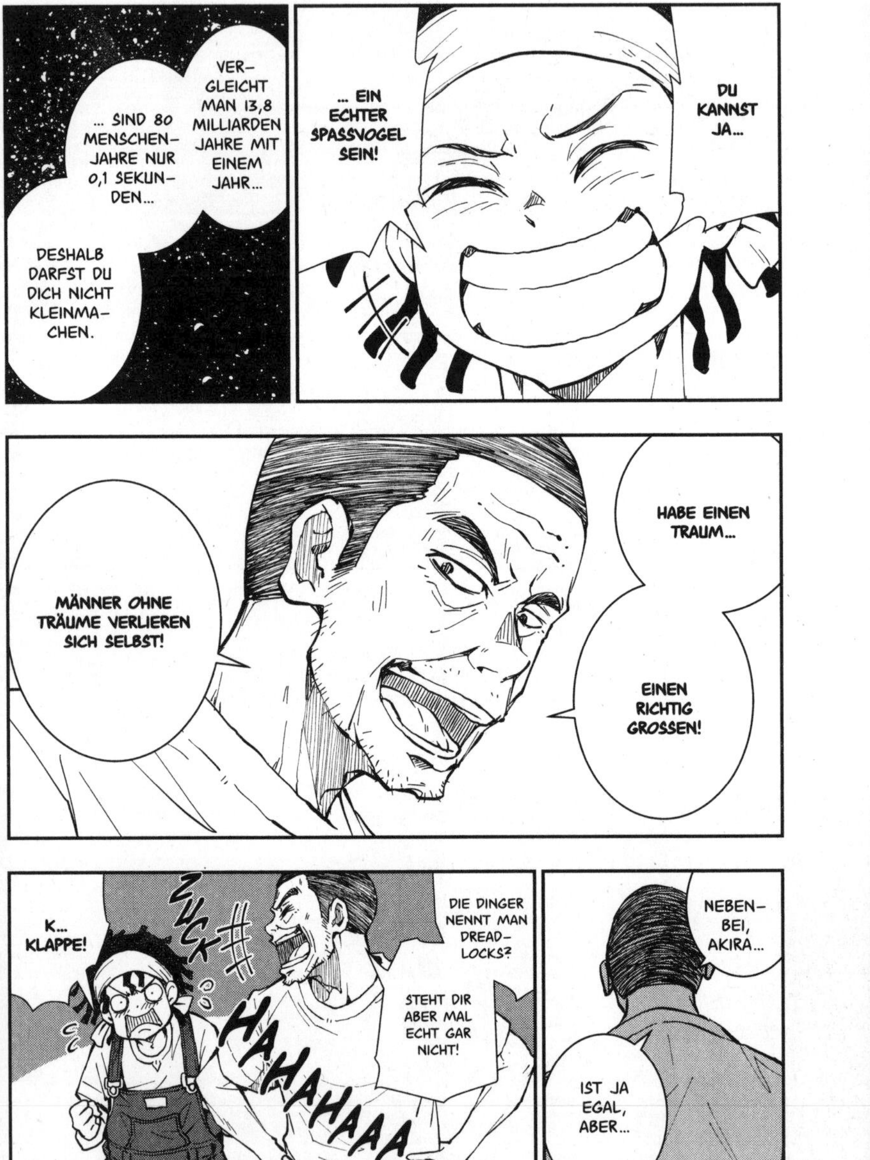
DU KANNST JA...
... EIN ECHTER SPASSVOGEL SEIN!
VERGLEICHT MAN 13,8 MILLIARDEN JAHRE MIT EINEM JAHR...
... SIND 80 MENSCHENJAHRE NUR 0,1 SEKUNDEN...
DESHALB DARFST DU DICH NICHT KLEINMACHEN.
HABE EINEN TRAUM...
EINEN RICHTIG GROSSEN!
MÄNNER OHNE TRÄUME VERLIEREN SICH SELBST!
NEBENBEI, AKIRA...
IST JA EGAL, ABER...
DIE DINGER NENNT MAN DREADLOCKS?
STEHT DIR ABER MAL ECHT GAR NICHT!
ZUCK
HAHAHAHAAA
K... KLAPPE!

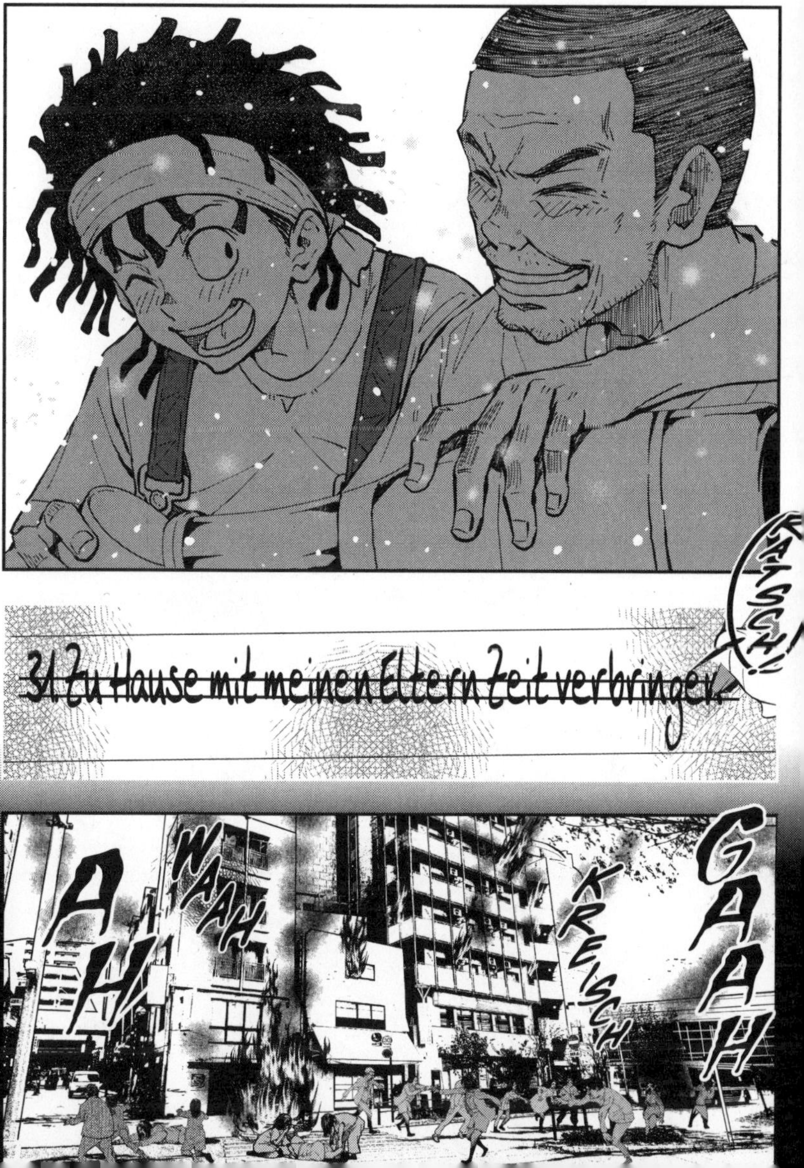
KATSCH!!
31 Zu Hause mit meinen Eltern Zeit verbringen.
GAAH
KREISCH
WAAH
AH

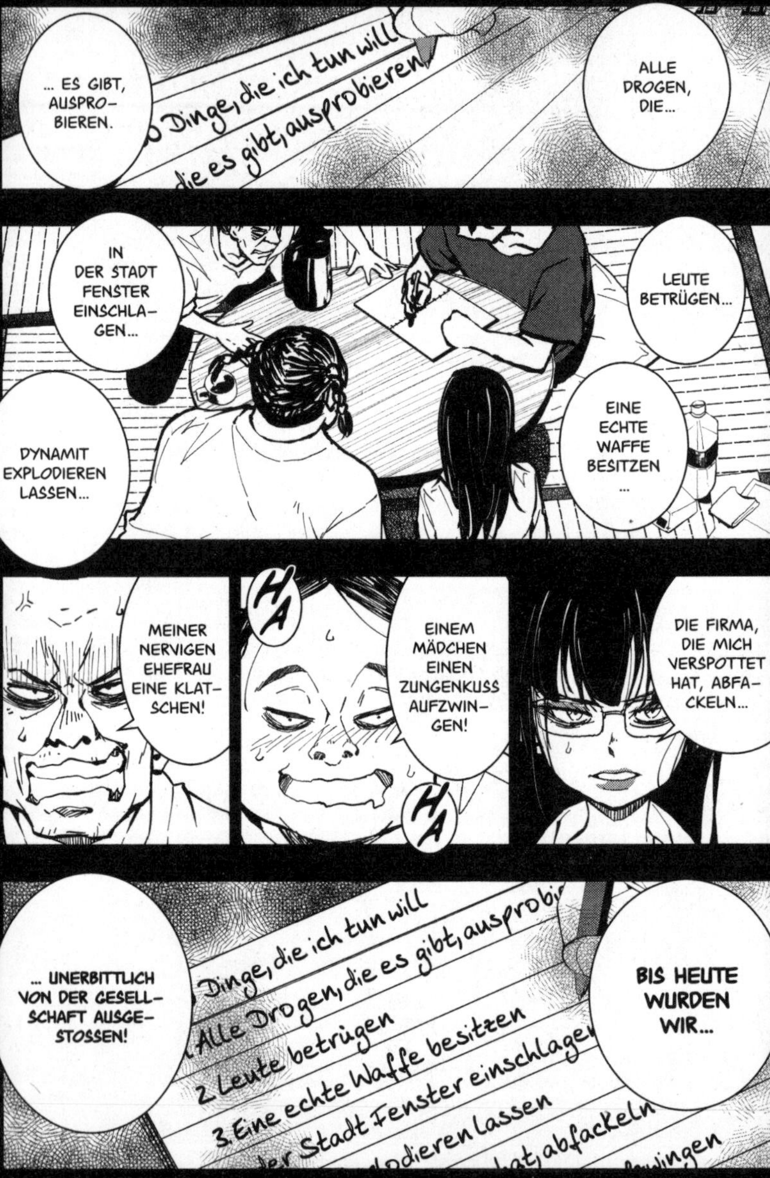

ALLE DROGEN, DIE...
... ES GIBT, AUSPROBIEREN.
Dinge, die ich tun will
die es gibt, ausprobieren
LEUTE BETRÜGEN...
EINE ECHTE WAFFE BESITZEN ...
IN DER STADT FENSTER EINSCHLAGEN...
DYNAMIT EXPLODIEREN LASSEN...
DIE FIRMA, DIE MICH VERSPOTTET HAT, ABFACKELN...
HA
EINEM MÄDCHEN EINEN ZUNGENKUSS AUFZWINGEN!
HA
MEINER NERVIGEN EHEFRAU EINE KLATSCHEN!
BIS HEUTE WURDEN WIR...
... UNERBITTLICH VON DER GESELLSCHAFT AUSGESTOSSEN!
Dinge, die ich tun will
Alle Drogen, die es gibt, ausprobi
2 Leute betrügen
Eine echte Waffe besitzen
3. Stadt Fenster einschlagen
lodieren lassen
hat, abfackeln

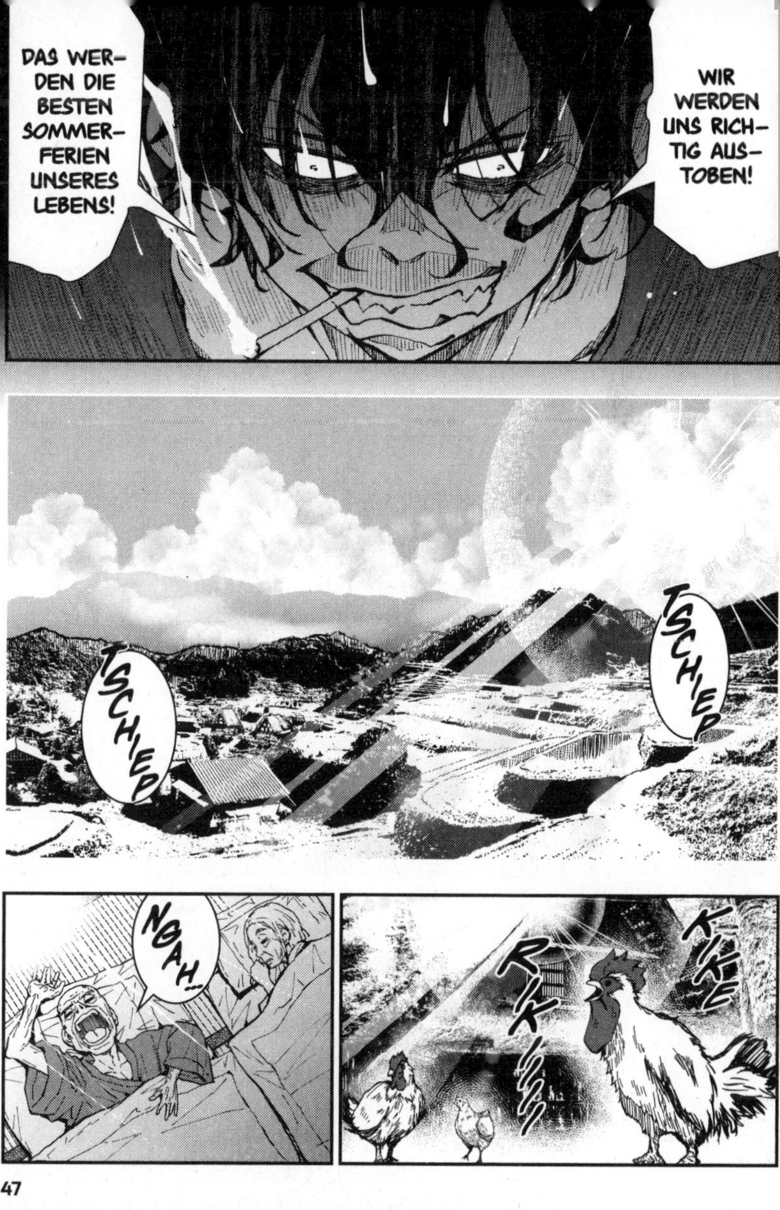
WIR WERDEN UNS RICHTIG AUSTOBEN!
DAS WERDEN DIE BESTEN SOMMERFERIEN UNSERES LEBENS!
TSCHIEP
TSCHIEP
KIKERIKIIII
NGAH...

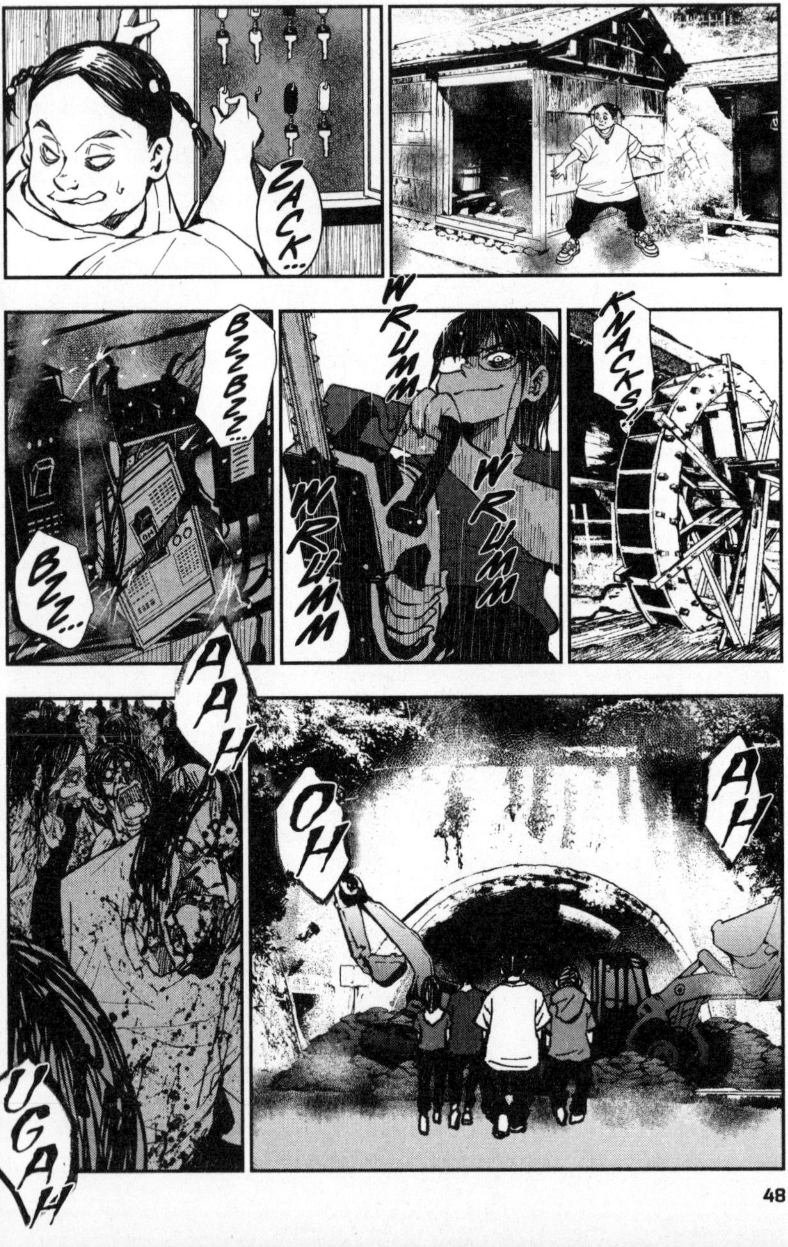
ZACK...
KNACKS!
WRUMM
WRUMM
WRUMM
BZZBZZ...
BZZ...
AAH
AH
OH
UGAH

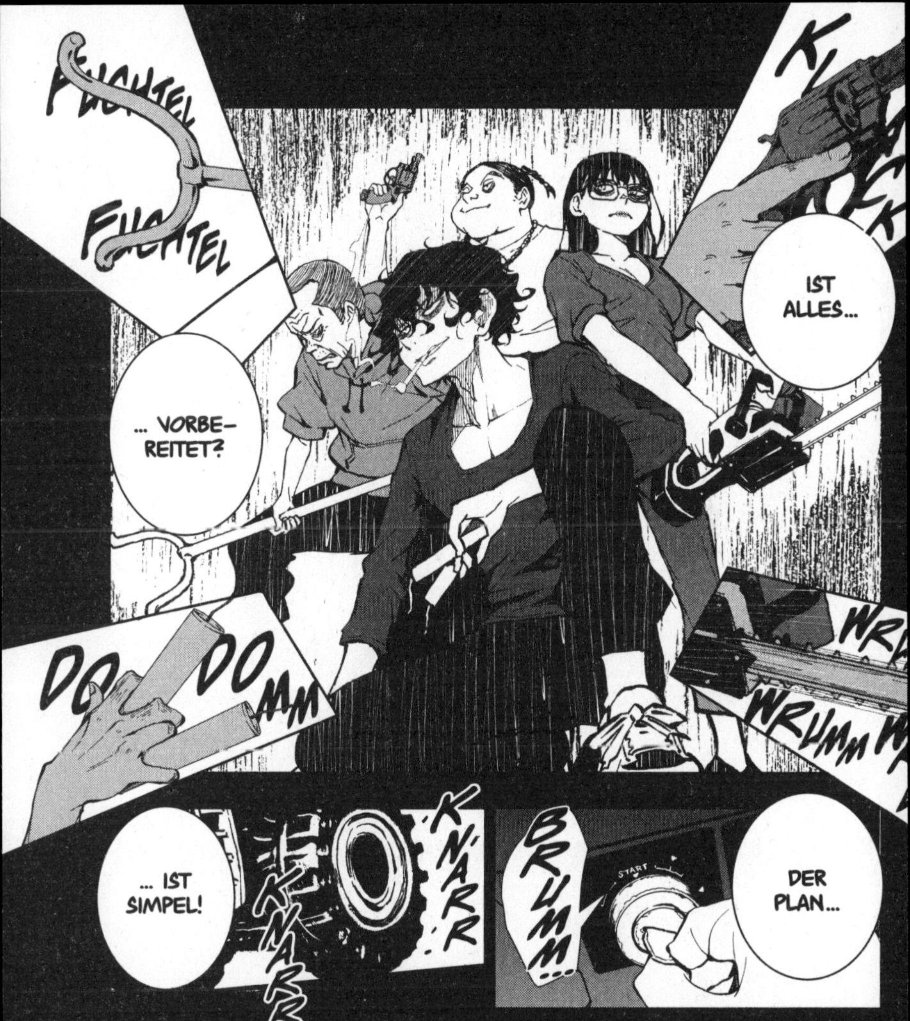


# 35. Die Gesellschaft zerstören

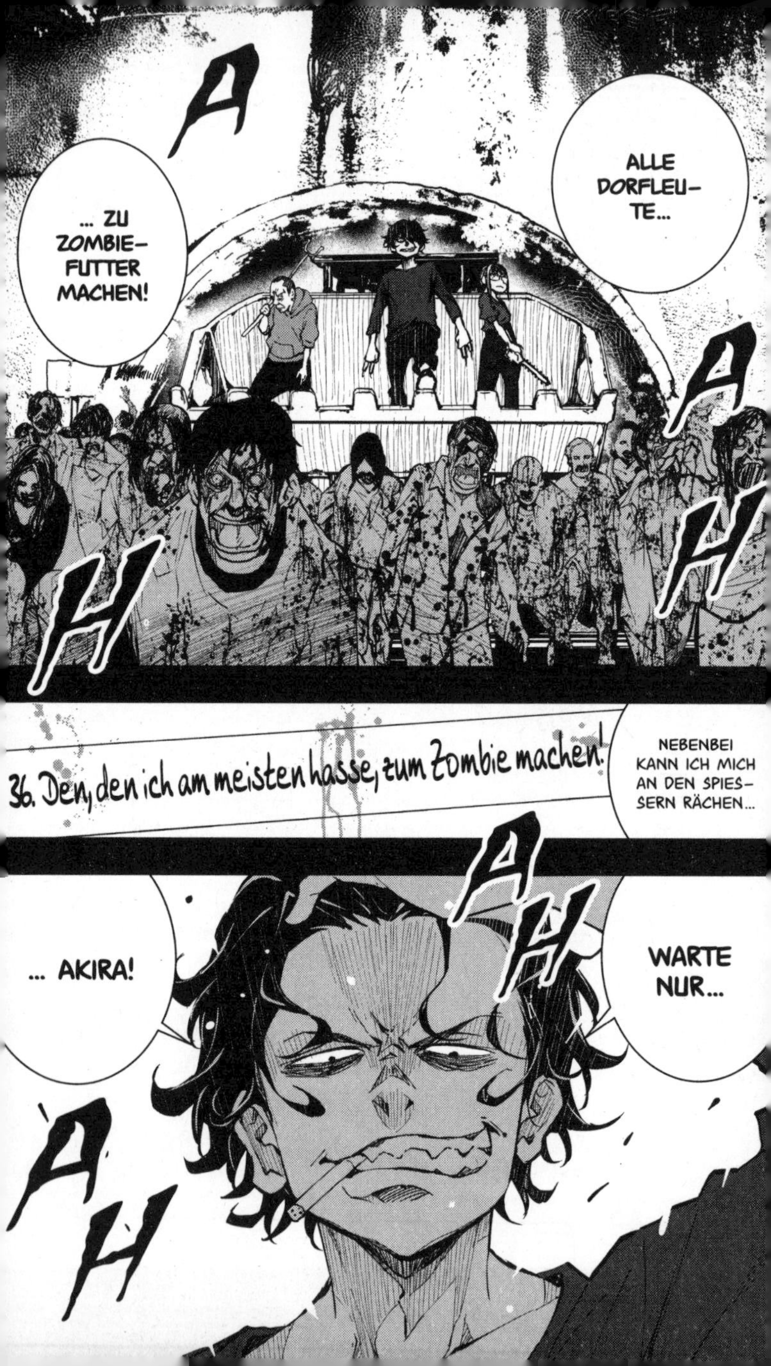
ALLE DORFLEU-TE...
... ZU ZOMBIE-FUTTER MACHEN!
AH
AH
NEBENBEI KANN ICH MICH AN DEN SPIES-SERN RÄCHEN...
36. Den, den ich am meisten hasse, zum Zombie machen!
AH
WARTE NUR...
... AKIRA!
AH

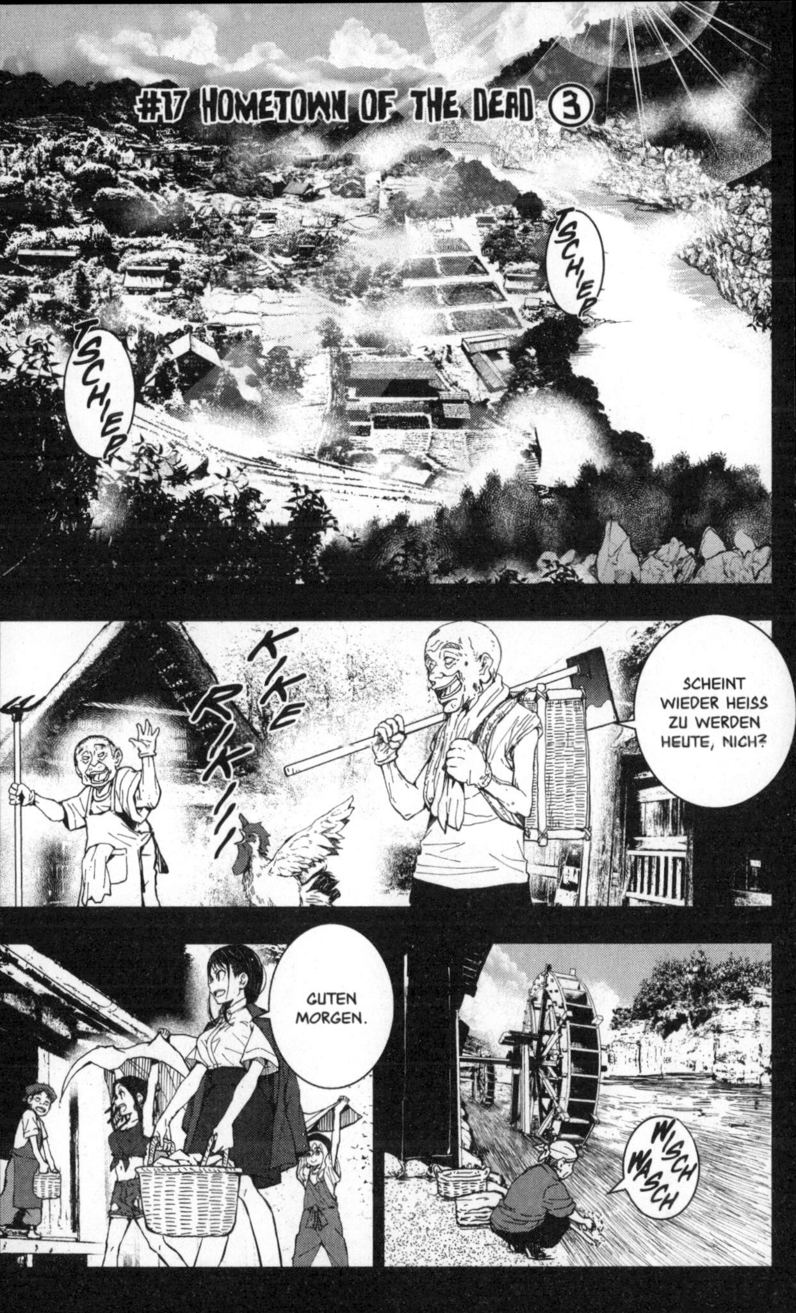
#17 HOMETOWN OF THE DEAD ③
TSCHIER
TSCHIER
SCHEINT WIEDER HEISS ZU WERDEN HEUTE, NICH?
KIKERIKI!!!!
WISCH WASCH
GUTEN MORGEN.

# #17 HOMETOWN OF THE DEAD ③

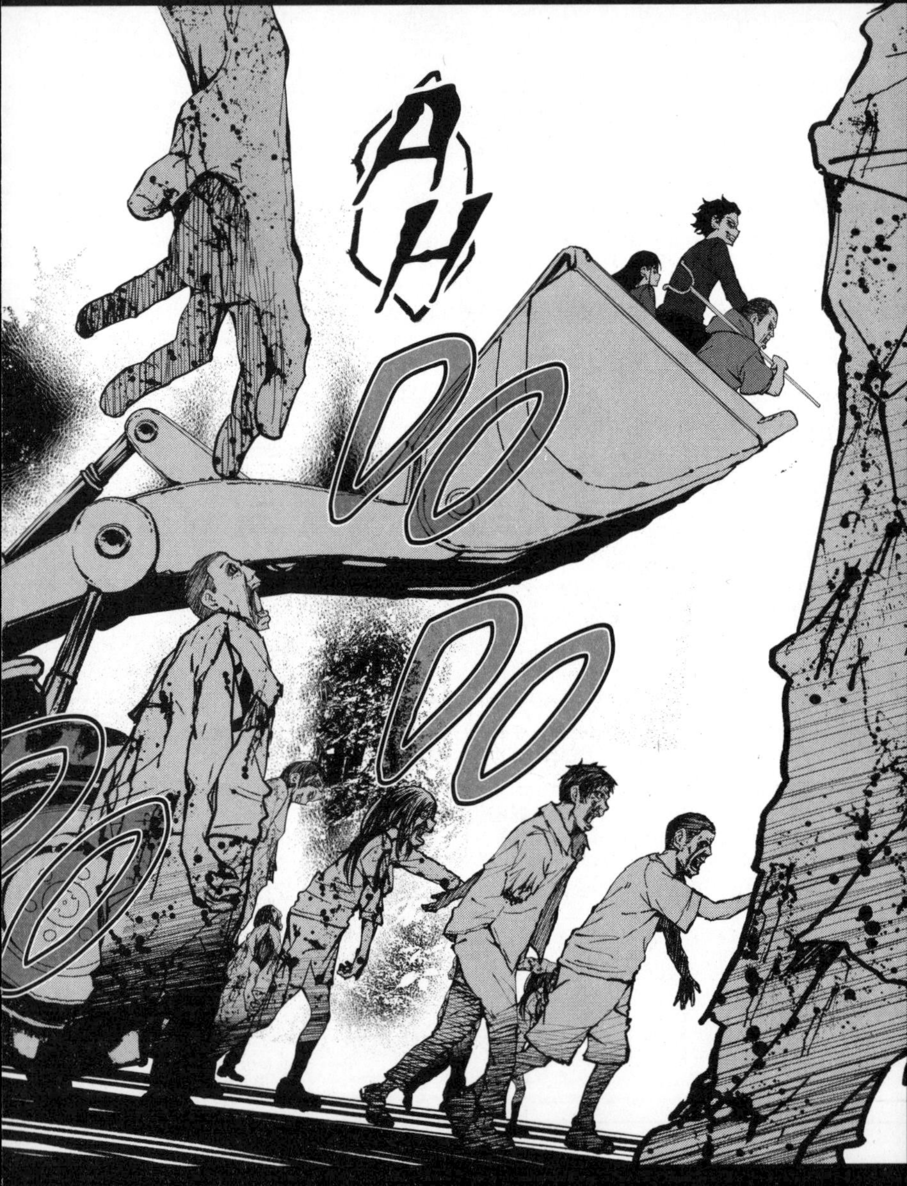

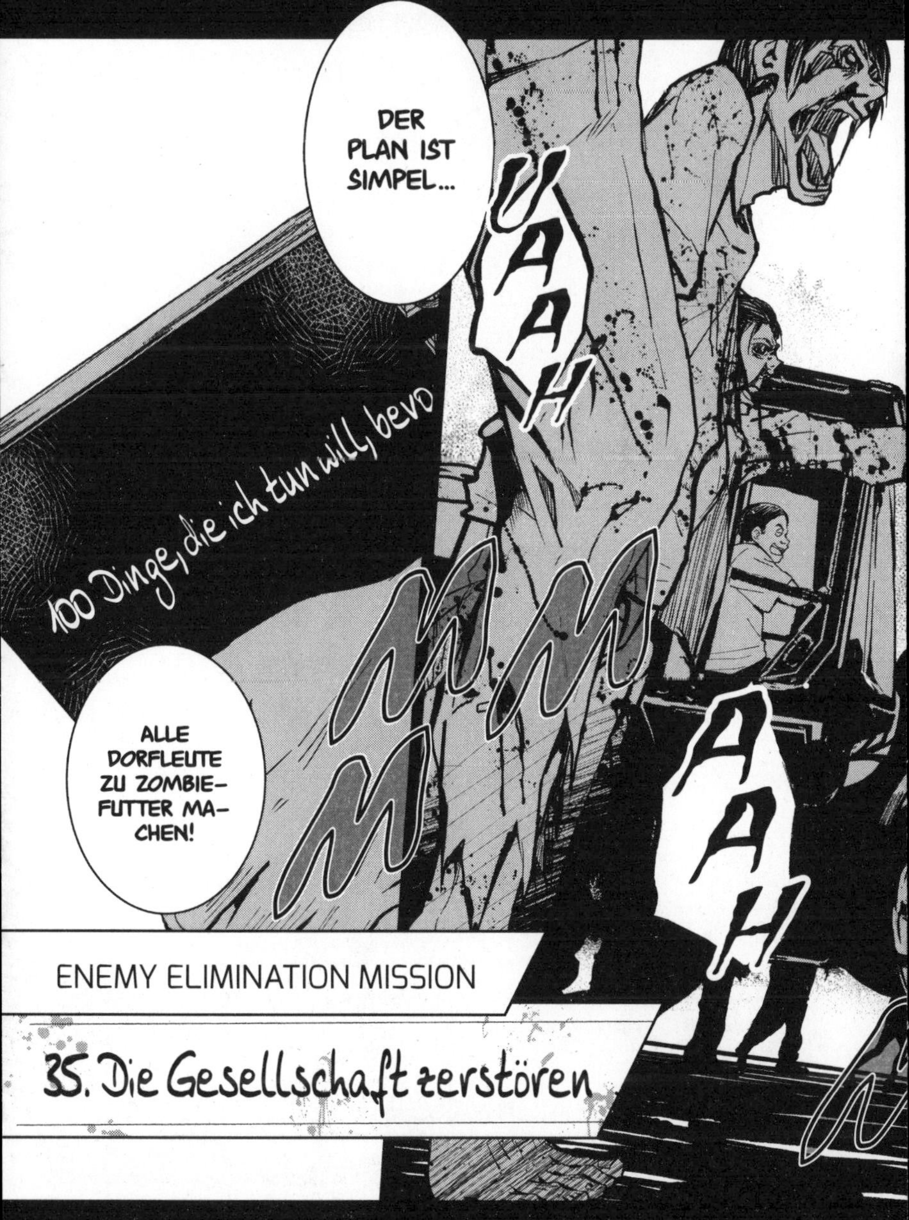
DER PLAN IST SIMPEL…
UAAAH
100 Dinge, die ich tun will, bevo
MMMMM
ALLE DORFLEUTE ZU ZOMBIE-FUTTER MA-CHEN!
AAAH
ENEMY ELIMINATION MISSION
35. Die Gesellschaft zerstören

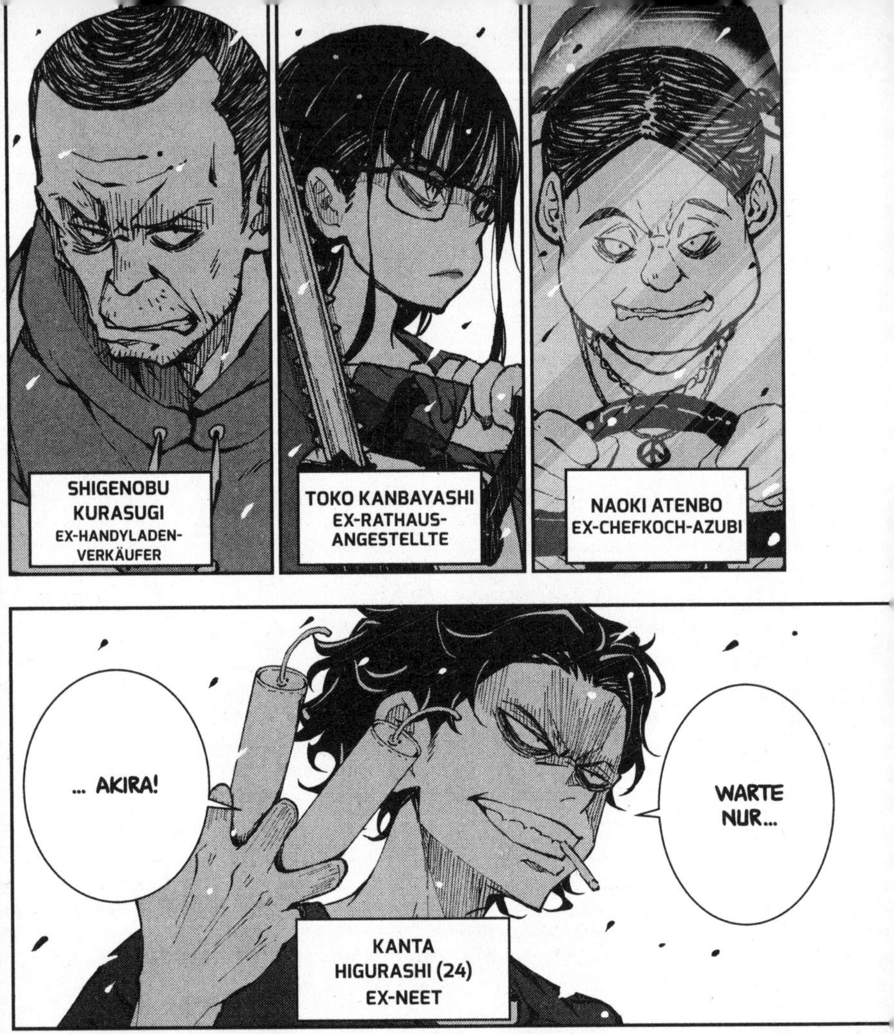


## 36. Den, den ich am meisten hasse, zum Zombie machen!

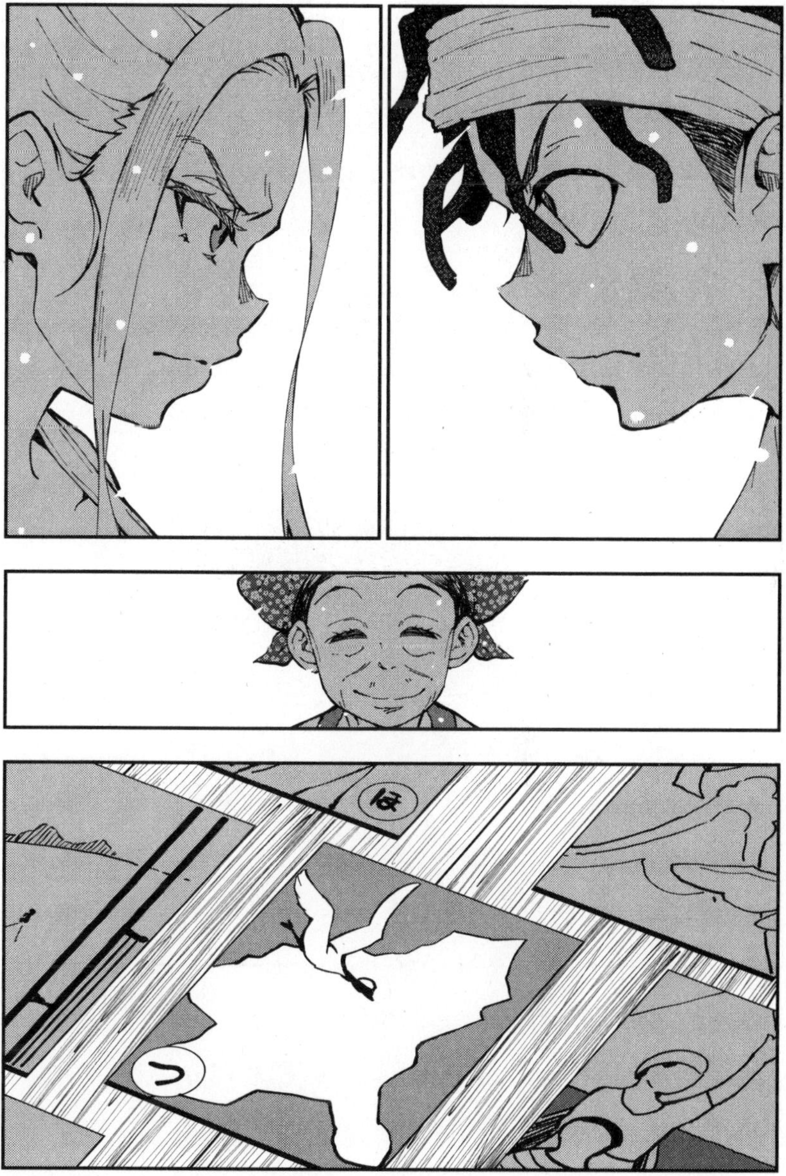
は
つ

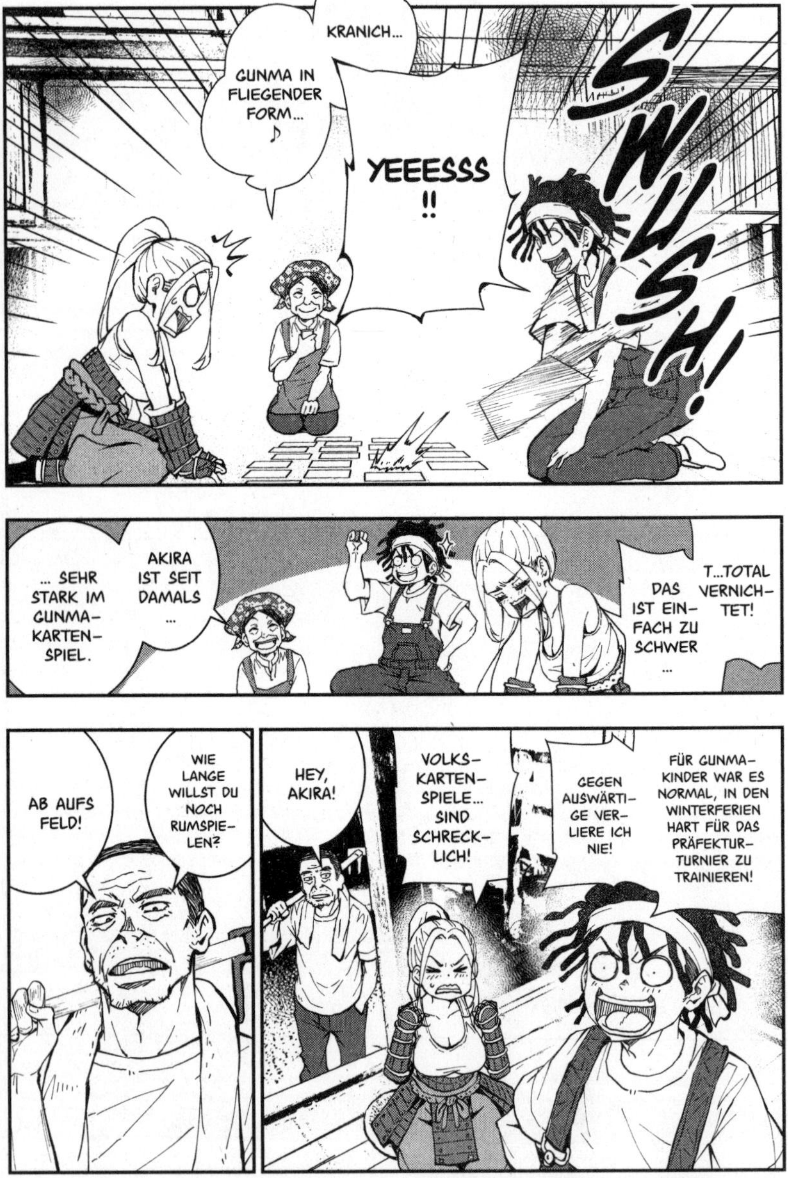
SWISH!
YEEESSS!!
KRANICH...
GUNMA IN FLIEGENDER FORM... ♪
T...TOTAL VERNICHTET!
DAS IST EINFACH ZU SCHWER ...
AKIRA IST SEIT DAMALS ...
... SEHR STARK IM GUNMAKARTENSPIEL.
FÜR GUNMAKINDER WAR ES NORMAL, IN DEN WINTERFERIEN HART FÜR DAS PRÄFEKTURTURNIER ZU TRAINIEREN!
GEGEN AUSWÄRTIGE VERLIERE ICH NIE!
VOLKSKARTENSPIELE... SIND SCHRECKLICH!
HEY, AKIRA!
WIE LANGE WILLST DU NOCH RUMSPIELEN?
AB AUFS FELD!

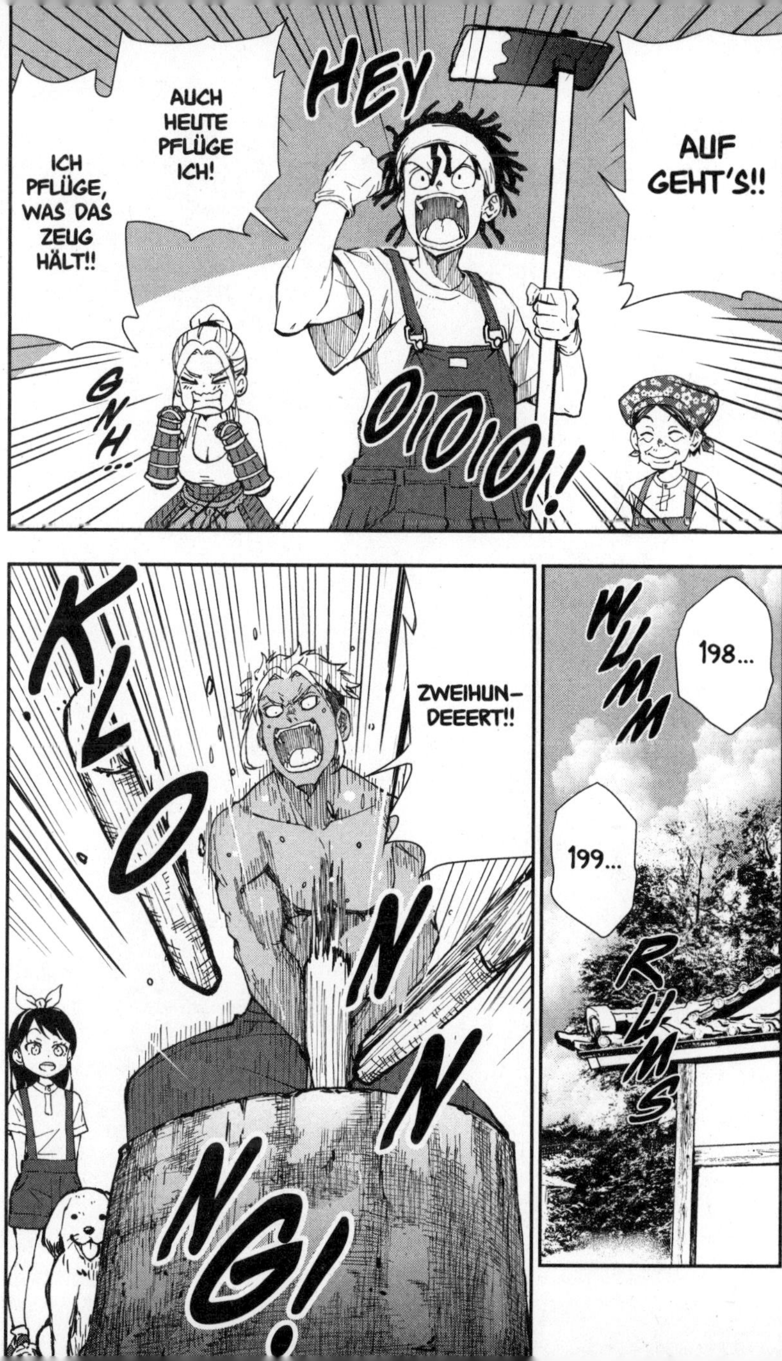
AUF GEHT'S!!
HEY
OIOIOIOI!!
AUCH HEUTE PFLÜGE ICH!
ICH PFLÜGE, WAS DAS ZEUG HÄLT!!
GNH...
WUMM
198...
199...
RUMS
ZWEIHUN-DEEERT!!
KLONNNNG!

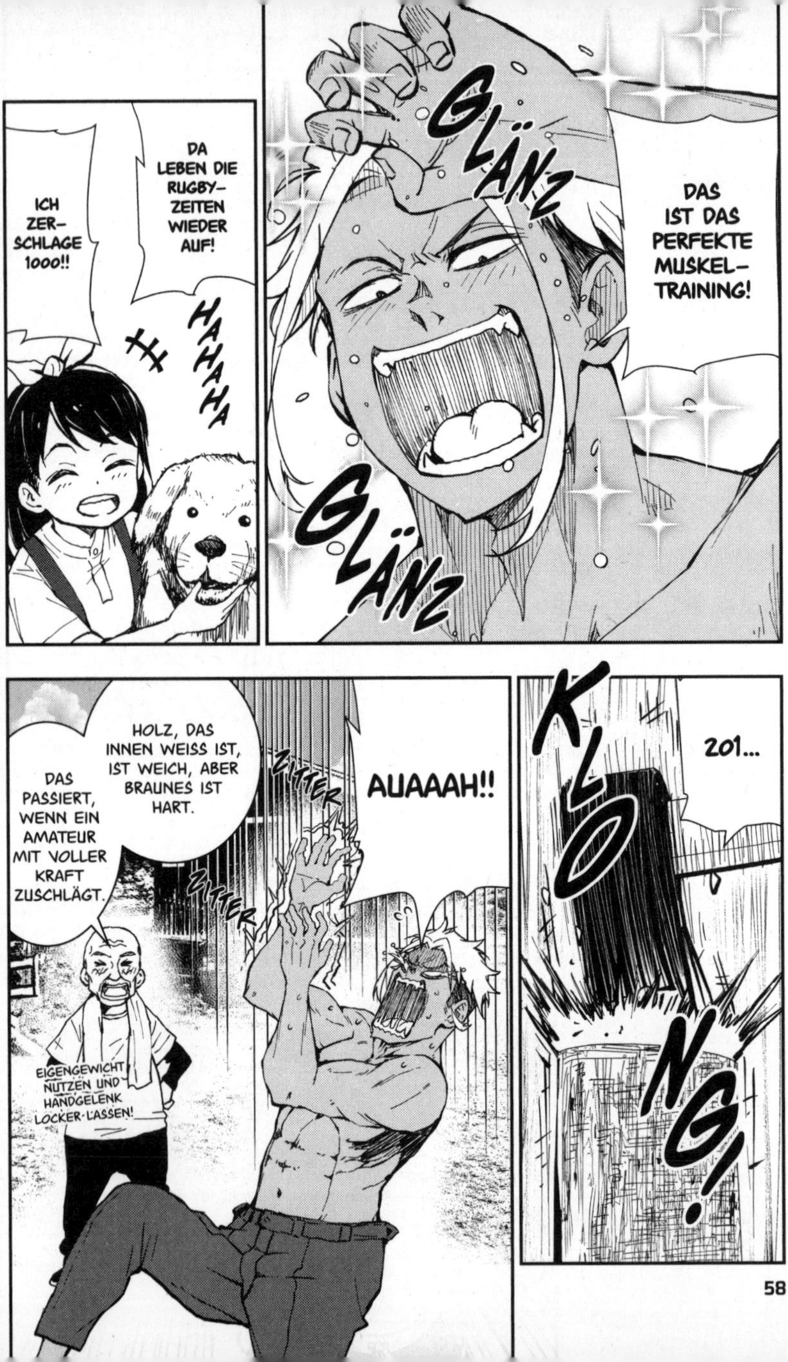
DAS IST DAS PERFEKTE MUSKEL-TRAINING!
GLÄNZ
GLÄNZ
DA LEBEN DIE RUGBY-ZEITEN WIEDER AUF!
ICH ZER-SCHLAGE 1000!!
HAHAHAHA
KLONG!
201...
AUAAAH!!
ZITTER
ZITTER
HOLZ, DAS INNEN WEISS IST, IST WEICH, ABER BRAUNES IST HART.
DAS PASSIERT, WENN EIN AMATEUR MIT VOLLER KRAFT ZUSCHLÄGT.
EIGENGEWICHT NUTZEN UND HANDGELENK LOCKER LASSEN!

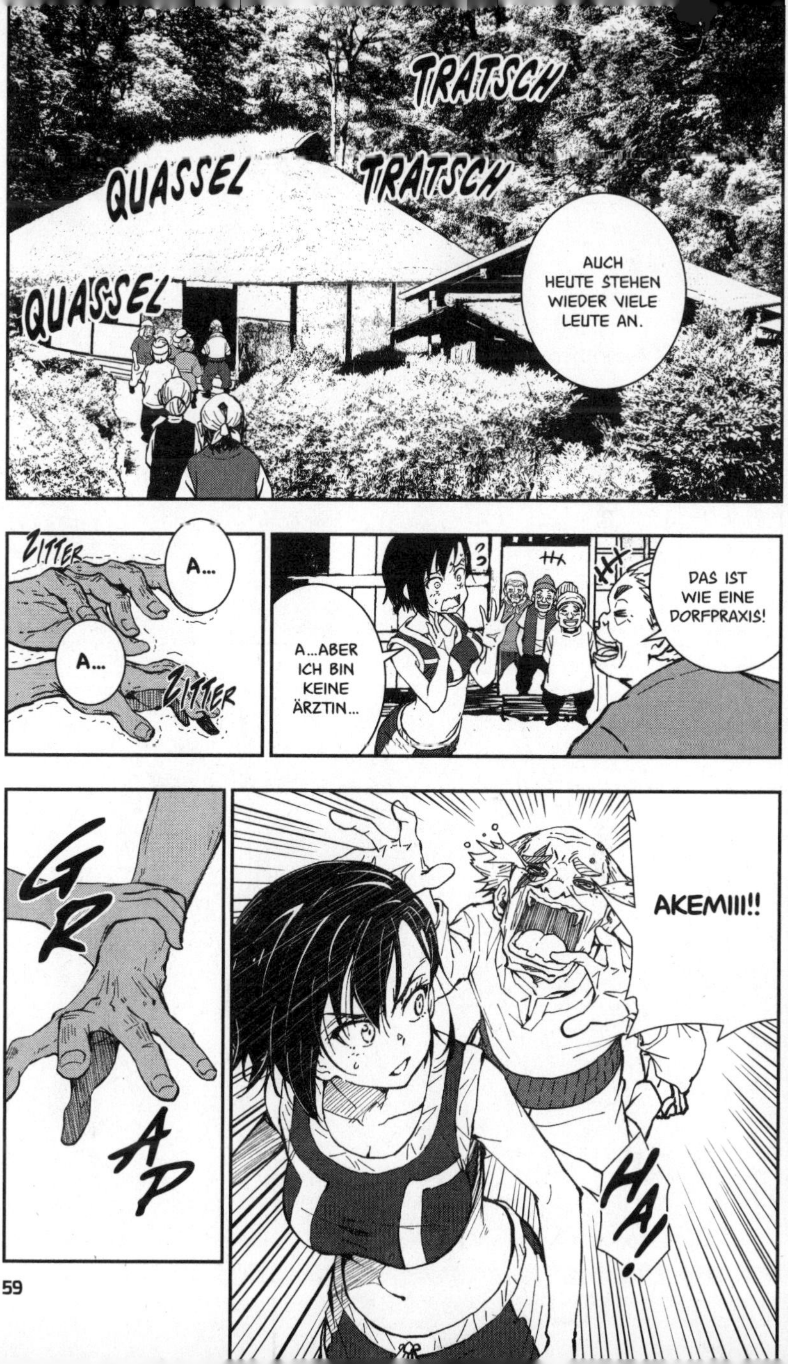
TRATSCH
TRATSCH
QUASSEL
QUASSEL
AUCH HEUTE STEHEN WIEDER VIELE LEUTE AN.
DAS IST WIE EINE DORFPRAXIS!
A...ABER ICH BIN KEINE ÄRZTIN...
ZITTER
A...
A...
ZITTER
AKEMIII!!
HA!
GRAP

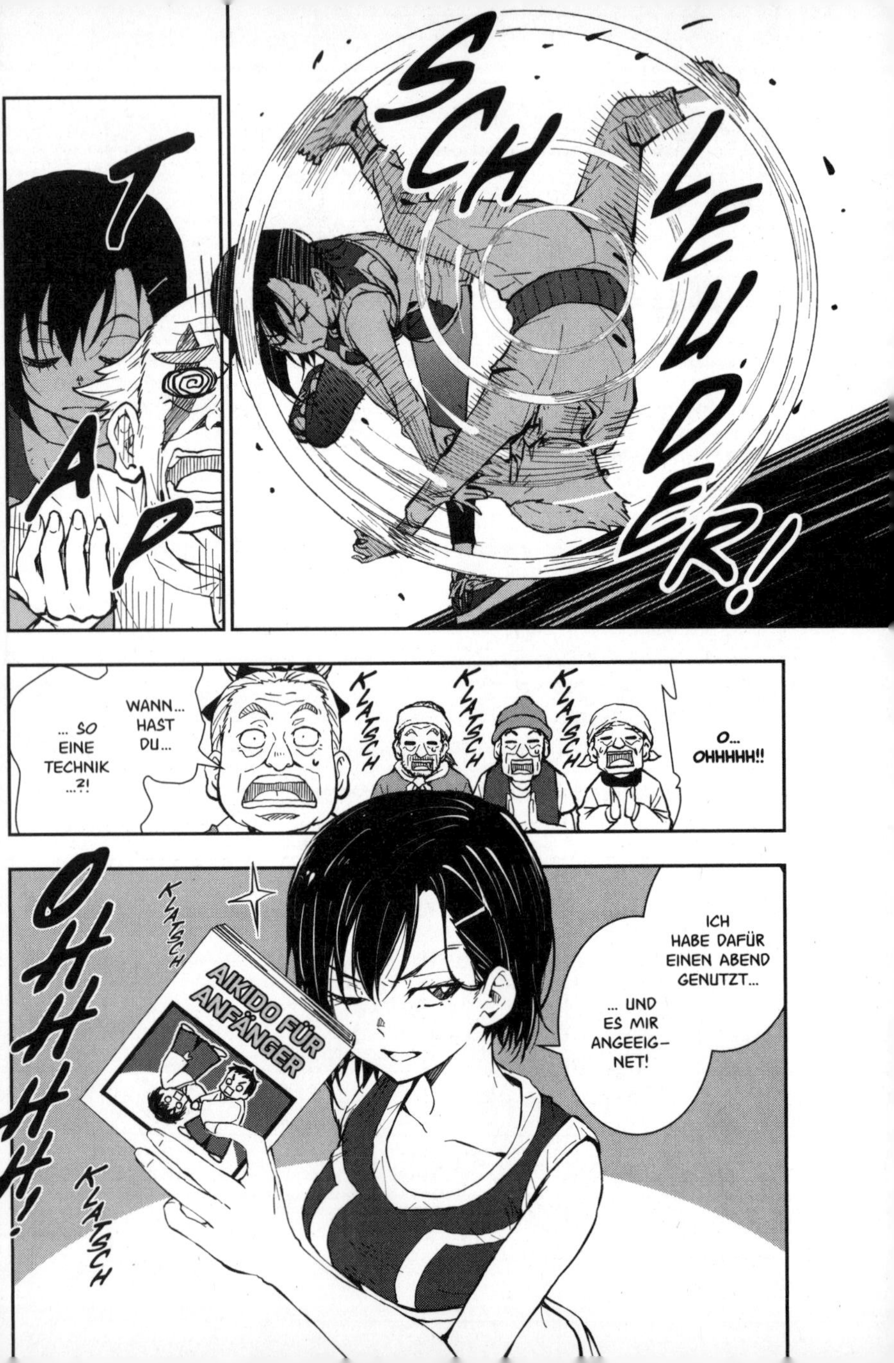
SCHLEUDER!
TAP
O... OHHHHH!!
KLATSCH KLATSCH KLATSCH
WANN... HAST DU...
... SO EINE TECHNIK ...?!
ICH HABE DAFÜR EINEN ABEND GENUTZT...
... UND ES MIR ANGEEIG-NET!
AIKIDO FÜR ANFÄNGER
OHHHHHH!
KLATSCH
KLATSCH

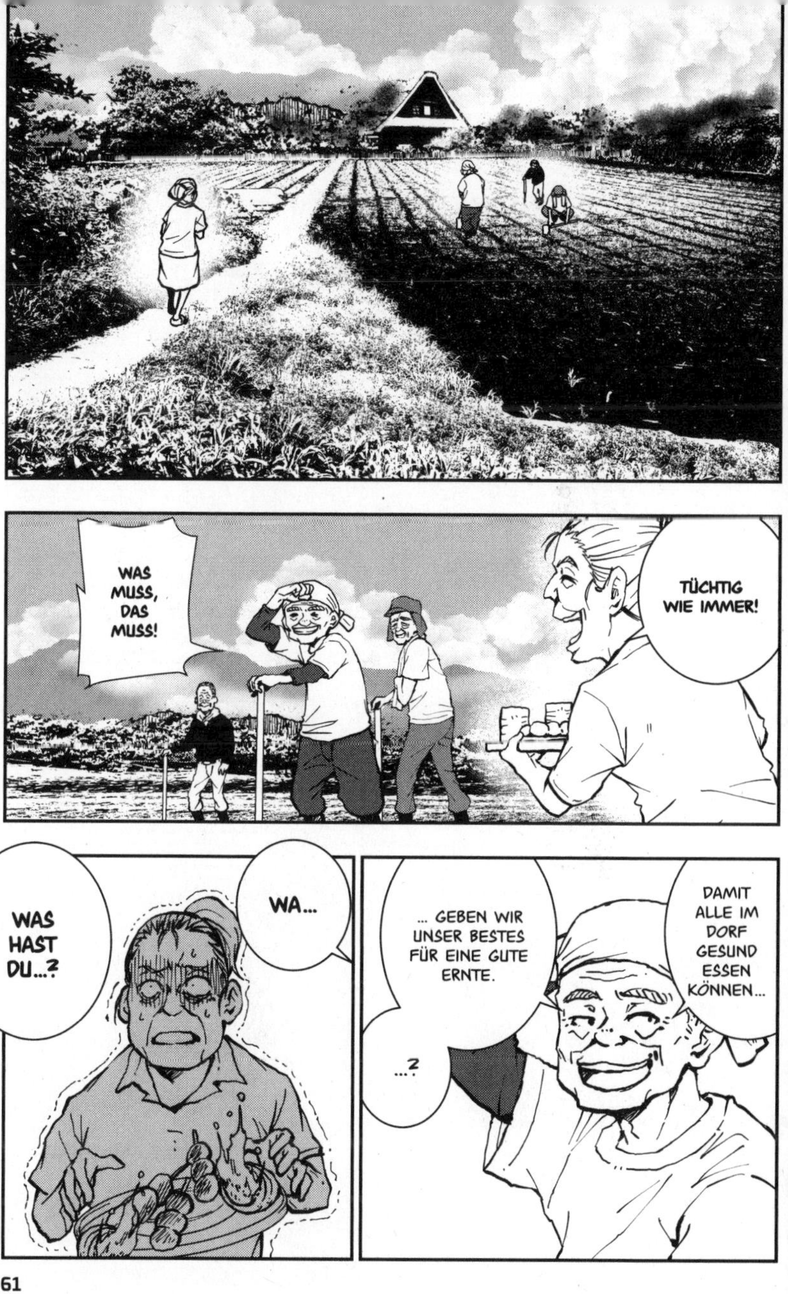
TÜCHTIG WIE IMMER!
WAS MUSS, DAS MUSS!
DAMIT ALLE IM DORF GESUND ESSEN KÖNNEN...
... GEBEN WIR UNSER BESTES FÜR EINE GUTE ERNTE.
...?
WA...
WAS HAST DU...?

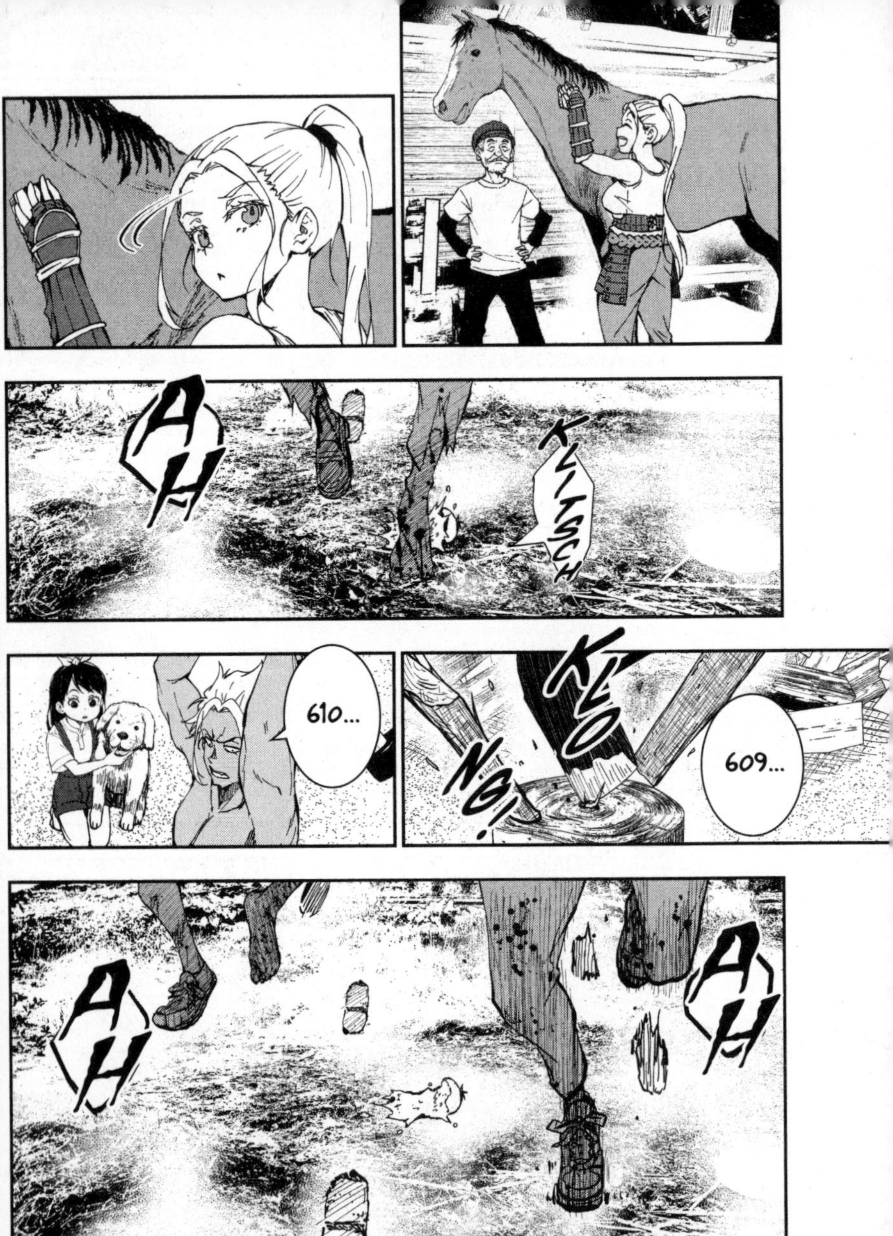
AH
KLITSCH
KLONG!
609...
610...
AH
AH

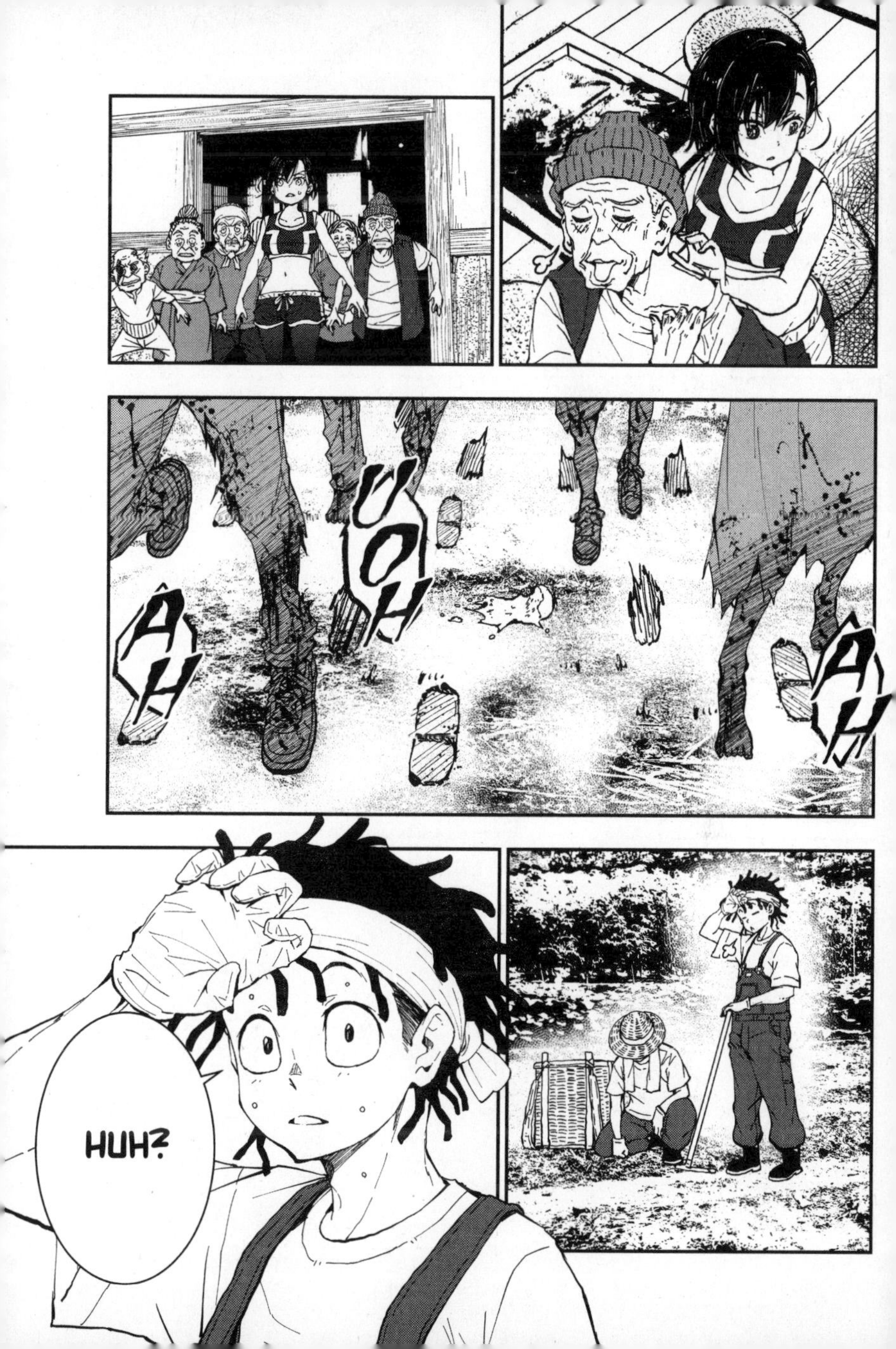
ÄH
UOH
ÄH
HUH?

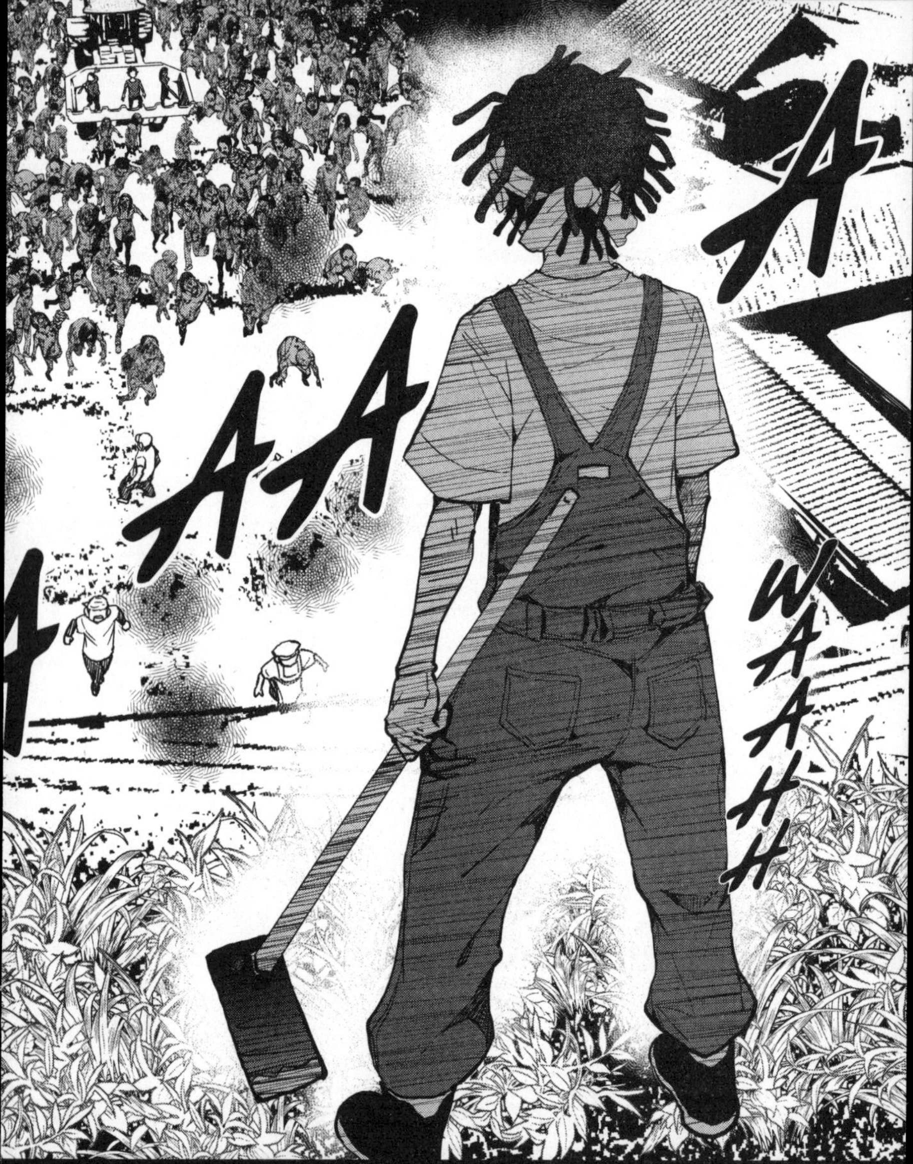
AAAA
AA
WAAHHH

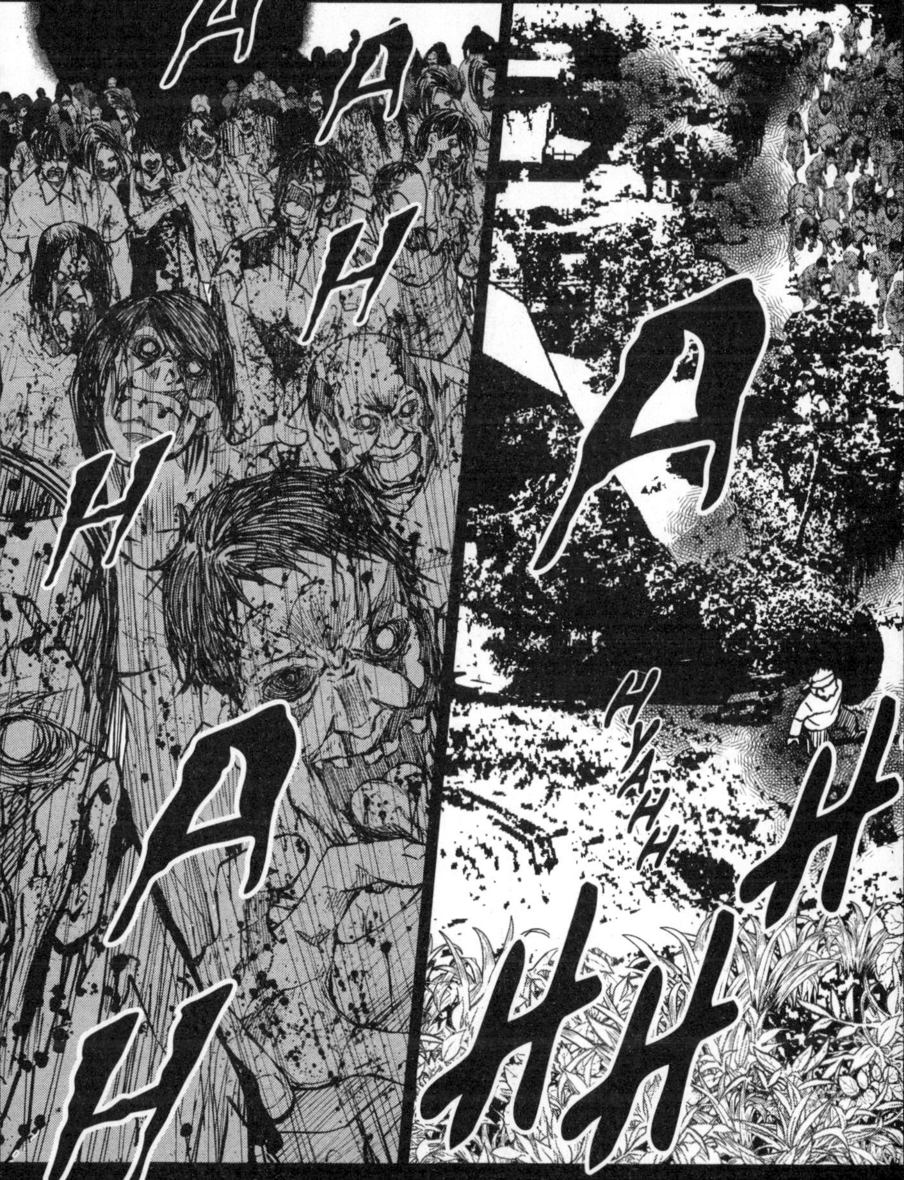

AHHHHH
HYAHH
AAHHAH

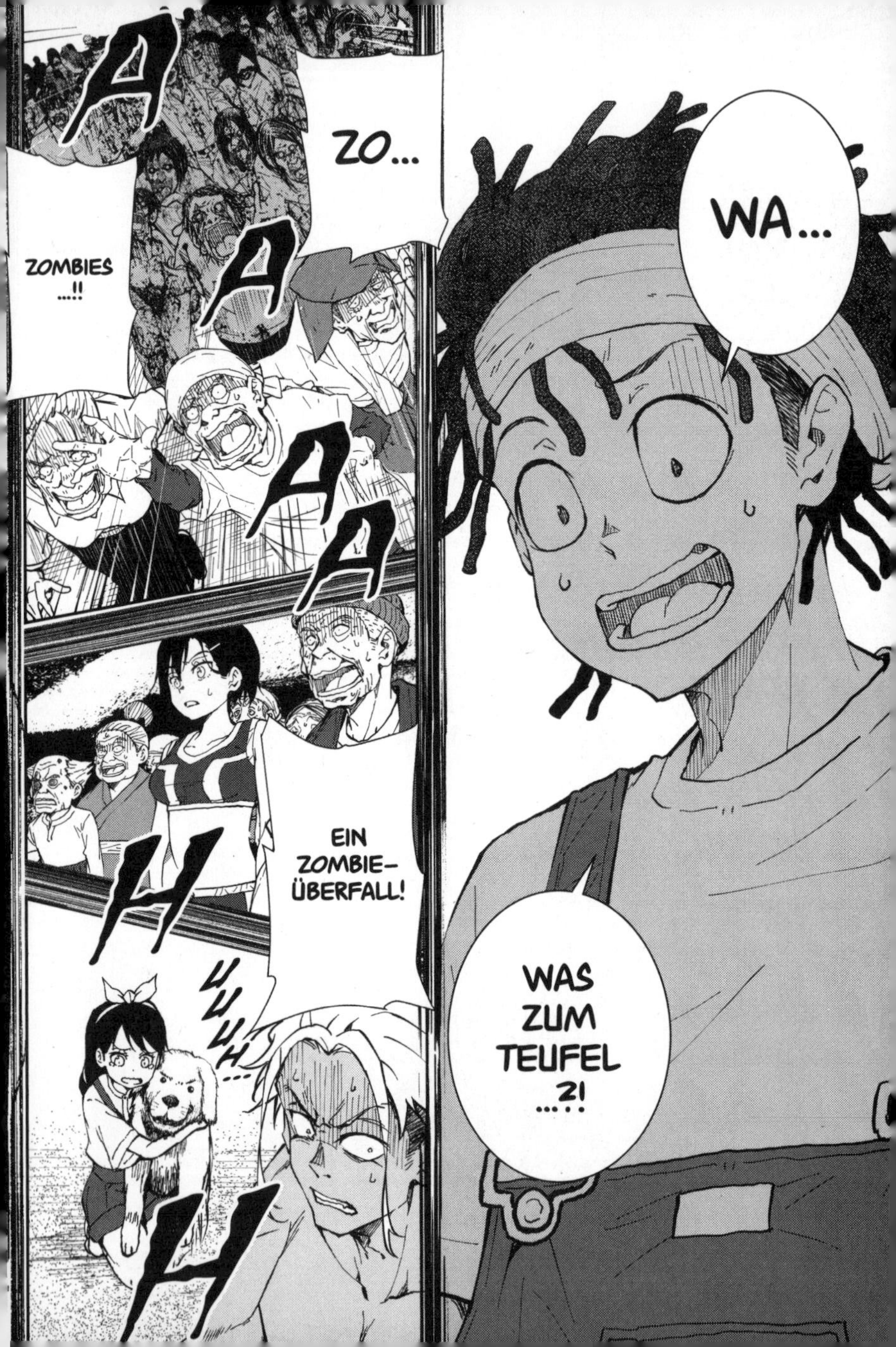
WA...
WAS ZUM TEUFEL ...?!
ZO...
ZOMBIES ...!!
AAAAA
EIN ZOMBIE-ÜBERFALL!
UUUH...
HH

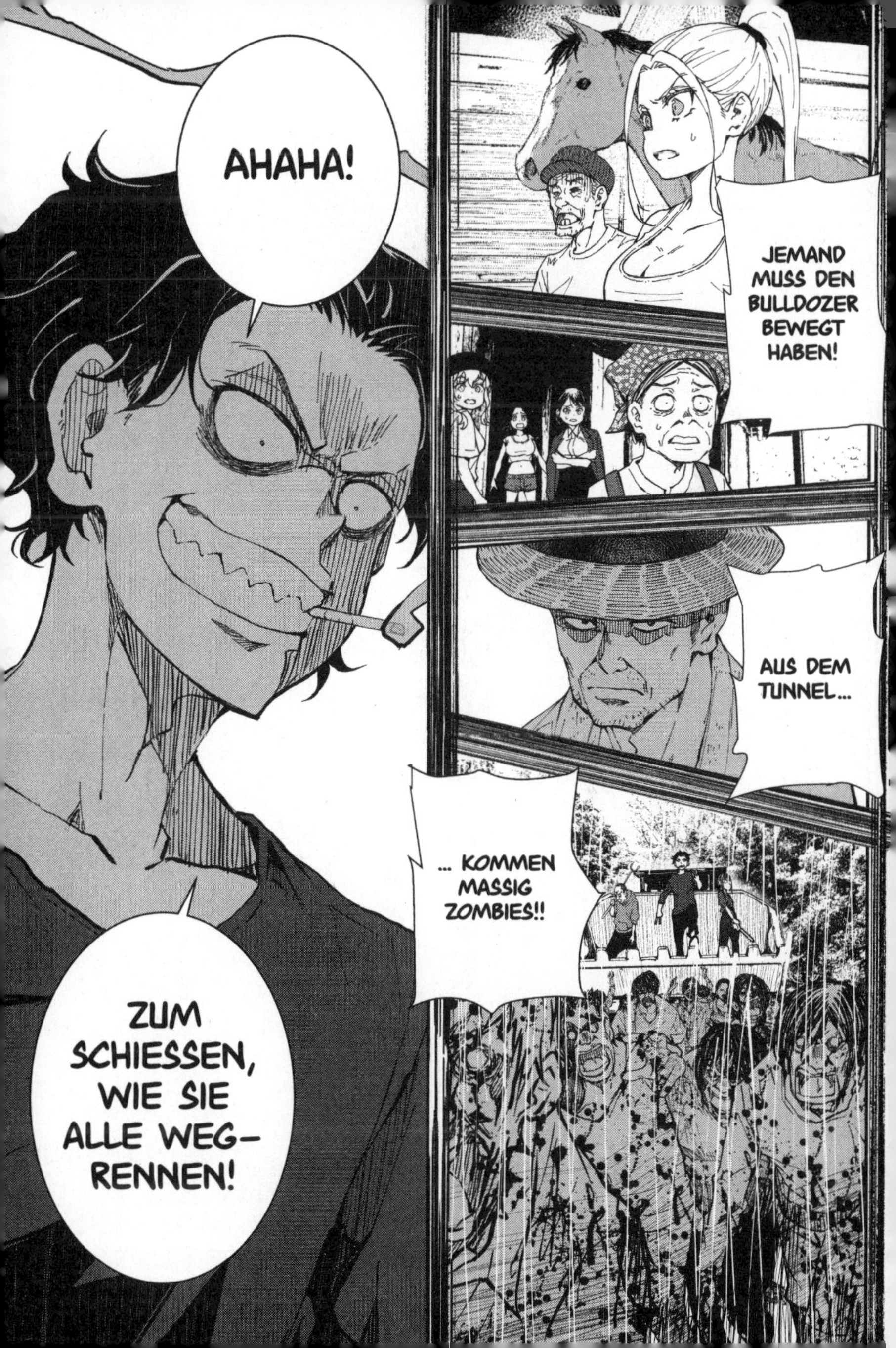
JEMAND MUSS DEN BULLDOZER BEWEGT HABEN!
AUS DEM TUNNEL...
... KOMMEN MASSIG ZOMBIES!!
AHAHA!
ZUM SCHIESSEN, WIE SIE ALLE WEG-RENNEN!

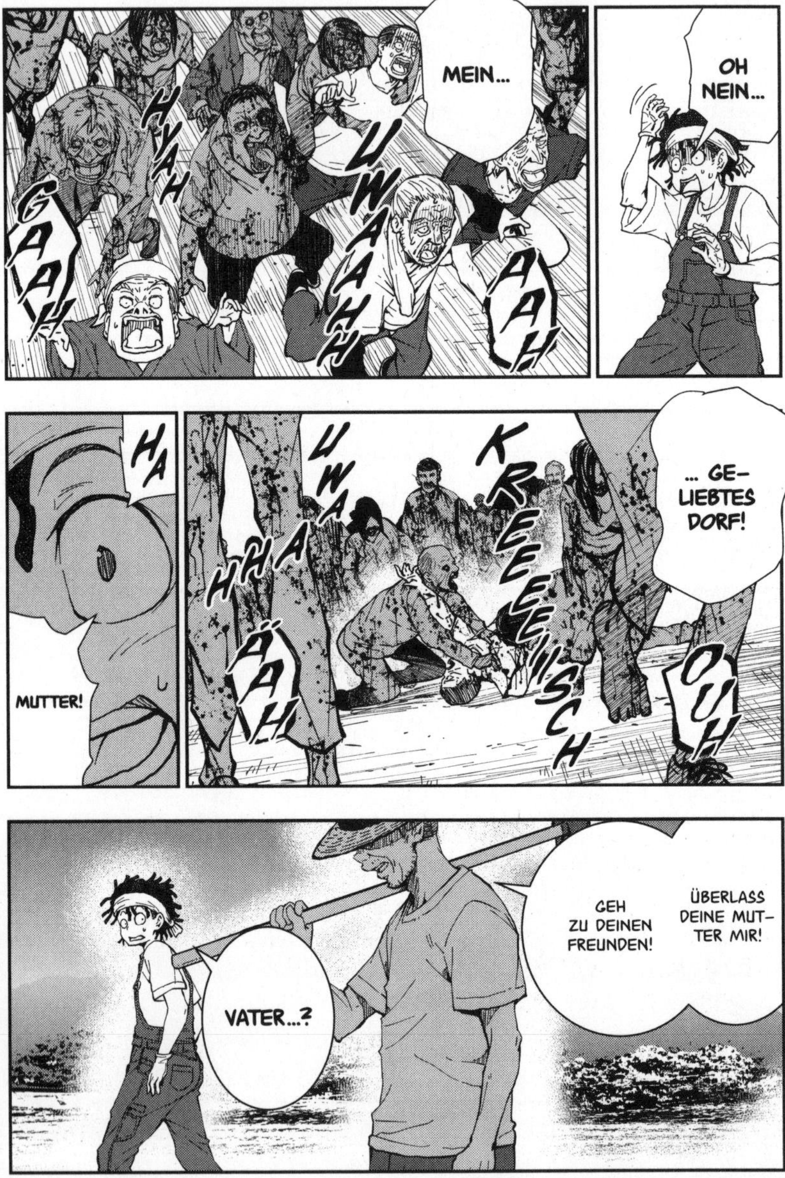
OH NEIN...
MEIN...
... GE- LIEBTES DORF!
KREEEEISCH
OUH
HA
MUTTER!
ÜBERLASS DEINE MUT- TER MIR!
GEH ZU DEINEN FREUNDEN!
VATER...?

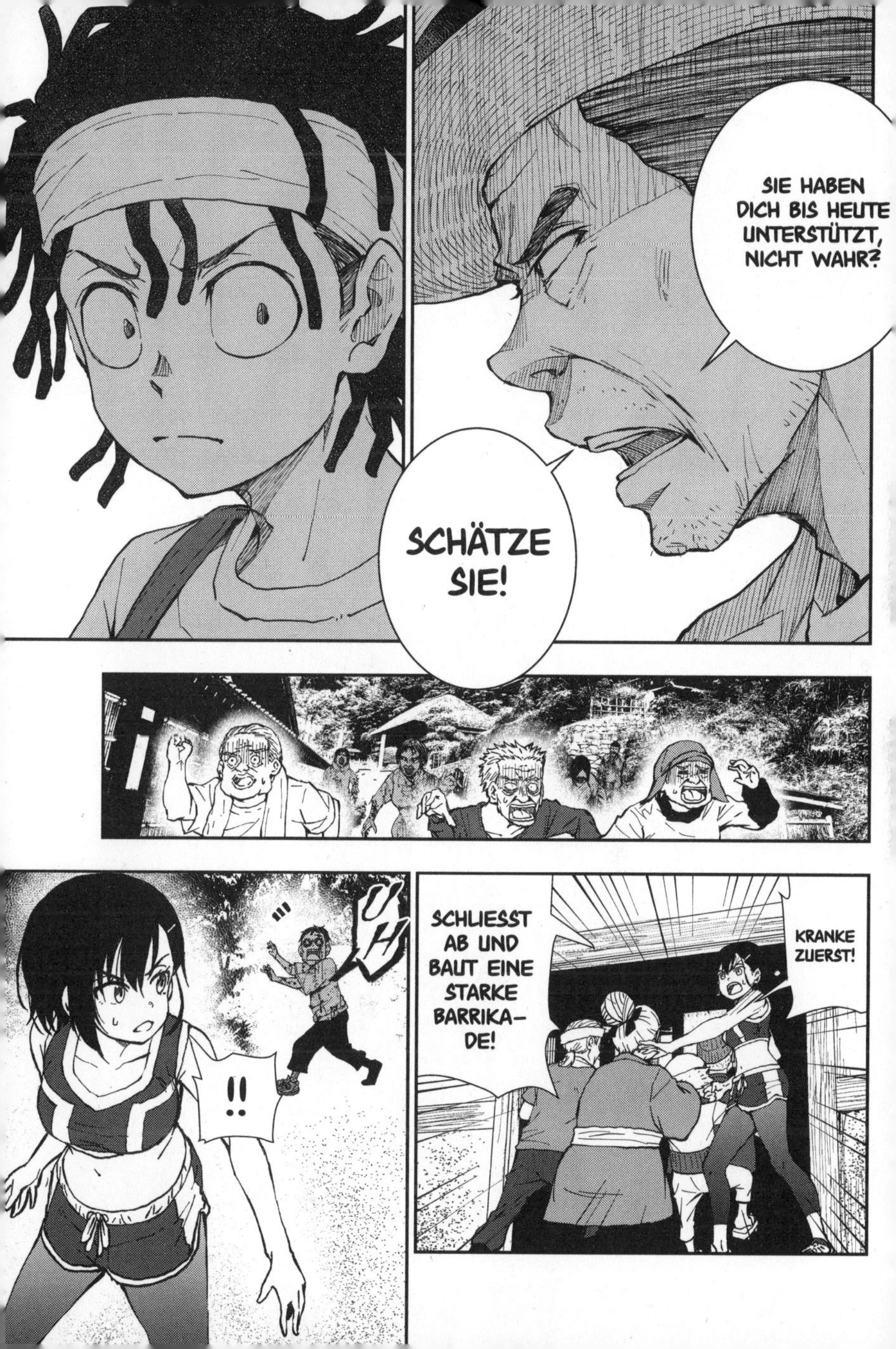
SIE HABEN DICH BIS HEUTE UNTERSTÜTZT, NICHT WAHR?
SCHÄTZE SIE!
KRANKE ZUERST!
SCHLIESST AB UND BAUT EINE STARKE BARRIKA-DE!
!!
OH

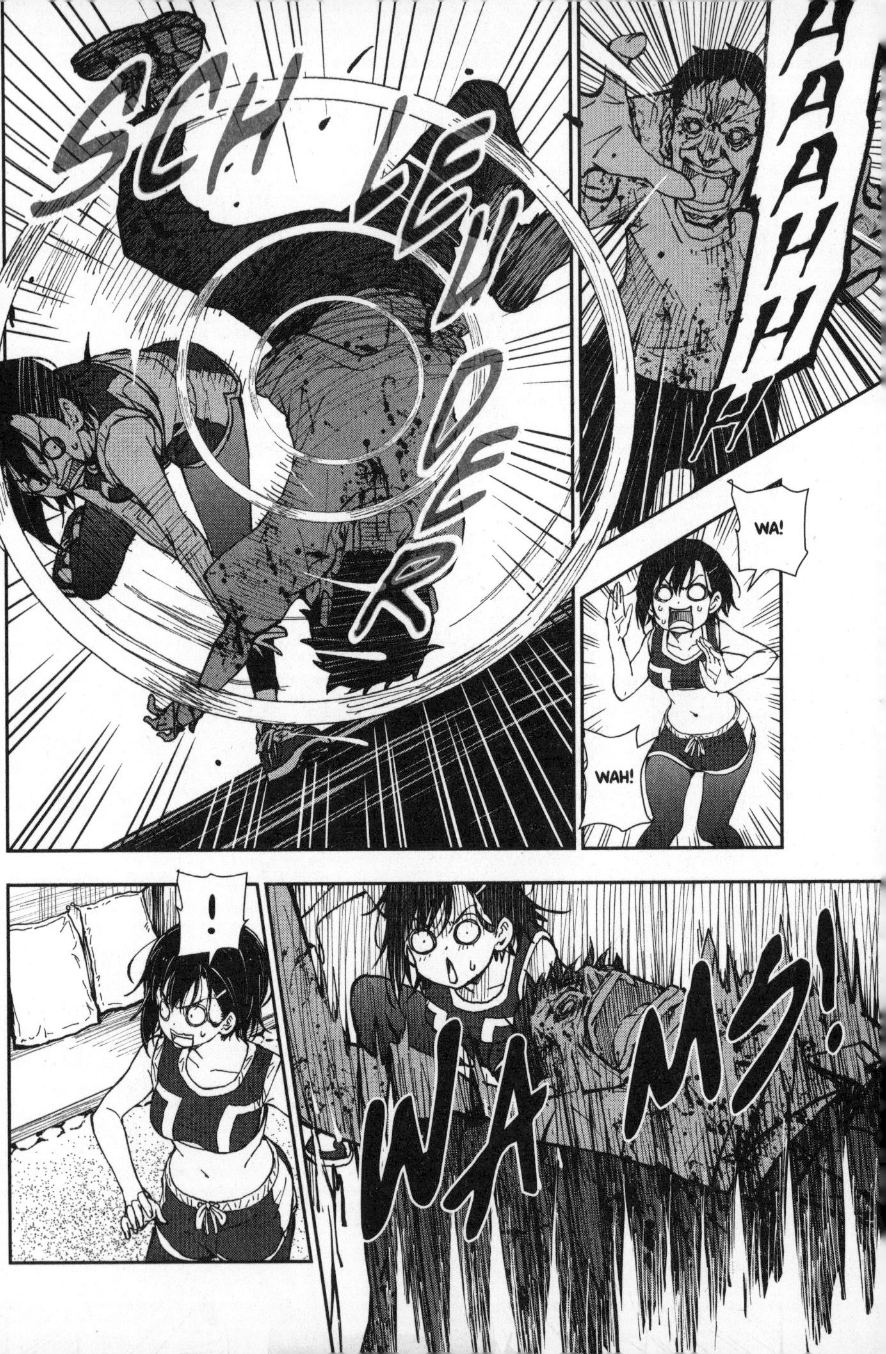
AAAAHHH
SCH
WA!
WAH!
!
WAMS!

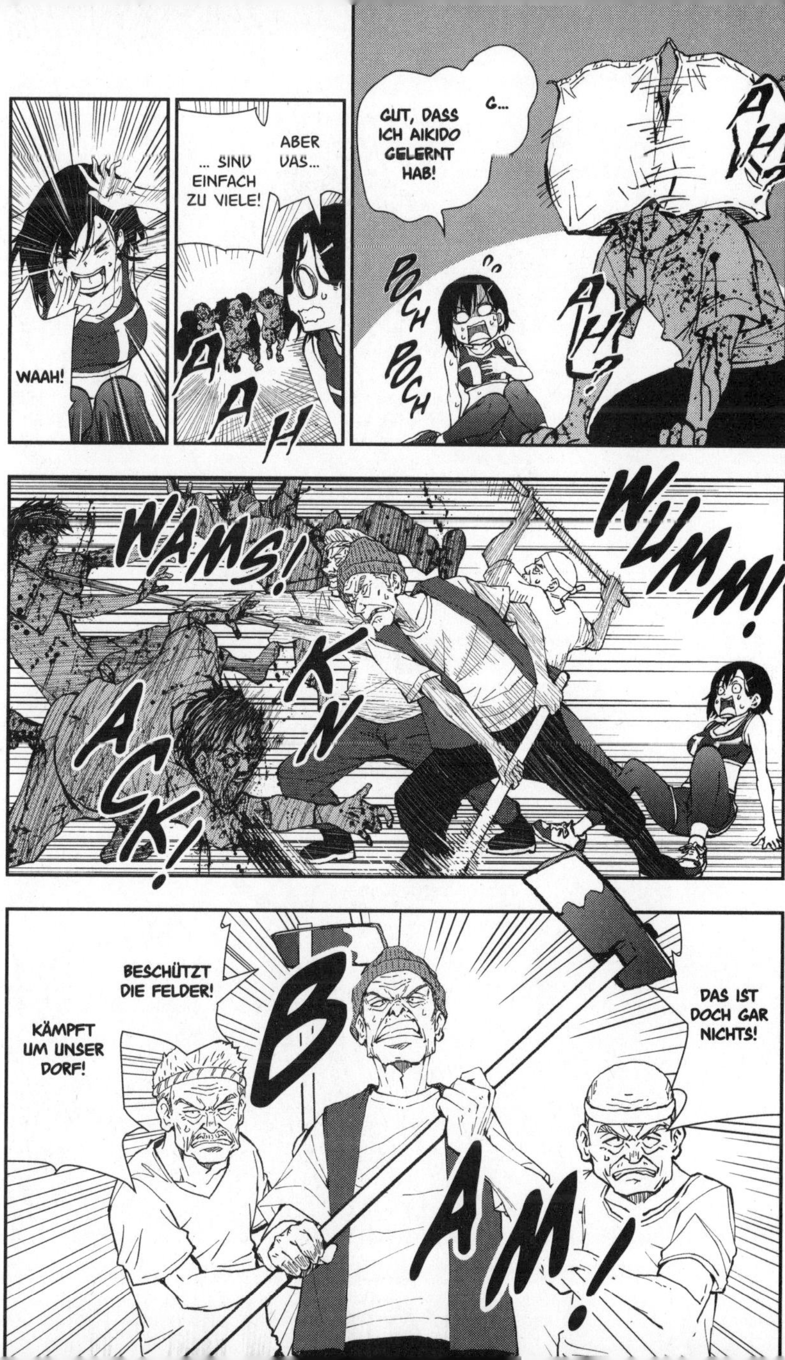
AH?
AH?
G...
GUT, DASS ICH AIKIDO GELERNT HAB!
POCH POCH
ABER DAS...
... SIND EINFACH ZU VIELE!
AAH
WAAH!
WUMM!
WAMS!
KNACK!
DAS IST DOCH GAR NICHTS!
BAM!
BESCHÜTZT DIE FELDER!
KÄMPFT UM UNSER DORF!

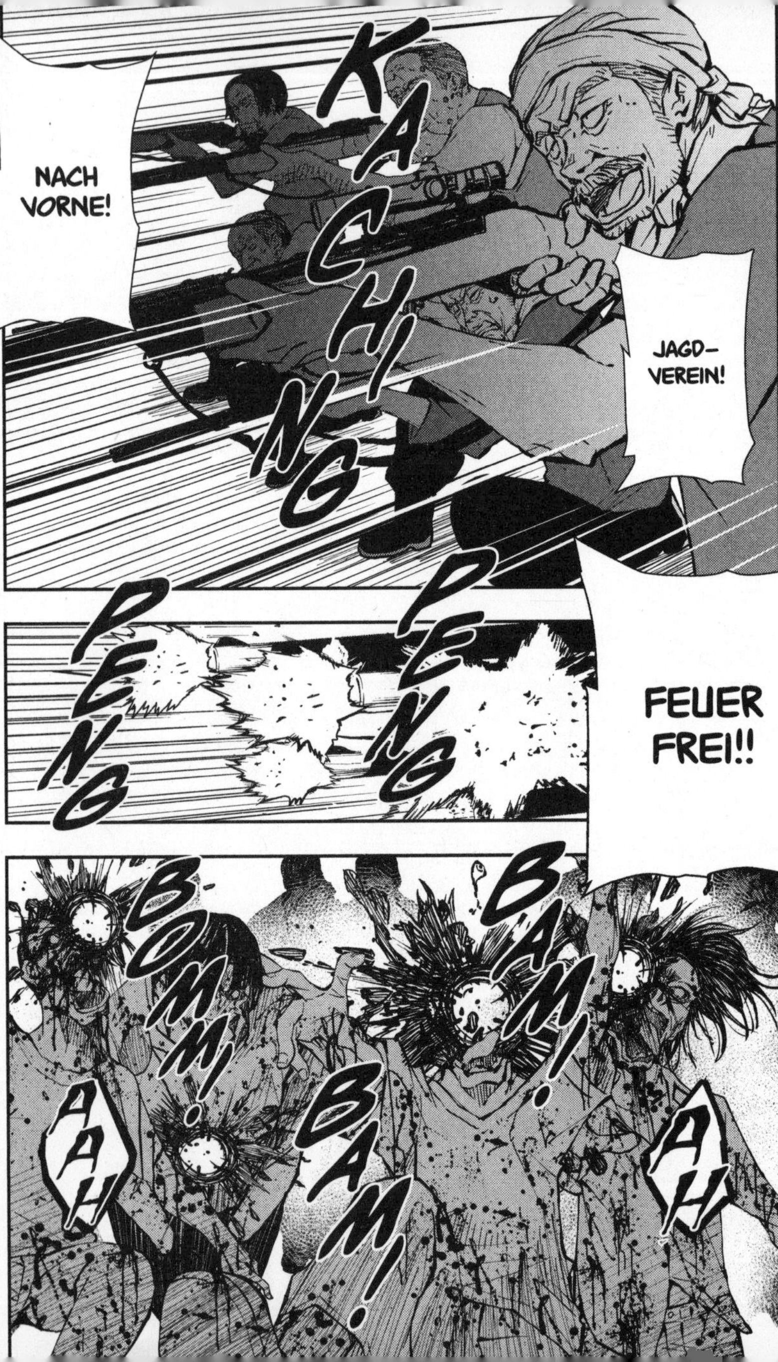
JAGD-
VEREIN!
NACH
VORNE!
KACHING
FEUER
FREI!!
PENG
PENG
BAM!
BAM!
BAM!
BOMM!
AAH
AAH

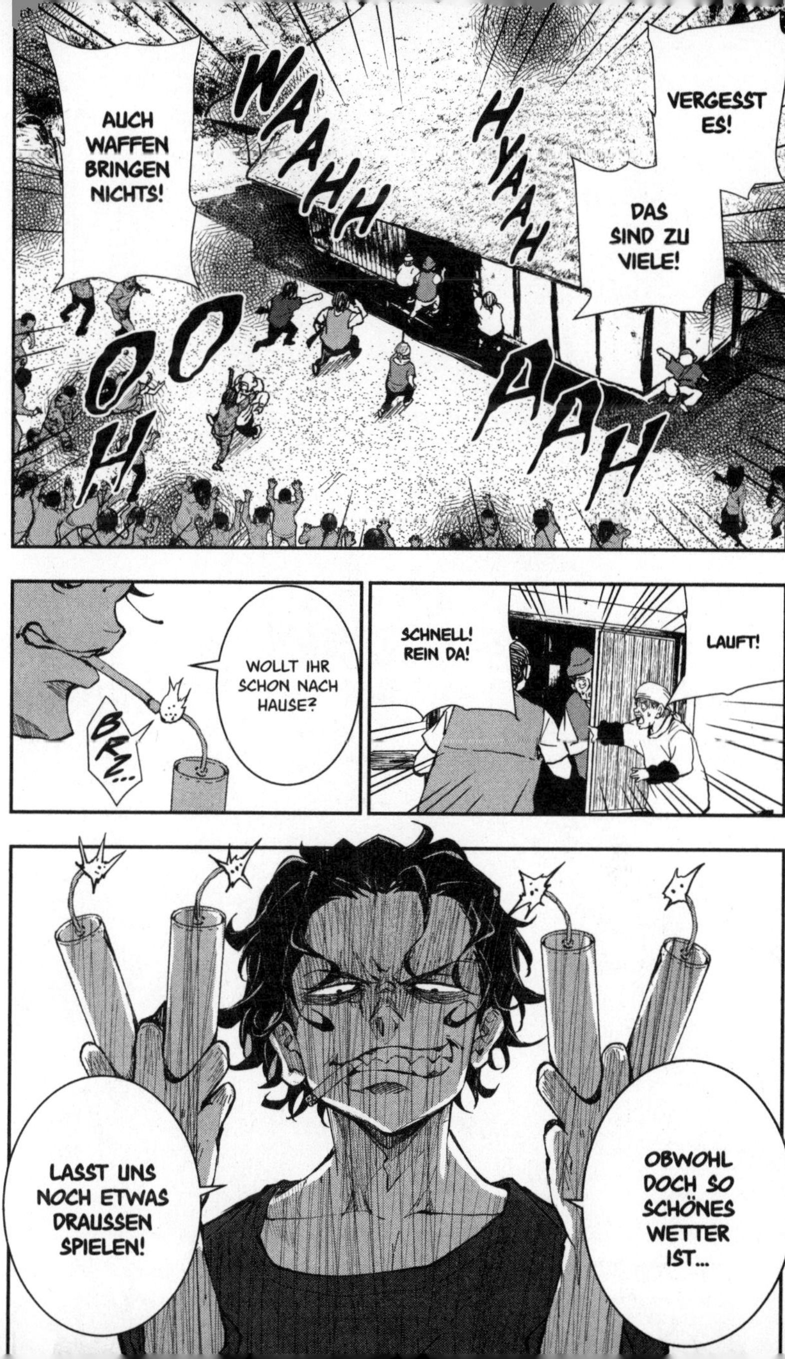
VERGESST ES!
DAS SIND ZU VIELE!
AUCH WAFFEN BRINGEN NICHTS!
HYAAAH
WAAAHH
OOOH
AAAH
LAUFT!
SCHNELL! REIN DA!
WOLLT IHR SCHON NACH HAUSE?
BRZ...
OBWOHL DOCH SO SCHÖNES WETTER IST...
LASST UNS NOCH ETWAS DRAUSSEN SPIELEN!

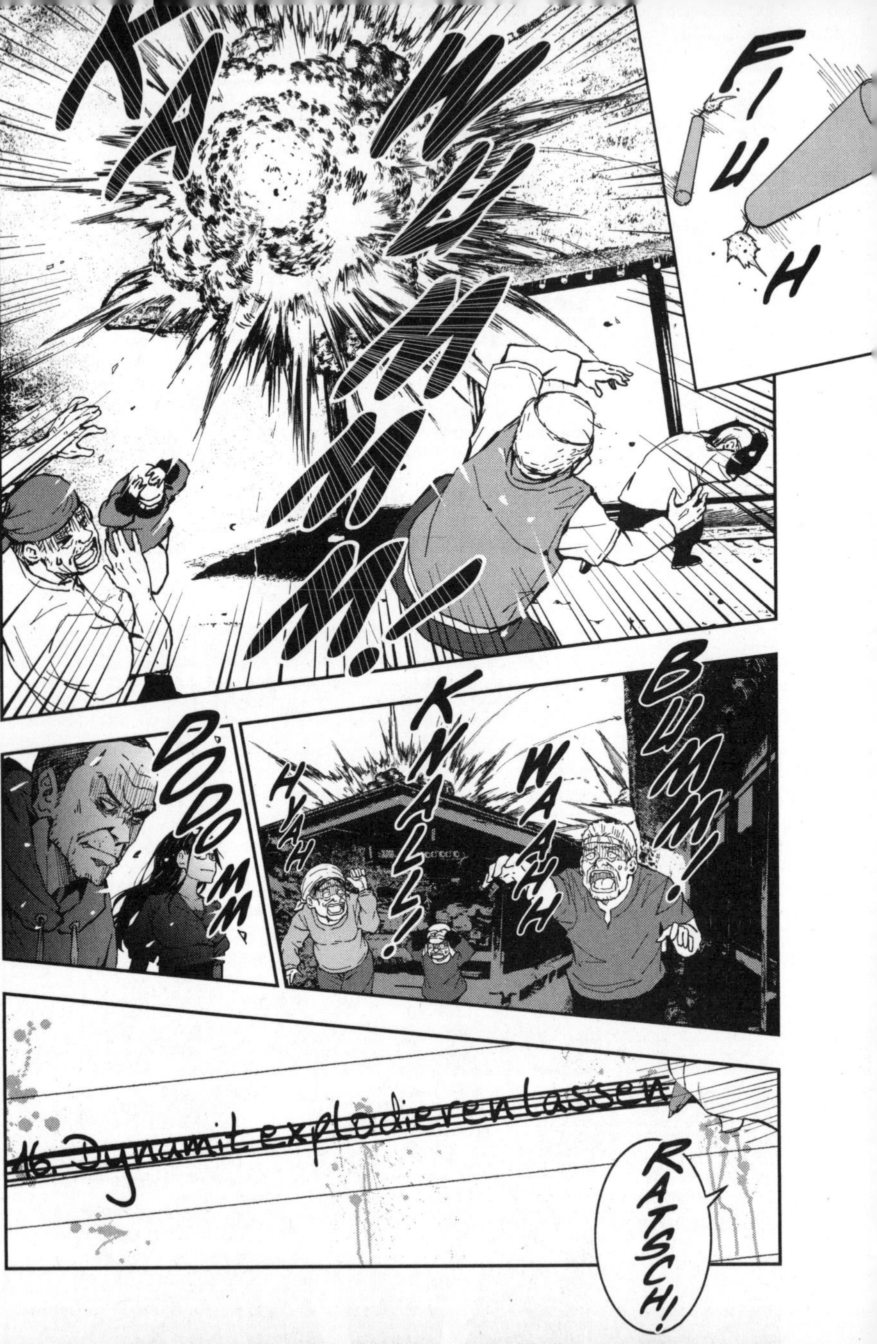
FIUH
KAWUMMMM!!
BUMM!
WAAAHH
KNALL!
HYAHH
DOOOMM
16. Dynamit explodieren lassen
RATSCH!

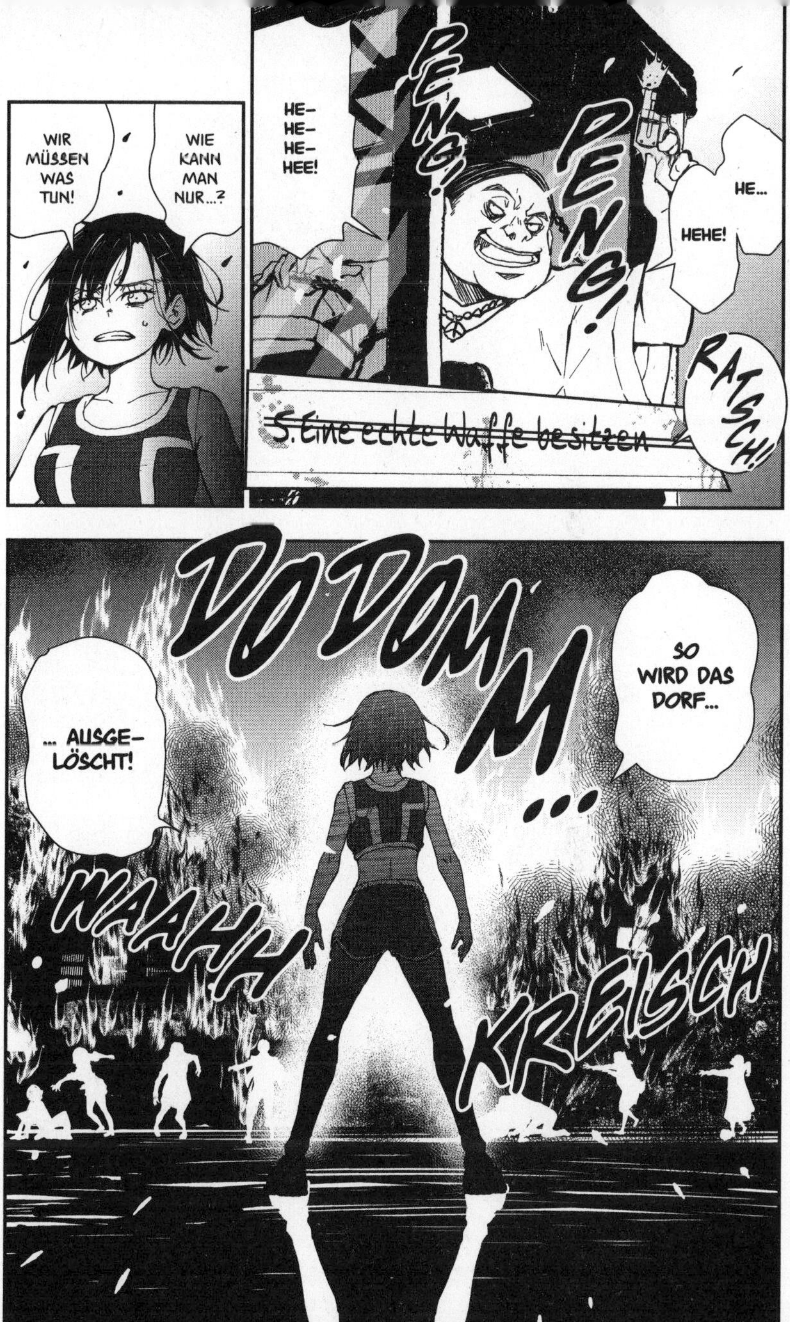
PENG!
PENG!
HE...
HEHE!
HE-HE-HE-HEE!
5. Eine echte Waffe besitzen
RATSCH!
WIE KANN MAN NUR...?
WIR MÜSSEN WAS TUN!
DO DOMM...
SO WIRD DAS DORF...
... AUSGE-LÖSCHT!
KREISCH
WAAHH

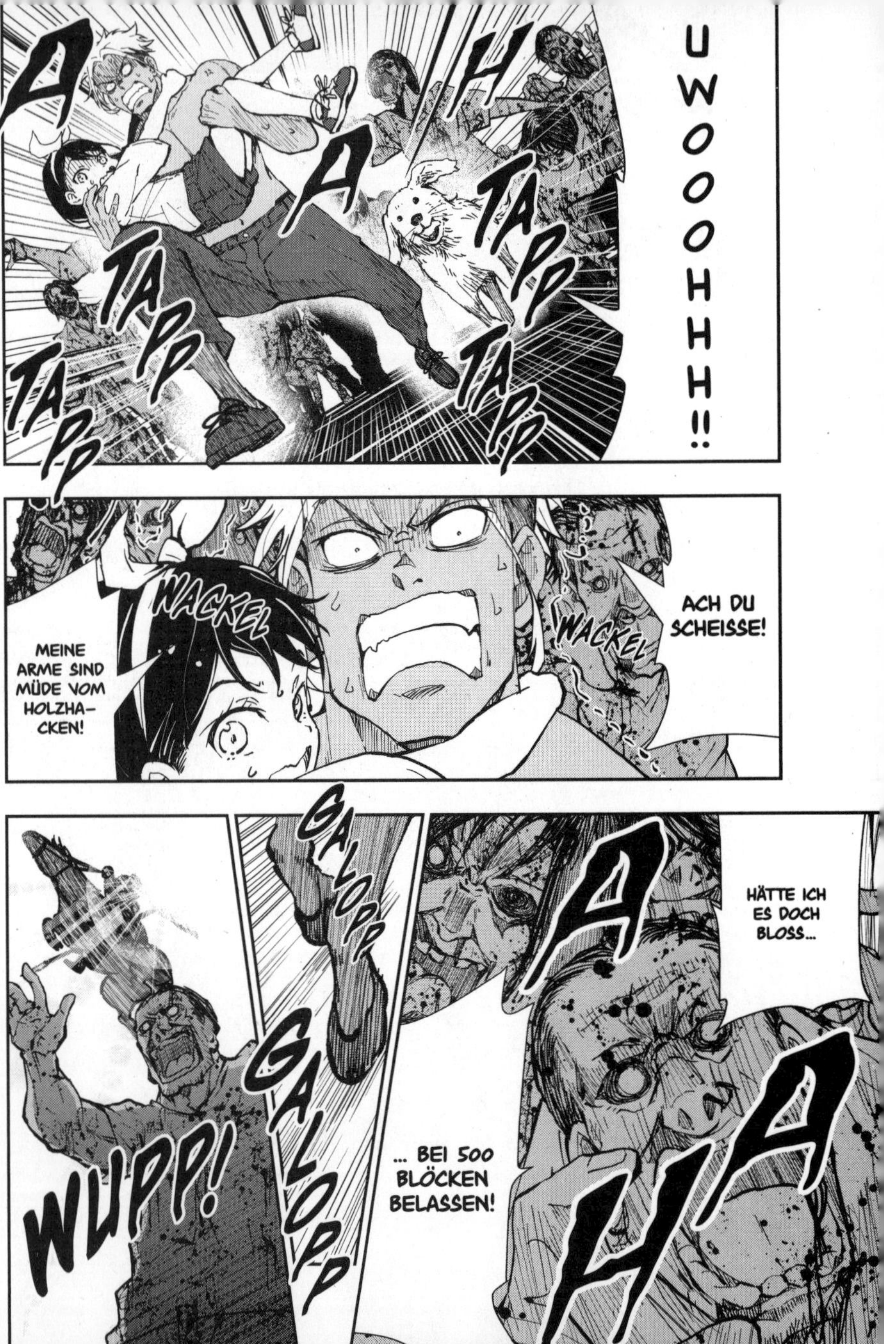
UWOOOOHHHH!!
AHA
TAPP TAPP
TAPP TAPP
ACH DU SCHEISSE!
WACKEL
WACKEL
MEINE ARME SIND MÜDE VOM HOLZHA-CKEN!
HÄTTE ICH ES DOCH BLOSS...
AAHA
GALOPP
GALOPP
... BEI 500 BLÖCKEN BELASSEN!
WUPP!

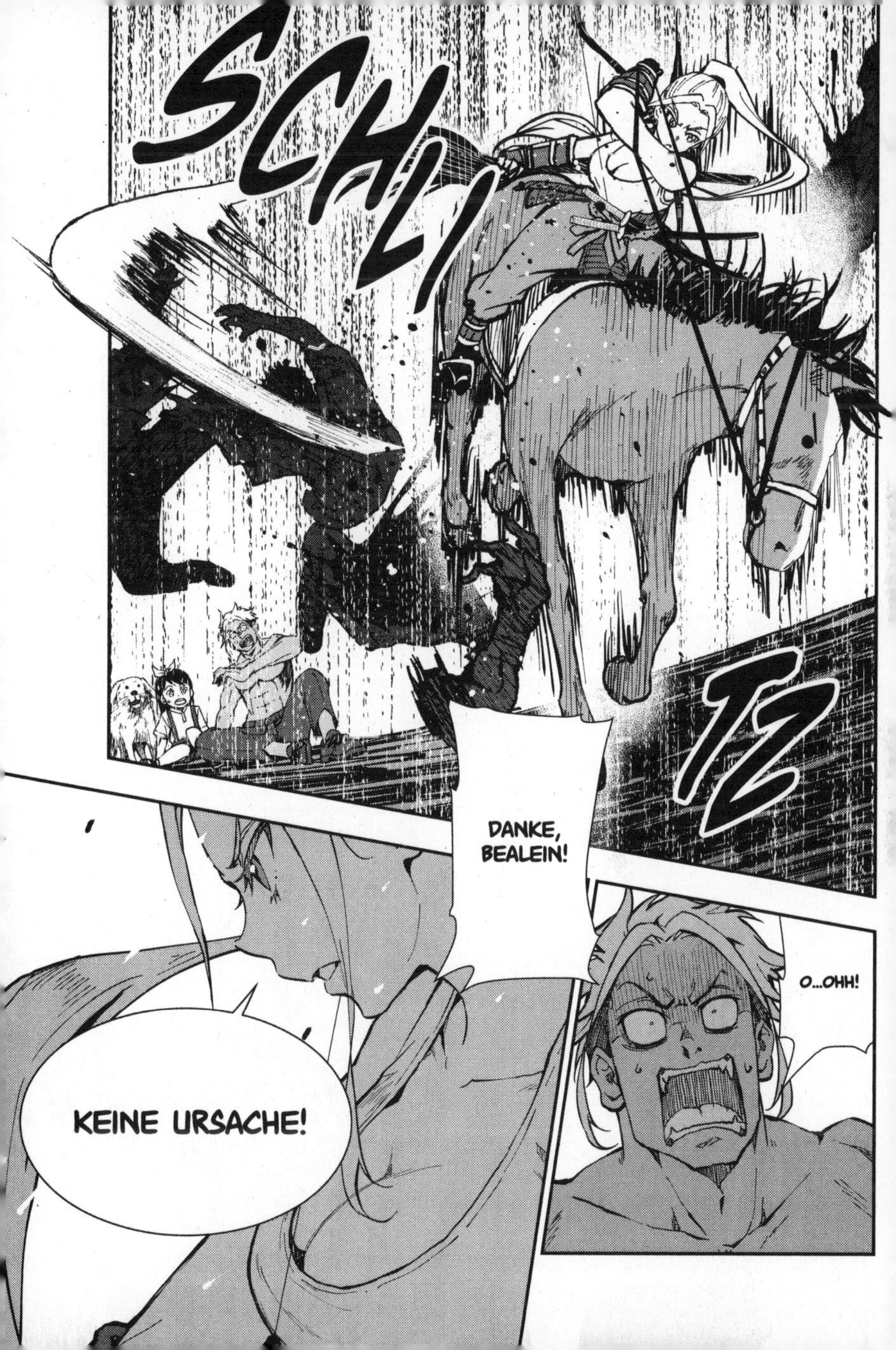
SCHLI
TZ
DANKE, BEALEIN!
O...OHH!
KEINE URSACHE!

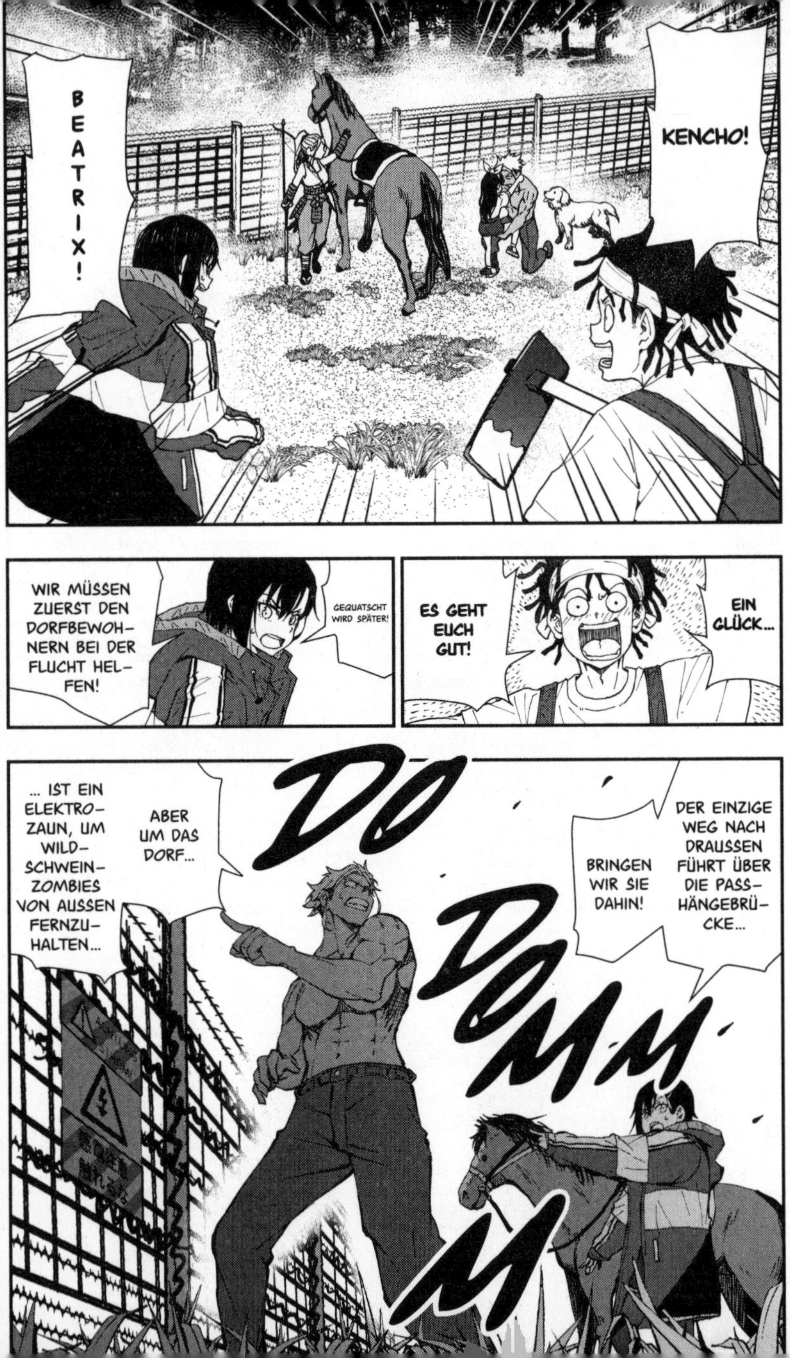
KENCHO!
BEATRIX!
EIN GLÜCK...
ES GEHT EUCH GUT!
GEQUATSCHT WIRD SPÄTER!
WIR MÜSSEN ZUERST DEN DORFBEWOHNERN BEI DER FLUCHT HELFEN!
DER EINZIGE WEG NACH DRAUSSEN FÜHRT ÜBER DIE PASS-HÄNGEBRÜCKE...
BRINGEN WIR SIE DAHIN!
DO DOMMM
ABER UM DAS DORF...
... IST EIN ELEKTROZAUN, UM WILDSCHWEIN-ZOMBIES VON AUSSEN FERNZUHALTEN...

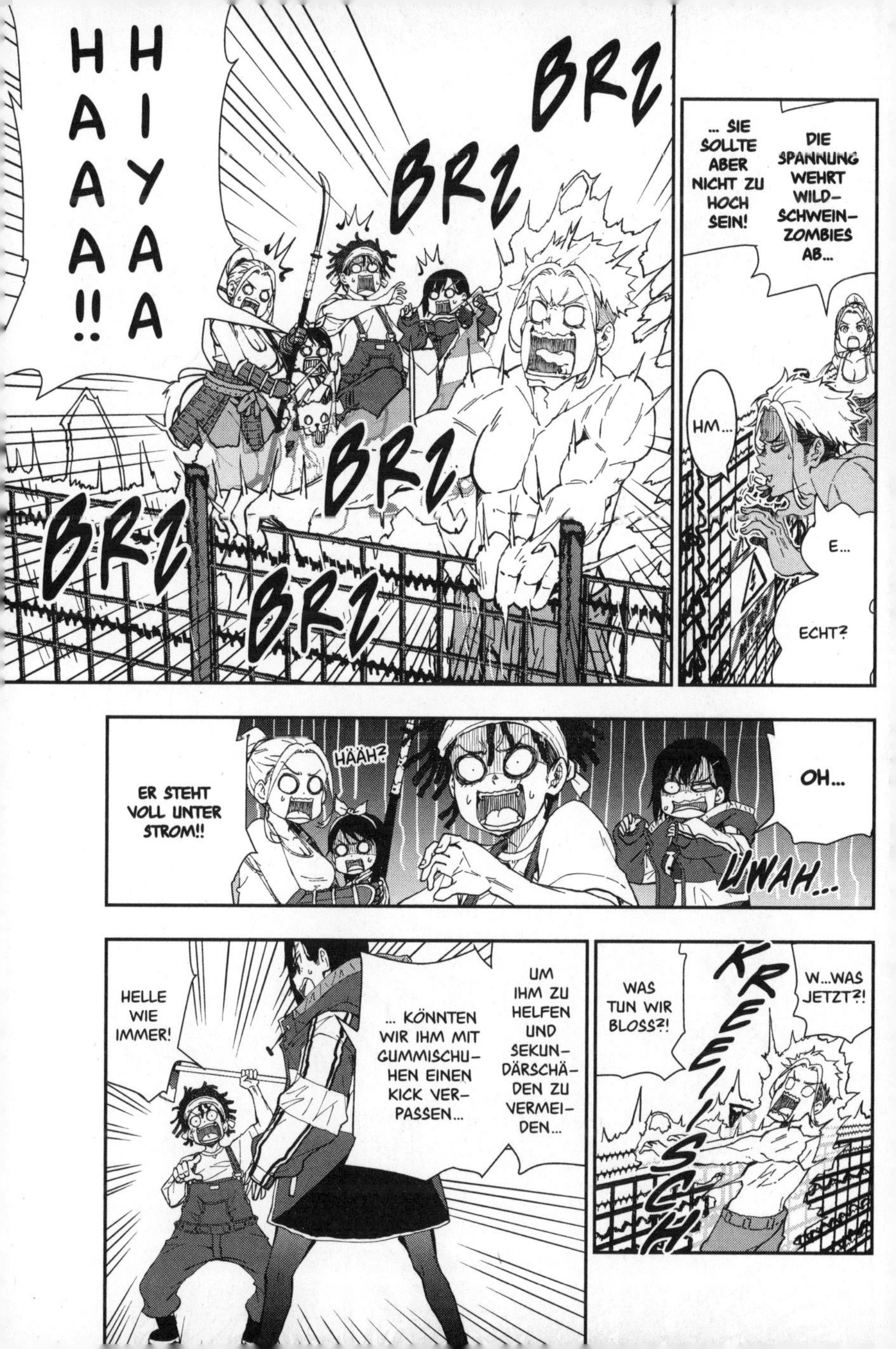
DIE SPANNUNG WEHRT WILDSCHWEIN-ZOMBIES AB...
... SIE SOLLTE ABER NICHT ZU HOCH SEIN!
HM...
E...
ECHT?
HIYAAA
HAAAA!!
BRZ
BRZ
BRZ
BRZ
BRZ
OH...
UWAH...
HÄÄH?
ER STEHT VOLL UNTER STROM!!
W...WAS JETZT?!
WAS TUN WIR BLOSS?!
KREEIISCH
UM IHM ZU HELFEN UND SEKUNDÄRSCHÄDEN ZU VERMEIDEN...
... KÖNNTEN WIR IHM MIT GUMMISCHUHEN EINEN KICK VERPASSEN...
HELLE WIE IMMER!

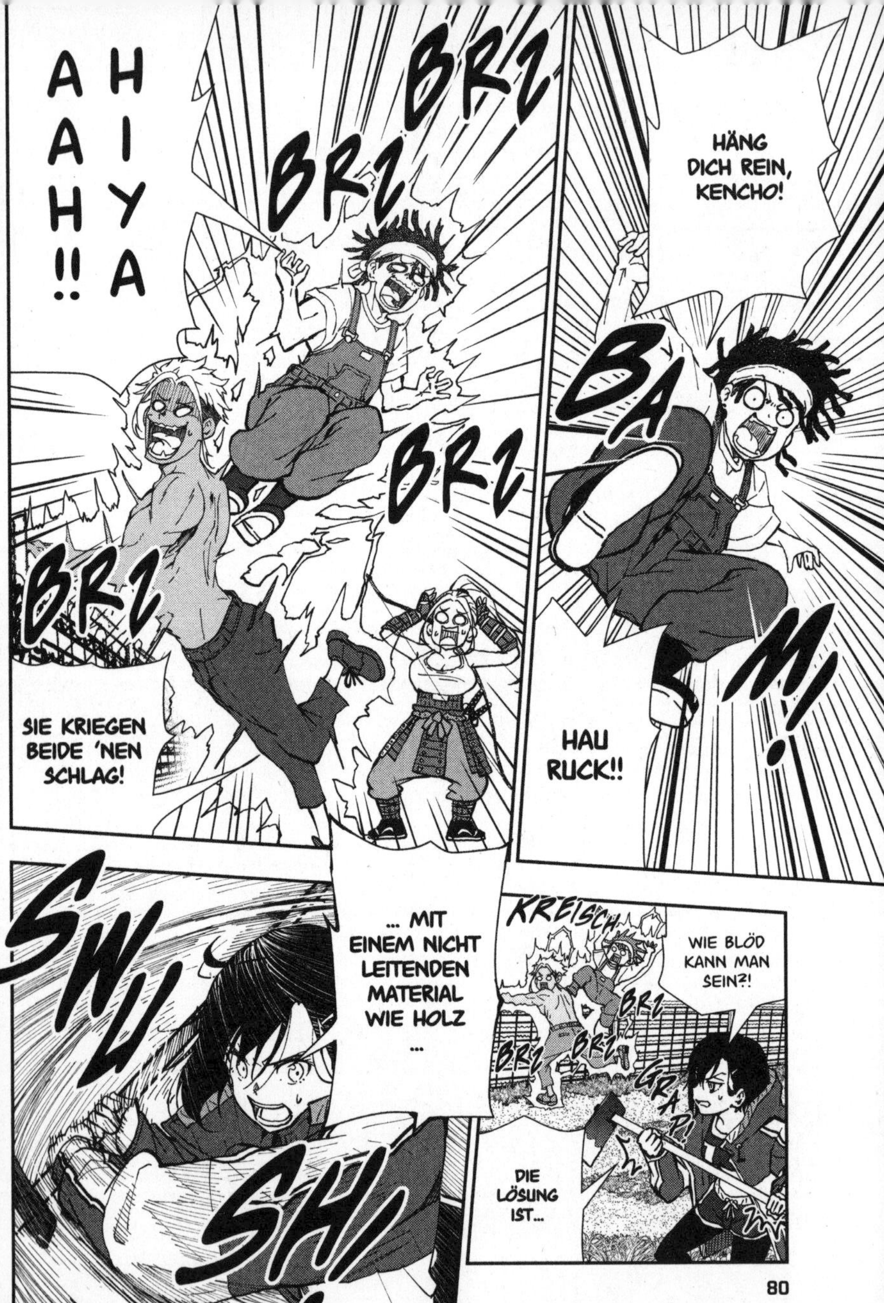
HÄNG DICH REIN, KENCHO!
BAM!
HAU RUCK!!
HIYA
AAH!!
BRZ
BRZ
BRZ
BRZ
SIE KRIEGEN BEIDE 'NEN SCHLAG!
KREISCH
WIE BLÖD KANN MAN SEIN?!
BRZ
BRZ
BRZ
GRAP!
DIE LÖSUNG IST...
... MIT EINEM NICHT LEITENDEN MATERIAL WIE HOLZ ...
SWUSH!

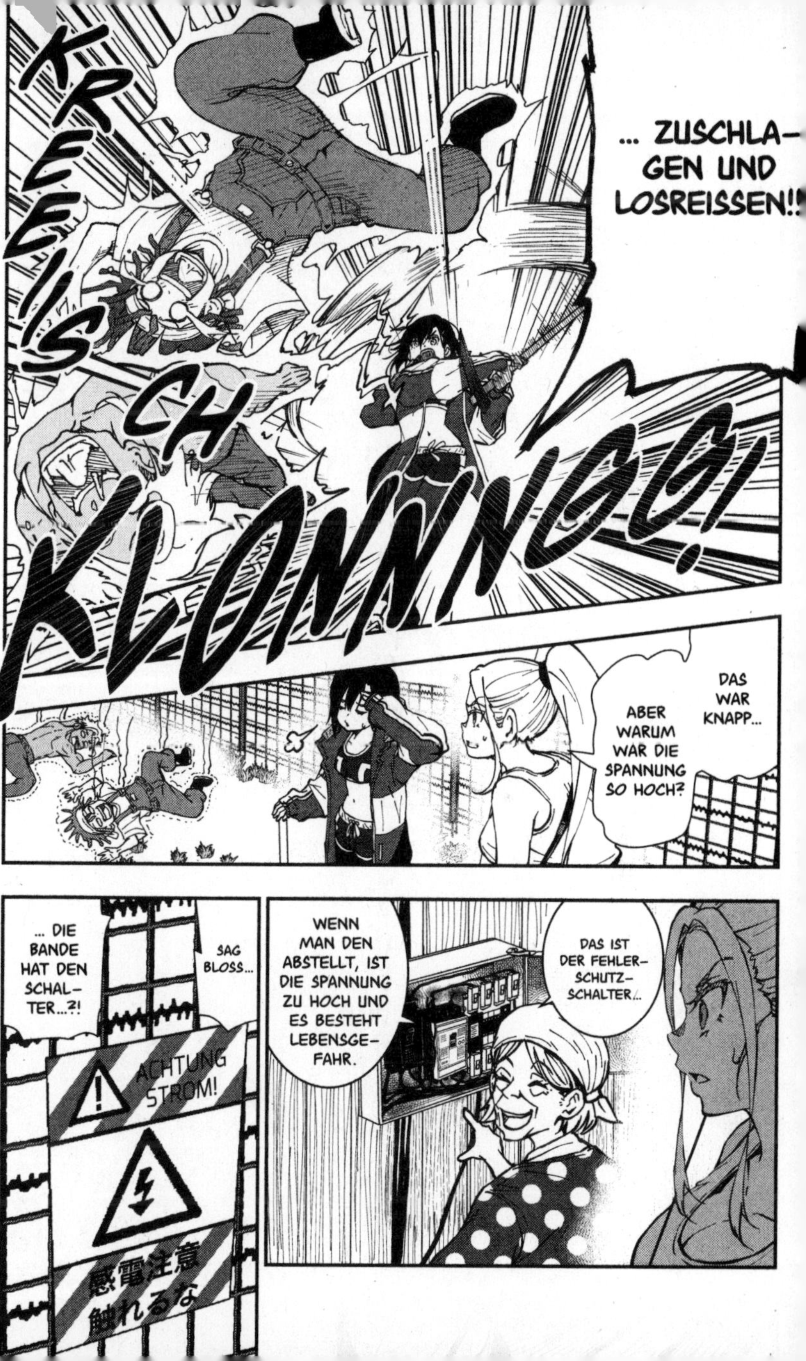

... ZUSCHLA-
GEN UND
LOSREISSEN!!
KREEISCH
KLONNNGG!
DAS WAR KNAPP...
ABER WARUM WAR DIE SPANNUNG SO HOCH?
DAS IST DER FEHLER-SCHUTZ-SCHALTER...
WENN MAN DEN ABSTELLT, IST DIE SPANNUNG ZU HOCH UND ES BESTEHT LEBENSGE-FAHR.
SAG BLOSS...
... DIE BANDE HAT DEN SCHAL-TER...?!
ACHTUNG STROM!
感電注意
触れるな

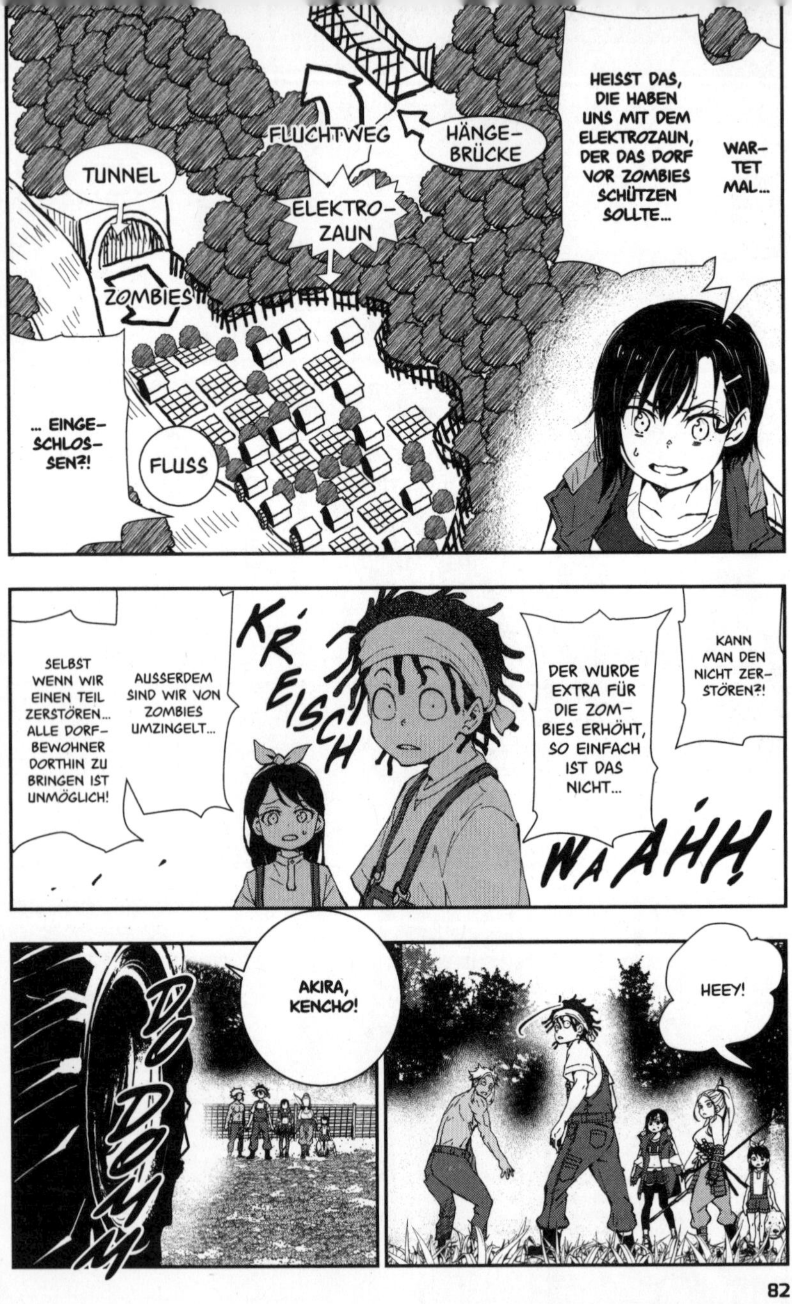
WAR-TET MAL...
HEISST DAS, DIE HABEN UNS MIT DEM ELEKTROZAUN, DER DAS DORF VOR ZOMBIES SCHÜTZEN SOLLTE...
HÄNGE-BRÜCKE
FLUCHTWEG
ELEKTRO-ZAUN
TUNNEL
ZOMBIES
FLUSS
... EINGE-SCHLOS-SEN?!
KANN MAN DEN NICHT ZER-STÖREN?!
DER WURDE EXTRA FÜR DIE ZOM-BIES ERHÖHT, SO EINFACH IST DAS NICHT...
WAAHH!
KREISCH
AUSSERDEM SIND WIR VON ZOMBIES UMZINGELT...
SELBST WENN WIR EINEN TEIL ZERSTÖREN... ALLE DORF-BEWOHNER DORTHIN ZU BRINGEN IST UNMÖGLICH!
HEEY!
AKIRA, KENCHO!
DOOOMM

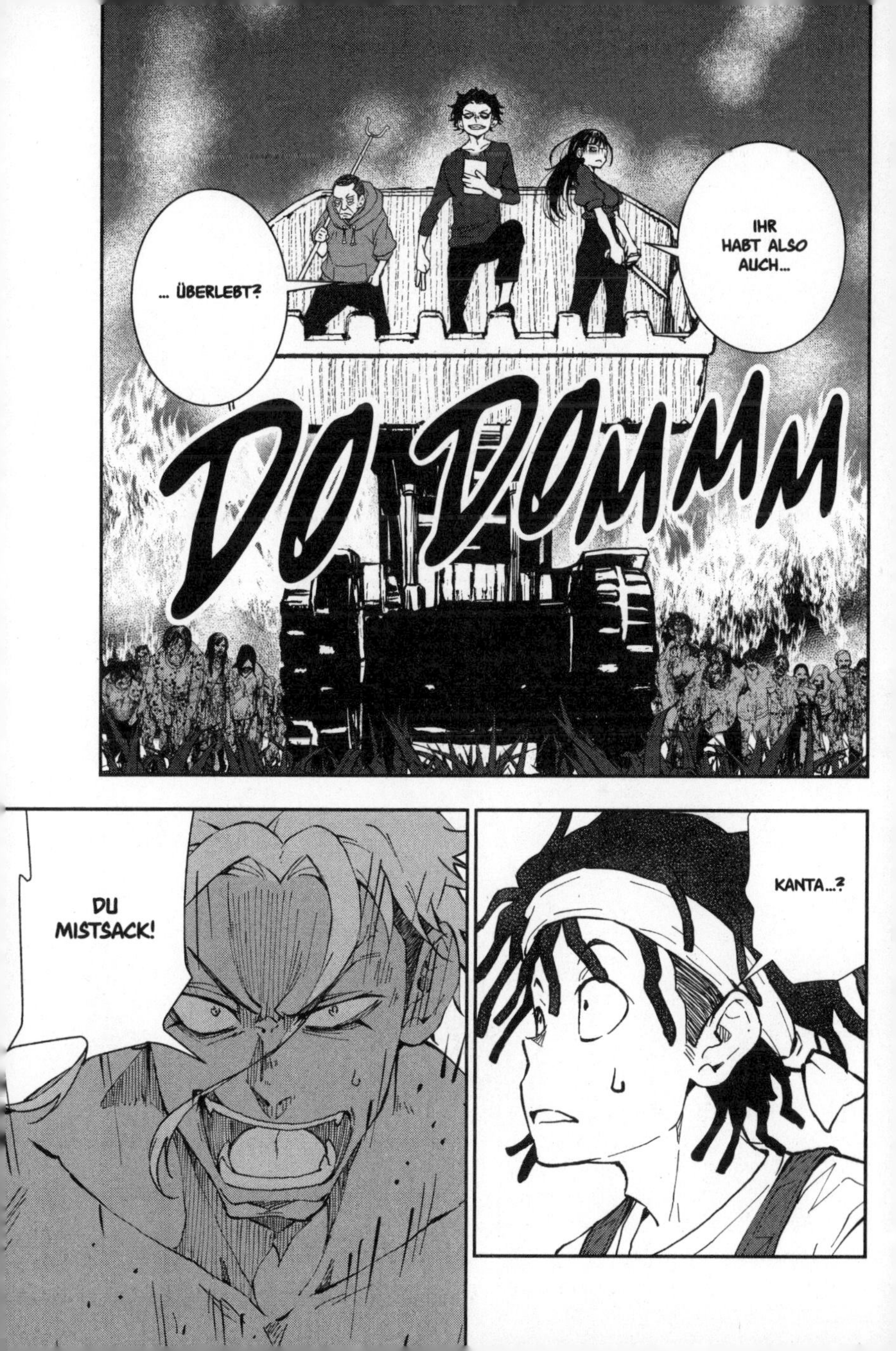
IHR HABT ALSO AUCH...
... ÜBERLEBT?
DO DOMMM
KANTA...?
DU MISTSACK!

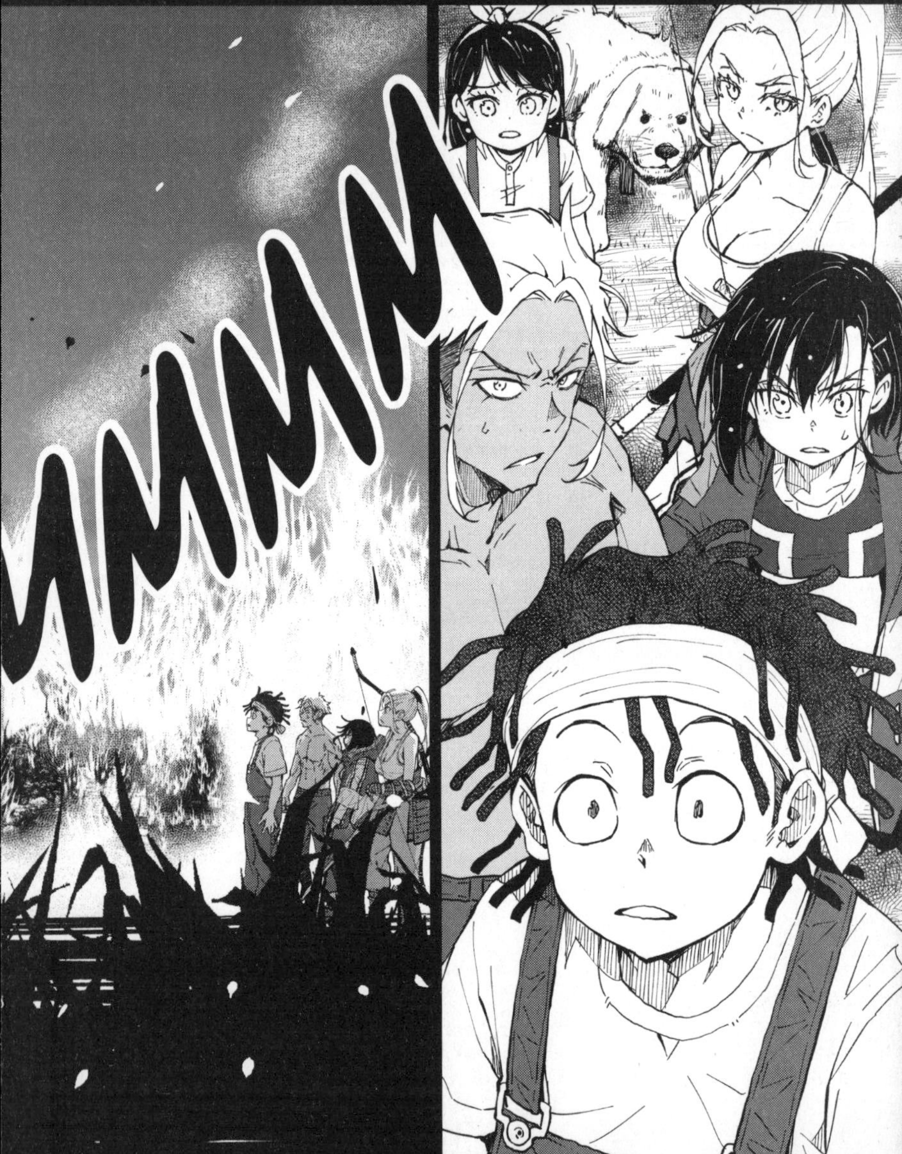

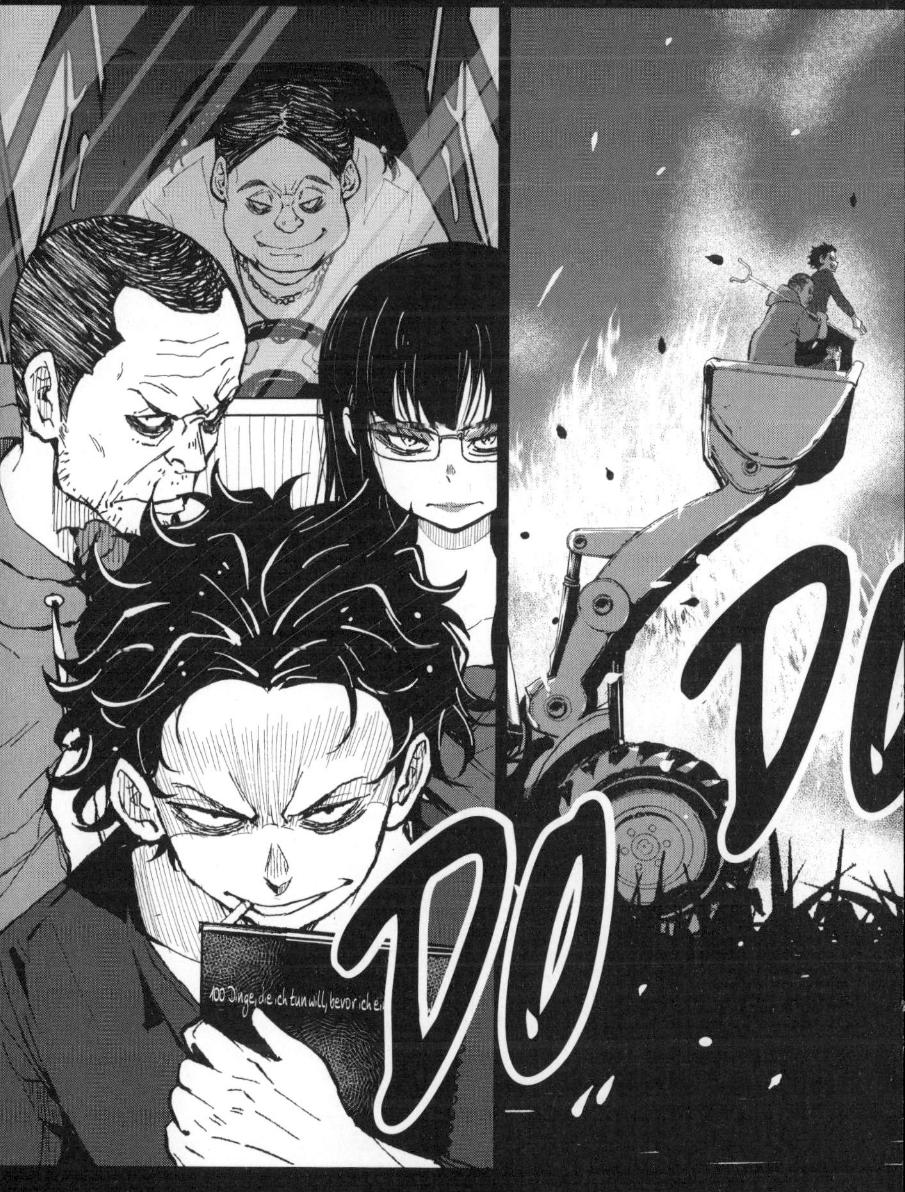

DO..DO
100 Dinge, die ich tun will, bevor ich ei

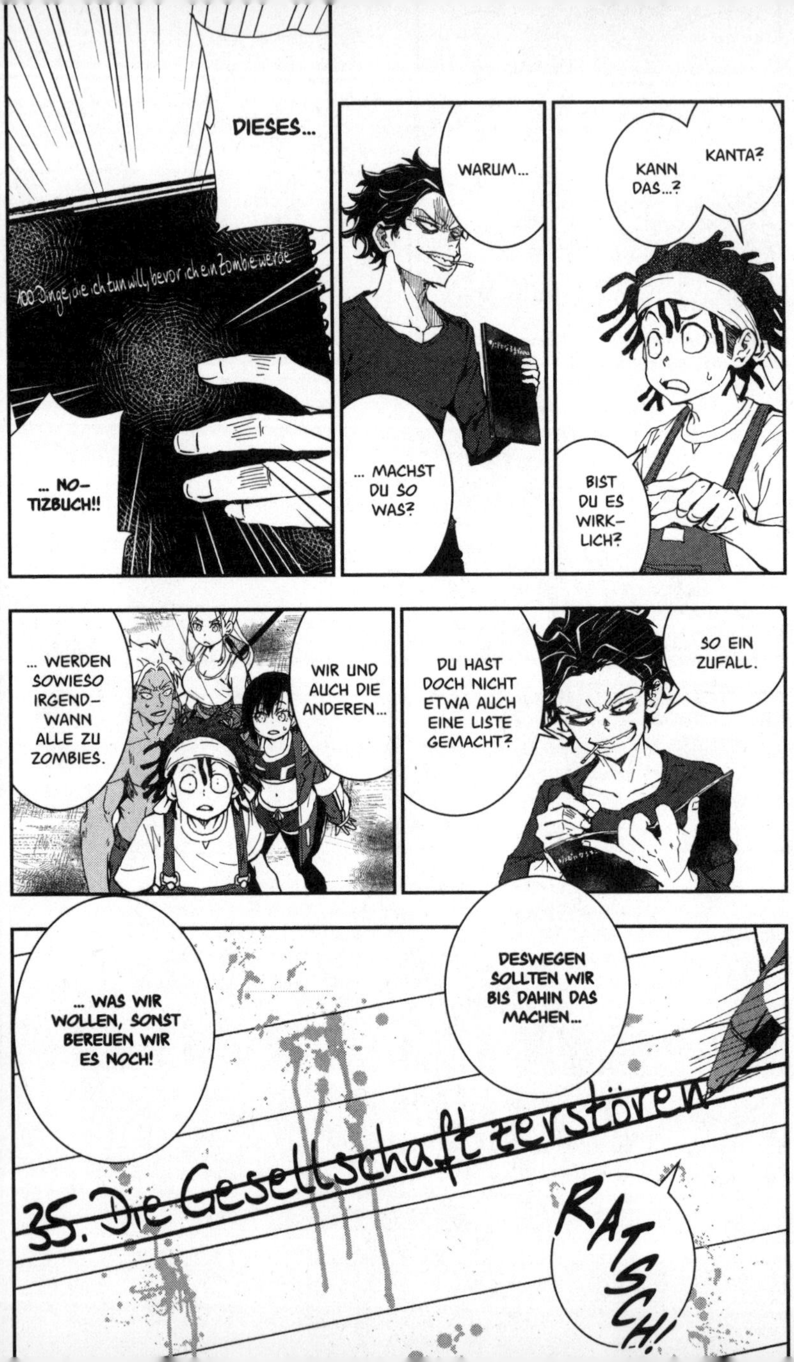
KANTA?
KANN DAS...?
BIST DU ES WIRKLICH?
WARUM...
... MACHST DU SO WAS?
DIESES...
100 Dinge, die ich tun will, bevor ich ein Zombie werde
... NO-TIZBUCH!!
SO EIN ZUFALL.
DU HAST DOCH NICHT ETWA AUCH EINE LISTE GEMACHT?
WIR UND AUCH DIE ANDEREN...
... WERDEN SOWIESO IRGEND-WANN ALLE ZU ZOMBIES.
DESWEGEN SOLLTEN WIR BIS DAHIN DAS MACHEN...
... WAS WIR WOLLEN, SONST BEREUEN WIR ES NOCH!
35. Die Gesellschaft zerstören
RATSCH!

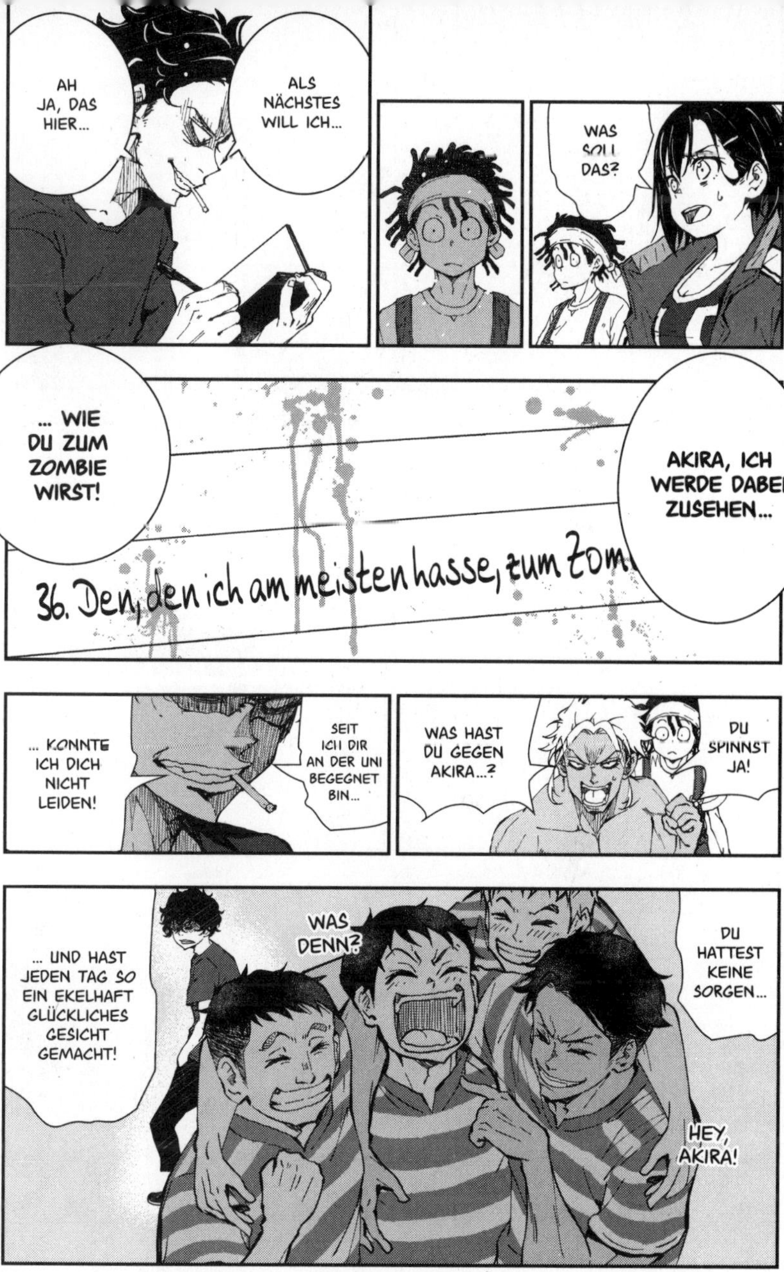
AH JA, DAS HIER...
ALS NÄCHSTES WILL ICH...
WAS SOLL DAS?
AKIRA, ICH WERDE DABEI ZUSEHEN...
... WIE DU ZUM ZOMBIE WIRST!
36. Den, den ich am meisten hasse, zum Zom
WAS HAST DU GEGEN AKIRA...?
DU SPINNST JA!
SEIT ICH DIR AN DER UNI BEGEGNET BIN...
... KONNTE ICH DICH NICHT LEIDEN!
DU HATTEST KEINE SORGEN...
HEY, AKIRA!
WAS DENN?
... UND HAST JEDEN TAG SO EIN EKELHAFT GLÜCKLICHES GESICHT GEMACHT!

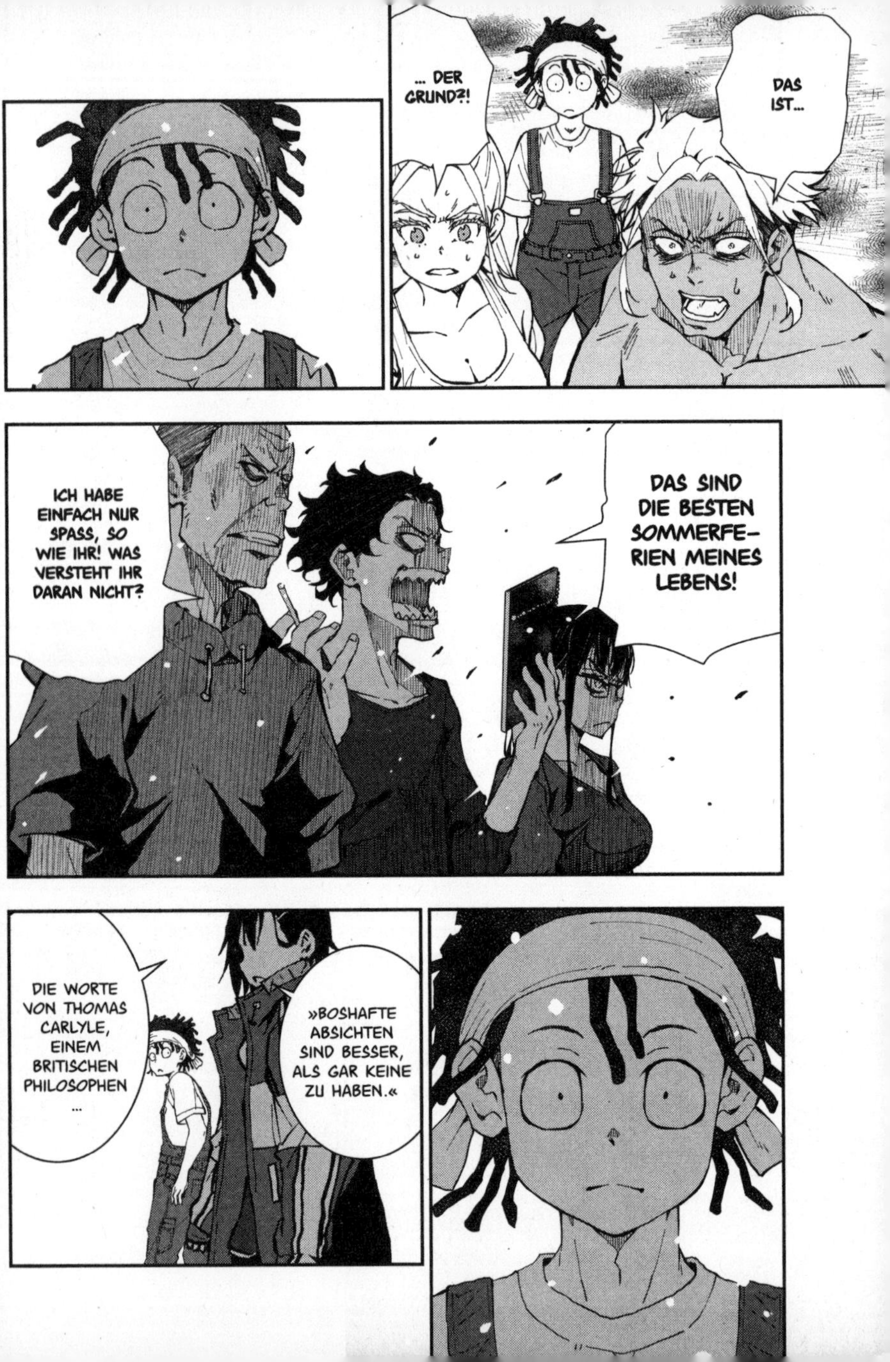
DAS IST...
... DER GRUND?!
DAS SIND DIE BESTEN SOMMERFERIEN MEINES LEBENS!
ICH HABE EINFACH NUR SPASS, SO WIE IHR! WAS VERSTEHT IHR DARAN NICHT?
»BOSHAFTE ABSICHTEN SIND BESSER, ALS GAR KEINE ZU HABEN.«
DIE WORTE VON THOMAS CARLYLE, EINEM BRITISCHEN PHILOSOPHEN ...

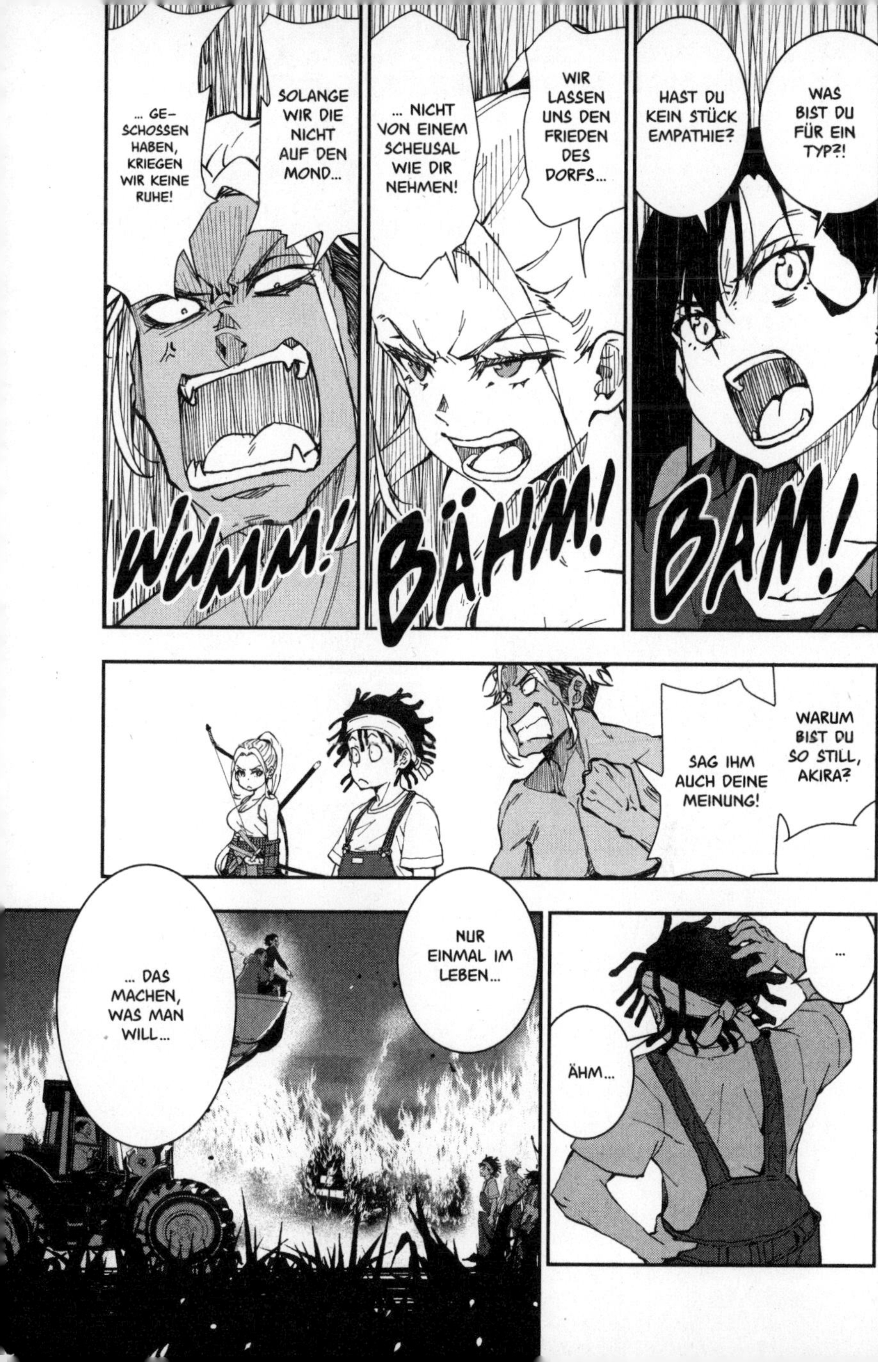
WAS BIST DU FÜR EIN TYP?!
HAST DU KEIN STÜCK EMPATHIE?
BAM!
WIR LASSEN UNS DEN FRIEDEN DES DORFS...
... NICHT VON EINEM SCHEUSAL WIE DIR NEHMEN!
BÄHM!
SOLANGE WIR DIE NICHT AUF DEN MOND...
... GE-SCHOSSEN HABEN, KRIEGEN WIR KEINE RUHE!
WUMM!
WARUM BIST DU SO STILL, AKIRA?
SAG IHM AUCH DEINE MEINUNG!
...
ÄHM...
NUR EINMAL IM LEBEN...
... DAS MACHEN, WAS MAN WILL...

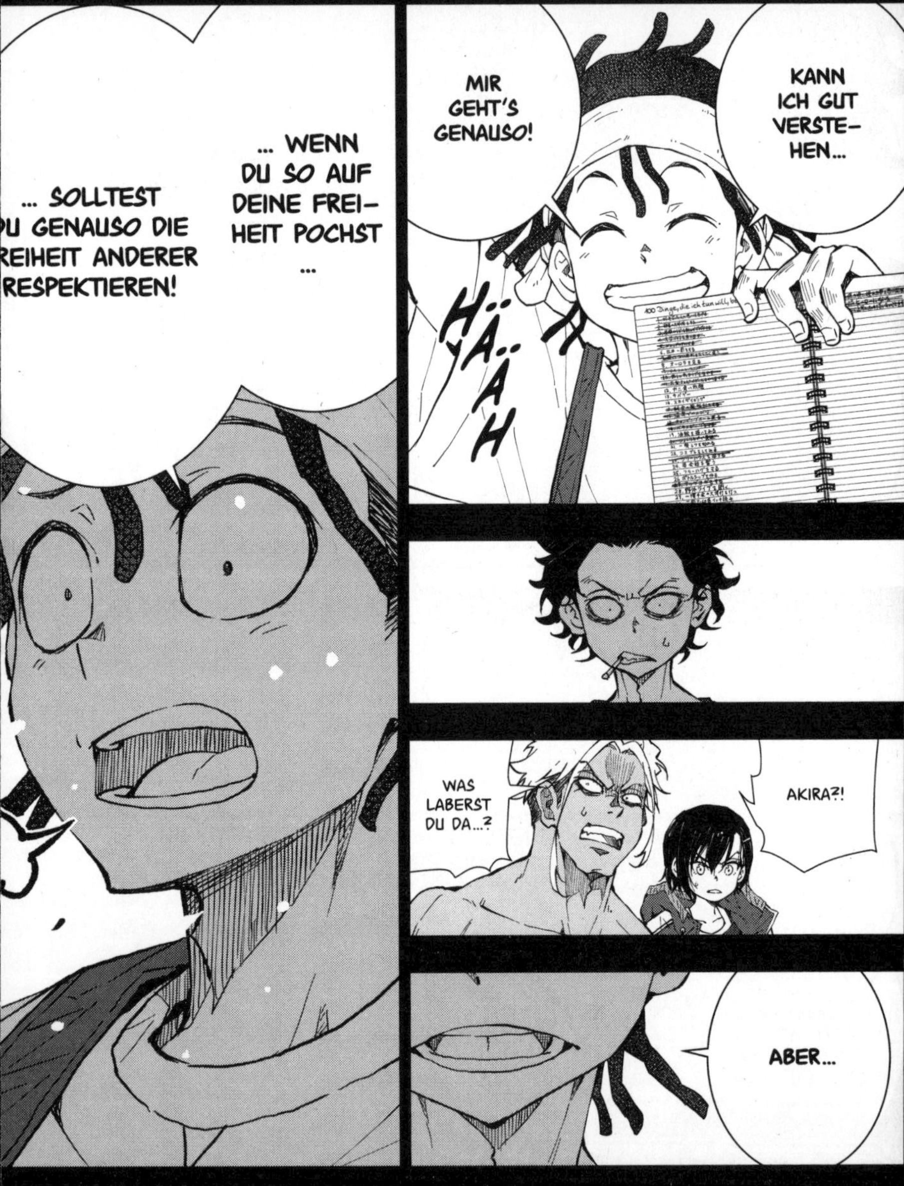
KANN ICH GUT VERSTE-HEN...
MIR GEHT'S GENAUSO!
HÄÄH
AKIRA?!
WAS LABERST DU DA...?
ABER...
... WENN DU SO AUF DEINE FREI-HEIT POCHST ...
... SOLLTEST U GENAUSO DIE REIHEIT ANDERER RESPEKTIEREN!

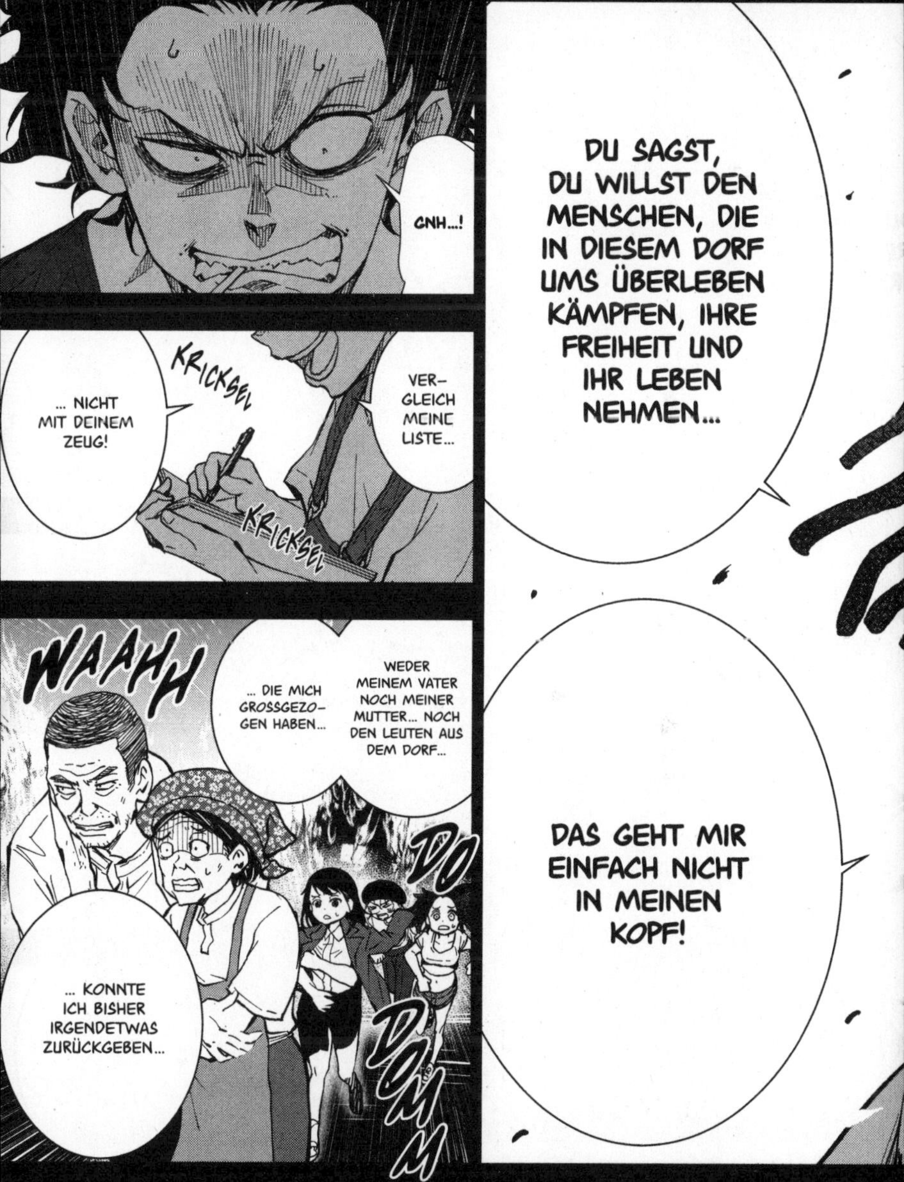

DU SAGST, DU WILLST DEN MENSCHEN, DIE IN DIESEM DORF UMS ÜBERLEBEN KÄMPFEN, IHRE FREIHEIT UND IHR LEBEN NEHMEN...
DAS GEHT MIR EINFACH NICHT IN MEINEN KOPF!
GNH...!
VER-GLEICH MEINE LISTE...
KRICKSEL
... NICHT MIT DEINEM ZEUG!
KRICKSEL
WEDER MEINEM VATER NOCH MEINER MUTTER... NOCH DEN LEUTEN AUS DEM DORF...
... DIE MICH GROSSGEZOGEN HABEN...
WAAHH
DO
DOMM
... KONNTE ICH BISHER IRGENDETWAS ZURÜCKGEBEN...

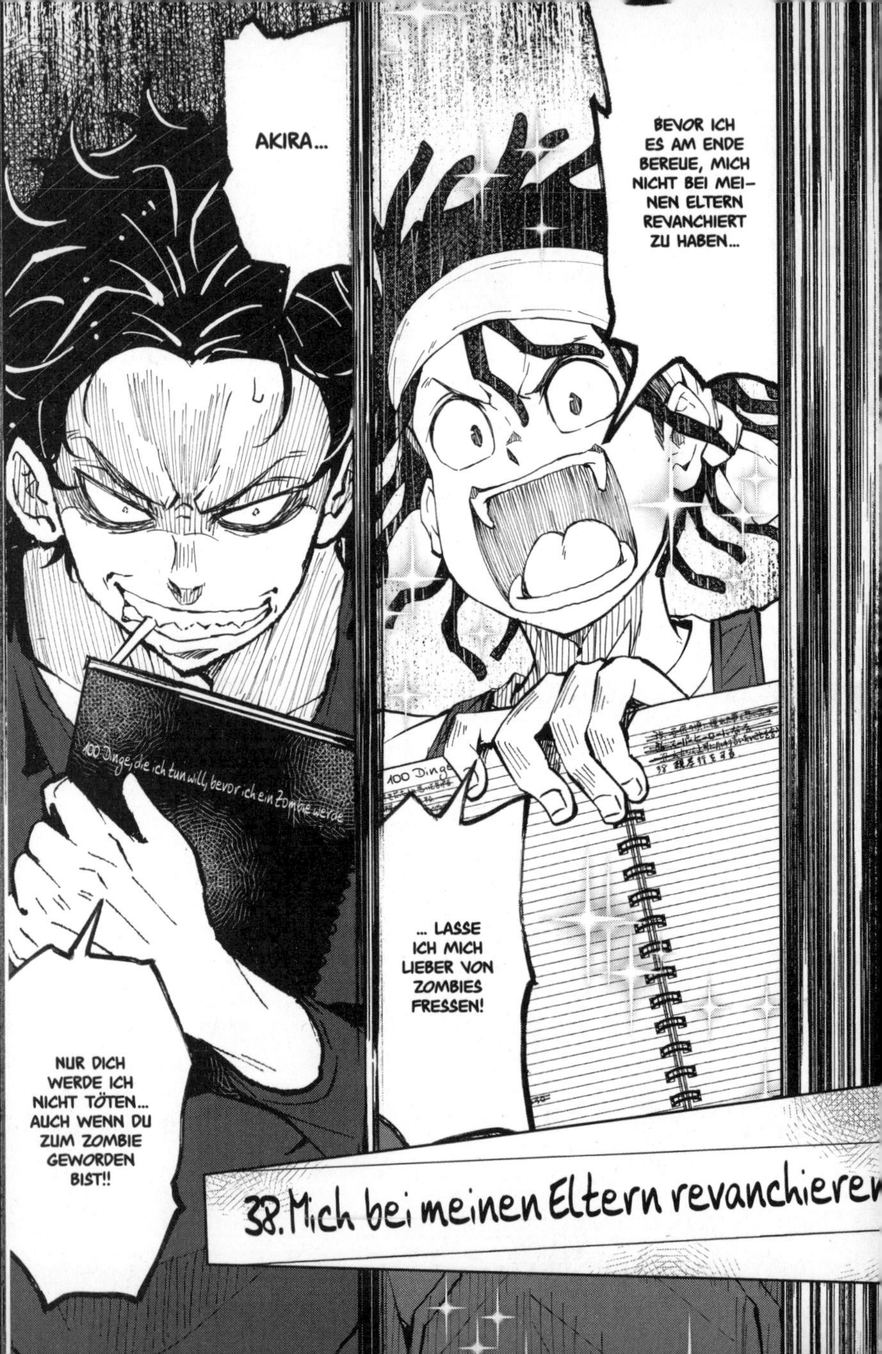
BEVOR ICH ES AM ENDE BEREUE, MICH NICHT BEI MEINEN ELTERN REVANCHIERT ZU HABEN …
… LASSE ICH MICH LIEBER VON ZOMBIES FRESSEN!
100 Dinge
38. Mich bei meinen Eltern revanchieren
AKIRA …
100 Dinge, die ich tun will, bevor ich ein Zombie werde
NUR DICH WERDE ICH NICHT TÖTEN … AUCH WENN DU ZUM ZOMBIE GEWORDEN BIST!!

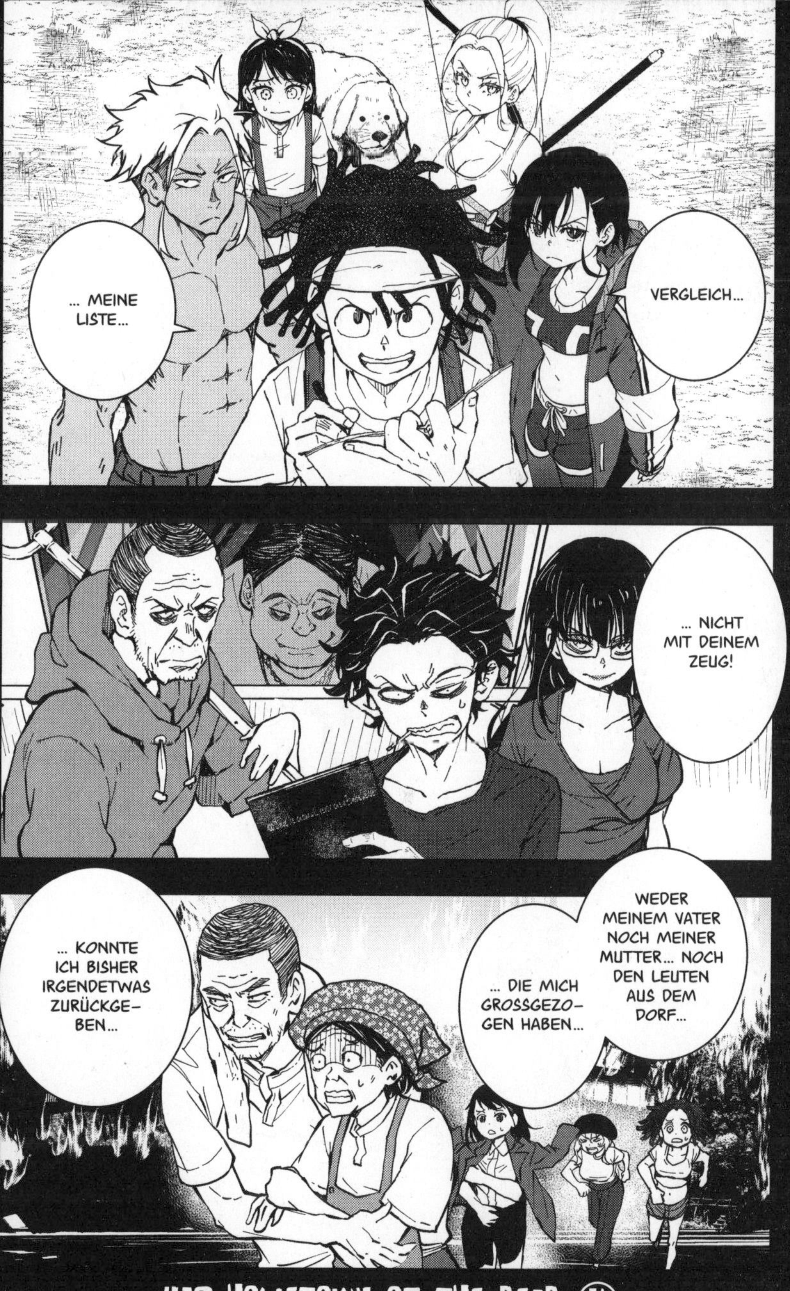


## #18 HOMETOWN OF THE DEAD ④

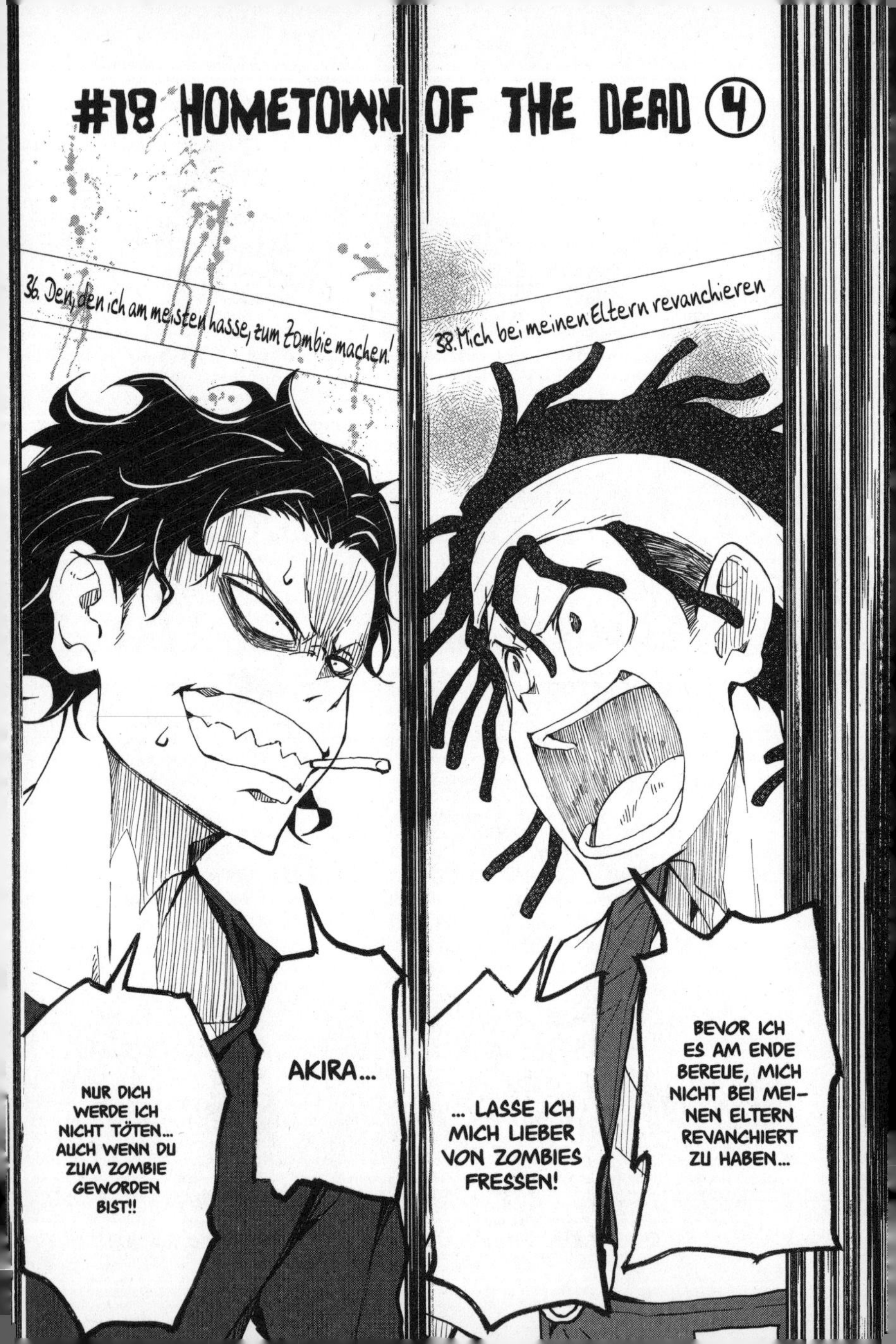
#18 HOMETOWN OF THE DEAD ④
38. Mich bei meinen Eltern revanchieren
BEVOR ICH ES AM ENDE BEREUE, MICH NICHT BEI MEINEN ELTERN REVANCHIERT ZU HABEN...
... LASSE ICH MICH LIEBER VON ZOMBIES FRESSEN!
36. Den, den ich am meisten hasse, zum Zombie machen!
AKIRA...
NUR DICH WERDE ICH NICHT TÖTEN... AUCH WENN DU ZUM ZOMBIE GEWORDEN BIST!!

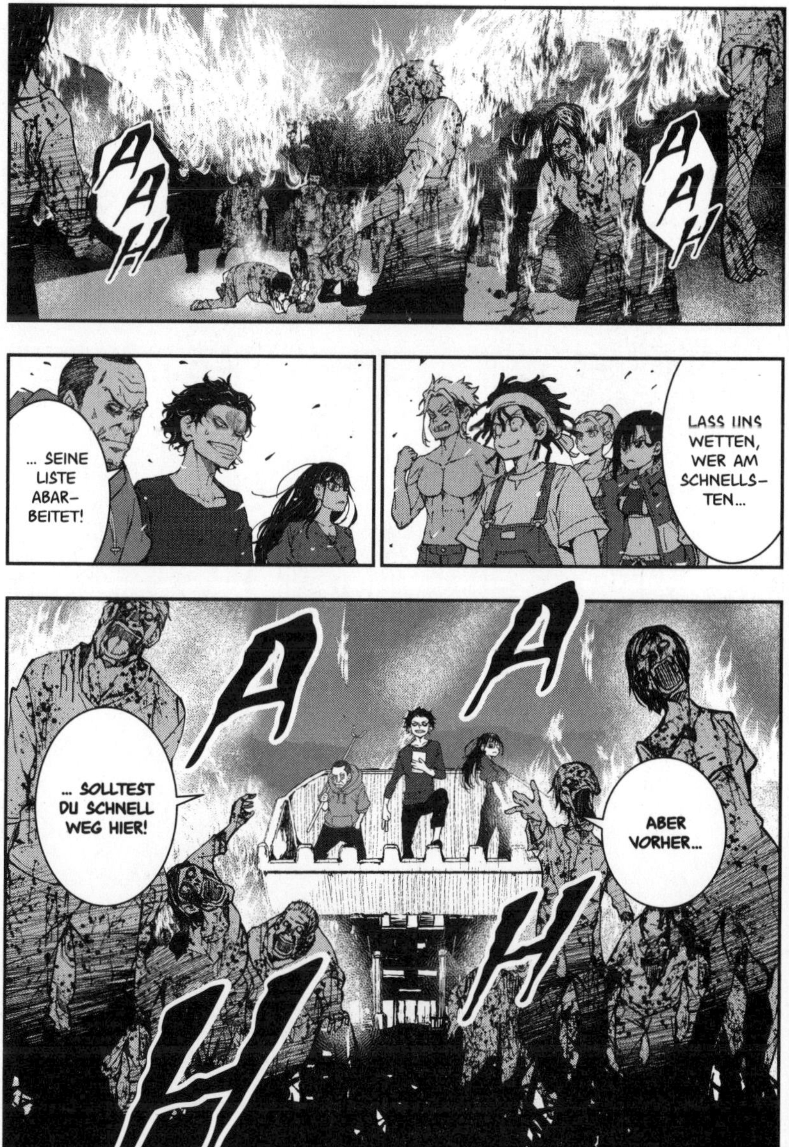
AAH
AAH
LASS UNS WETTEN, WER AM SCHNELLS-TEN...
... SEINE LISTE ABAR-BEITET!
ABER VORHER...
... SOLLTEST DU SCHNELL WEG HIER!
AAHH

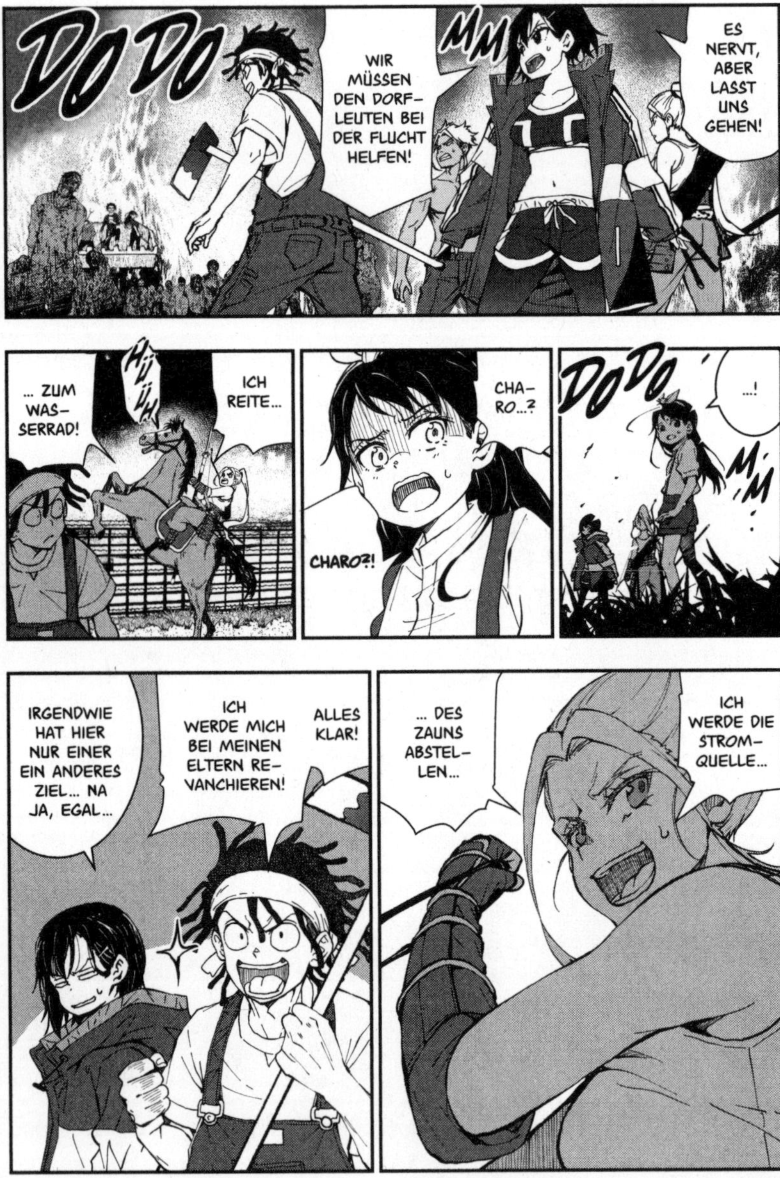
DODO
WIR MÜSSEN DEN DORF-LEUTEN BEI DER FLUCHT HELFEN!
MM
ES NERVT, ABER LASST UNS GEHEN!
... ZUM WAS-SERRAD!
ICH REITE...
HÜÜH
CHA-RO...?
CHARO?!
DODO
...!
MM
IRGENDWIE HAT HIER NUR EINER EIN ANDERES ZIEL... NA JA, EGAL...
ICH WERDE MICH BEI MEINEN ELTERN RE-VANCHIEREN!
ALLES KLAR!
... DES ZAUNS ABSTEL-LEN...
ICH WERDE DIE STROM-QUELLE...

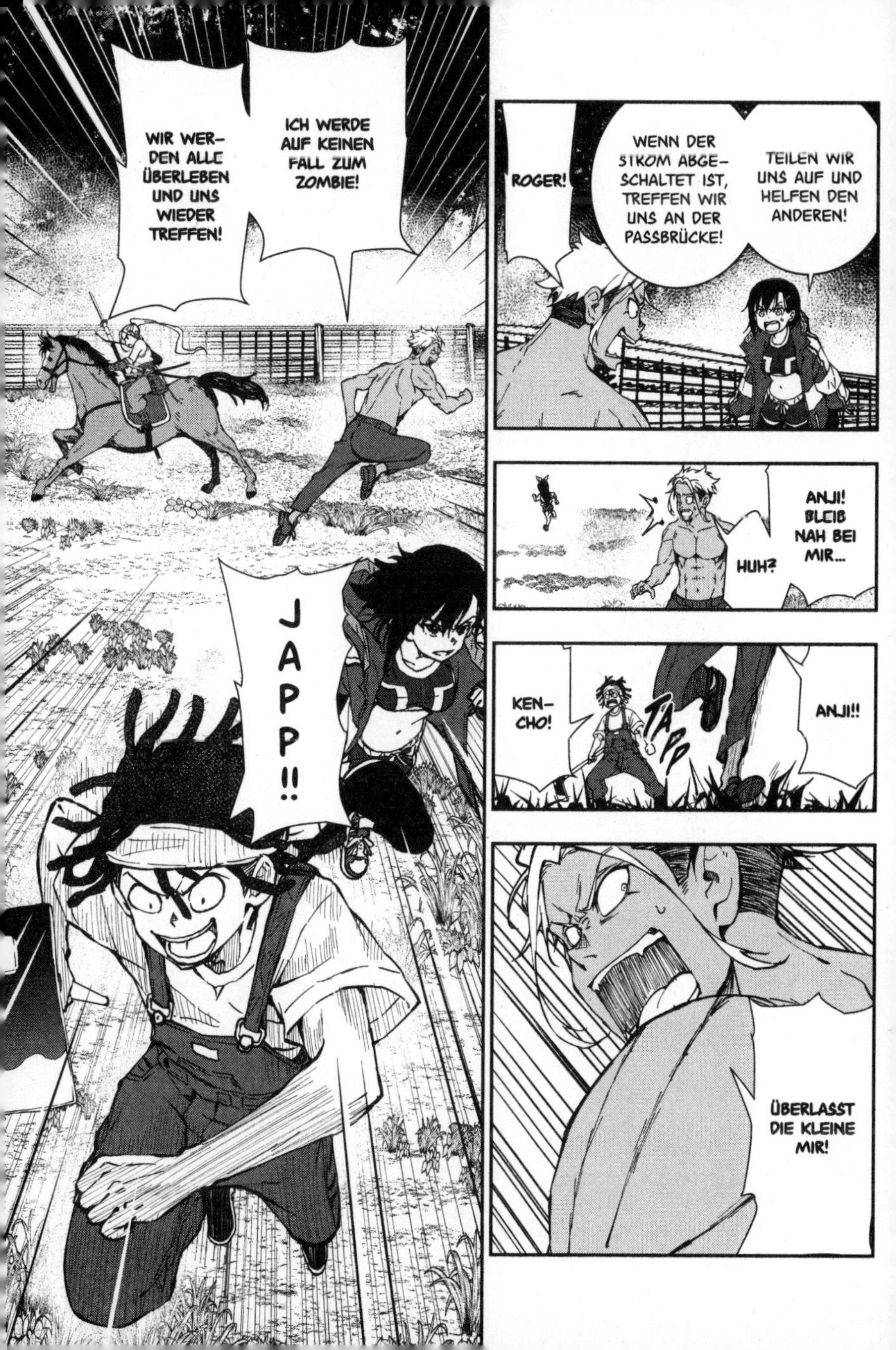

TEILEN WIR UNS AUF UND HELFEN DEN ANDEREN!
WENN DER STROM ABGE-SCHALTET IST, TREFFEN WIR UNS AN DER PASSBRÜCKE!
ROGER!
ANJI! BLEIB NAH BEI MIR...
HUH?
ANJI!!
TAPP
KEN-CHO!
ÜBERLASST DIE KLEINE MIR!
ICH WERDE AUF KEINEN FALL ZUM ZOMBIE!
WIR WER-DEN ALLE ÜBERLEBEN UND UNS WIEDER TREFFEN!
JAPP!!

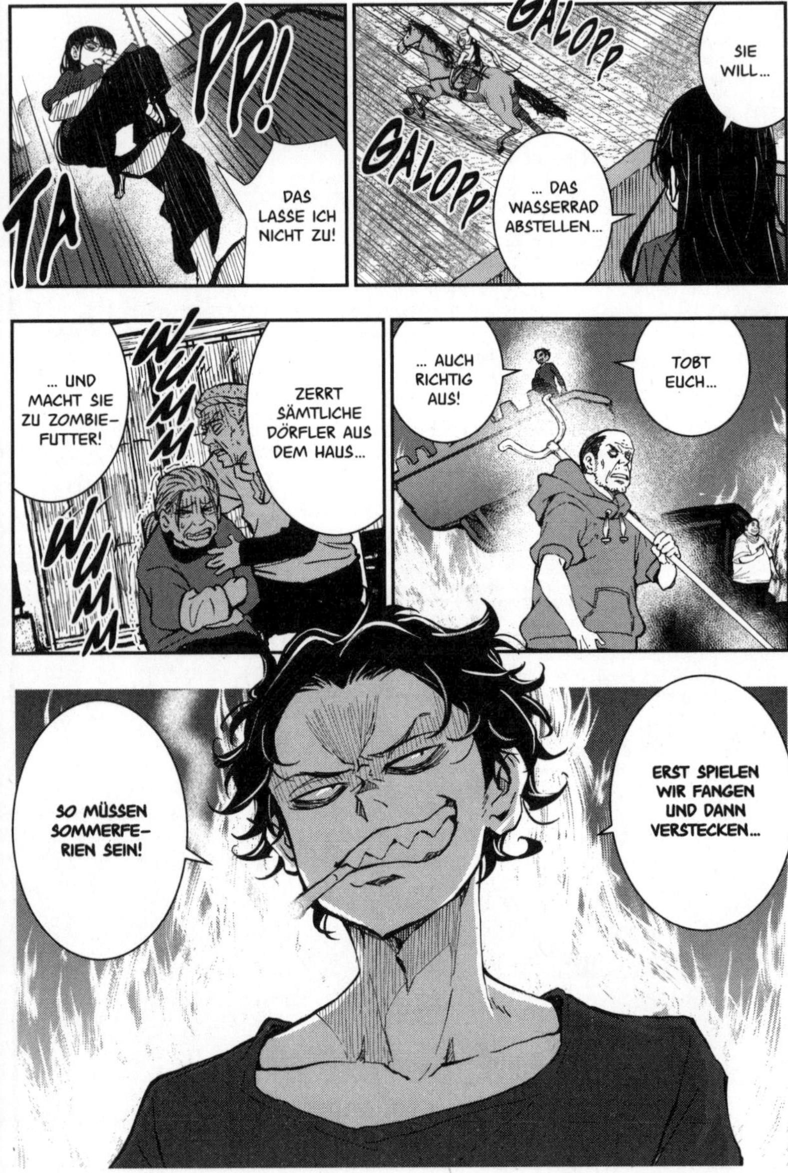
GALOPP
SIE WILL...
GALOPP
... DAS WASSERRAD ABSTELLEN...
TA PP!
DAS LASSE ICH NICHT ZU!
TOBT EUCH...
... AUCH RICHTIG AUS!
ZERRT SÄMTLICHE DÖRFLER AUS DEM HAUS...
WUMM
WUMM
... UND MACHT SIE ZU ZOMBIE-FUTTER!
ERST SPIELEN WIR FANGEN UND DANN VERSTECKEN...
SO MÜSSEN SOMMERFE-RIEN SEIN!

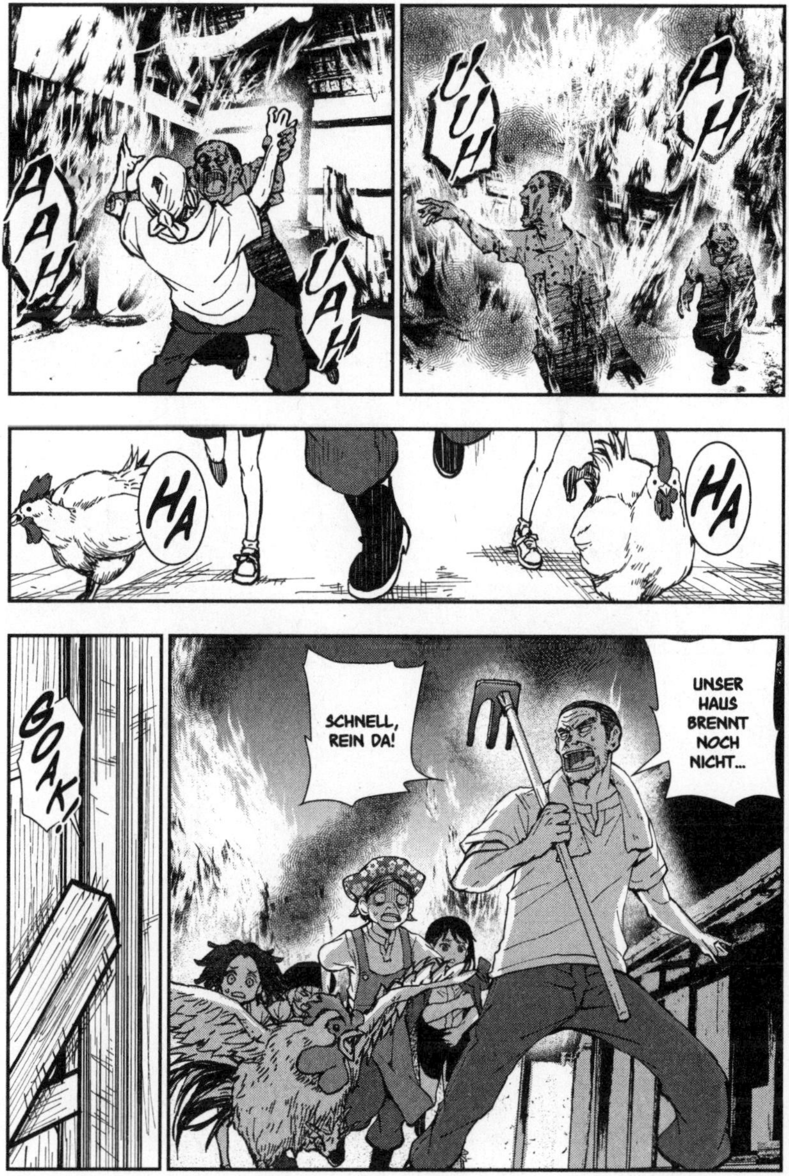
AH
UUH
UAH!
AAH!
HA
HA
UNSER HAUS BRENNT NOCH NICHT...
SCHNELL, REIN DA!
GOAK!

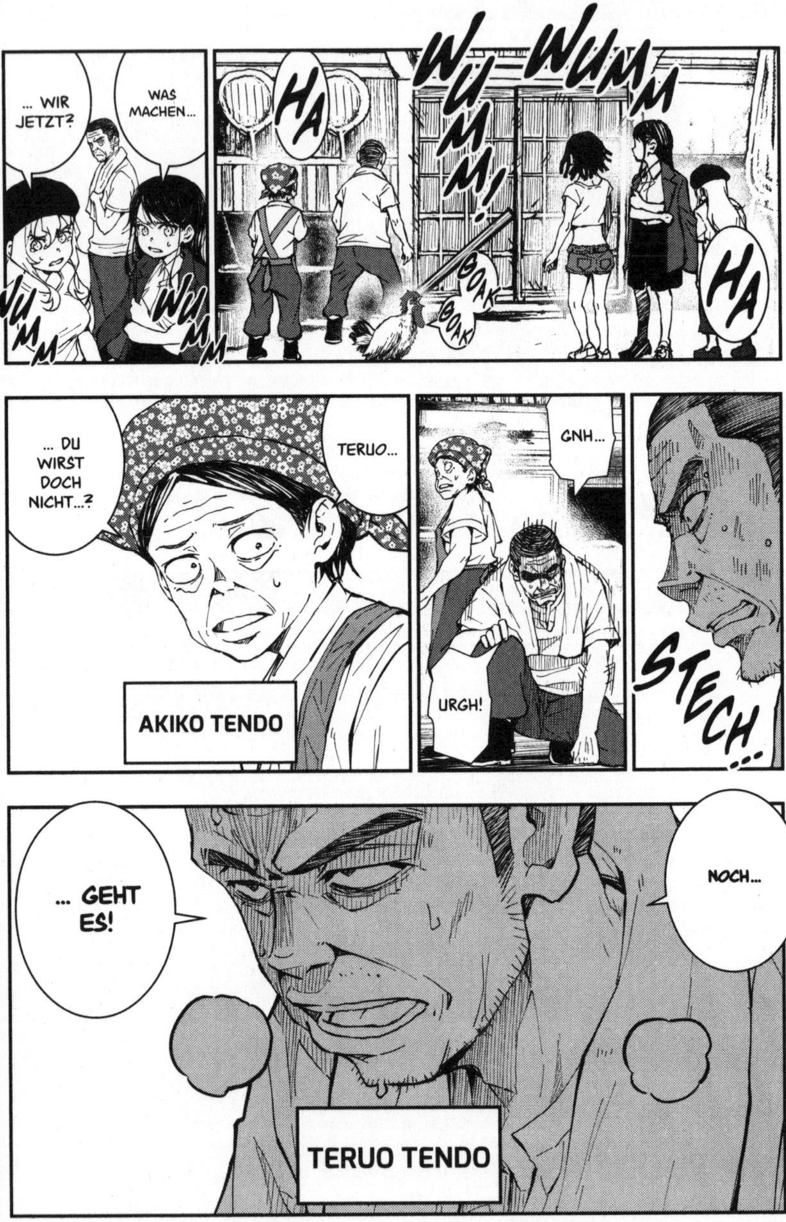
HA
WUMM
WUMM!
HA
BOAK
BOAK
WAS MACHEN...
... WIR JETZT?
WUMM
WUMM
STECH...
GNH...
URGH!
TERUO...
... DU WIRST DOCH NICHT...?
AKIKO TENDO
NOCH...
... GEHT ES!
TERUO TENDO

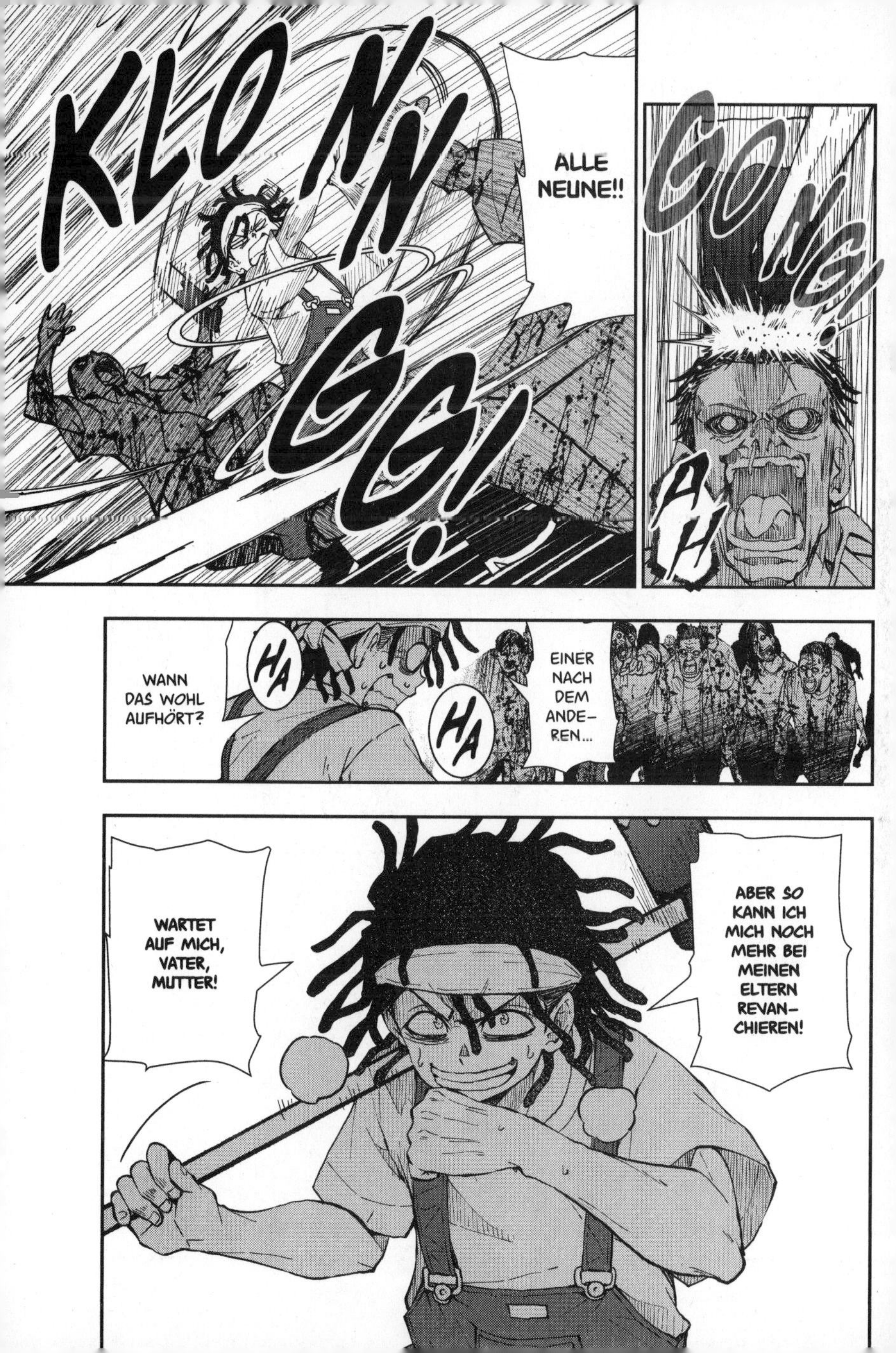

GONG!
AH
ALLE NEUNE!!
KLONNGG!
EINER NACH DEM ANDE-REN...
HA
HA
WANN DAS WOHL AUFHÖRT?
ABER SO KANN ICH MICH NOCH MEHR BEI MEINEN ELTERN REVAN-CHIEREN!
WARTET AUF MICH, VATER, MUTTER!

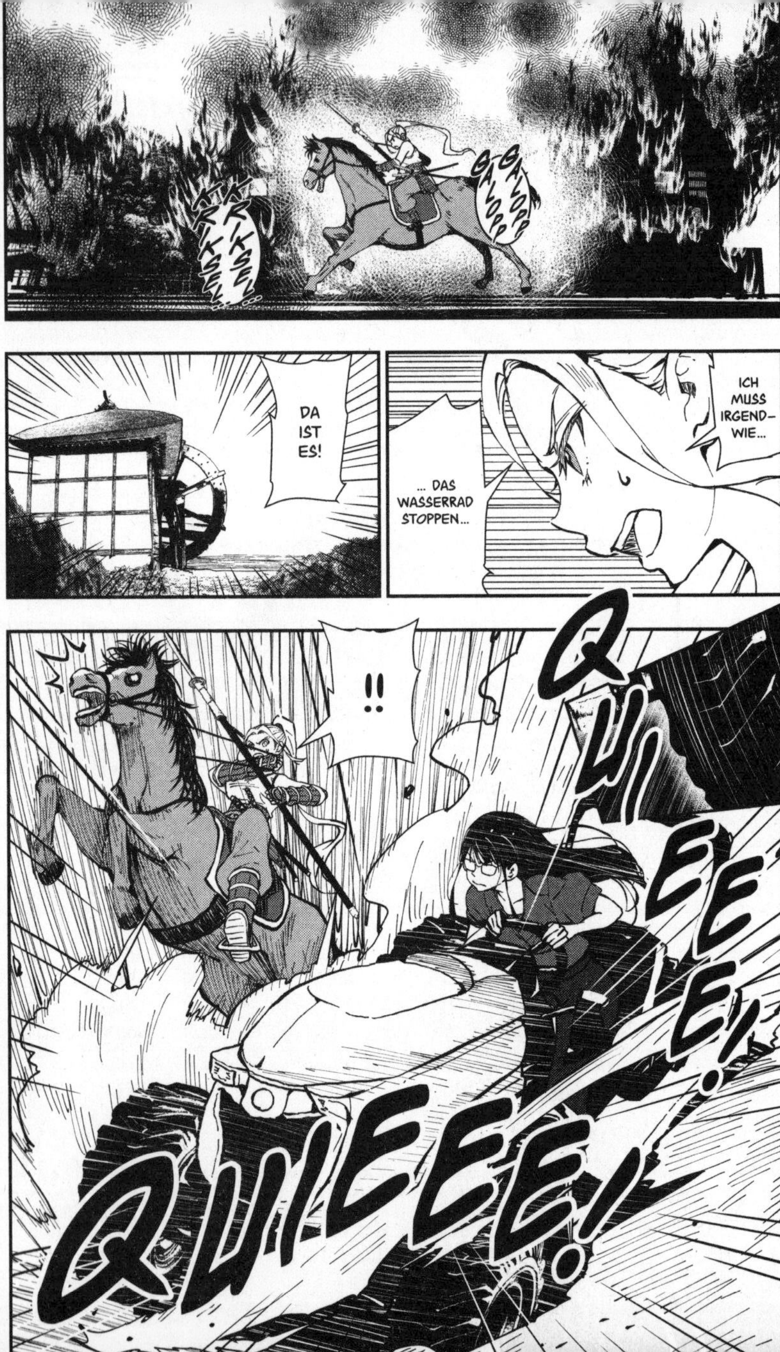
GALOPP GALOPP
KRIKSEL KRIKSEL...
ICH MUSS IRGENDWIE...
... DAS WASSERRAD STOPPEN...
DA IST ES!
!!
QUIEEEE!
QUIEEE!

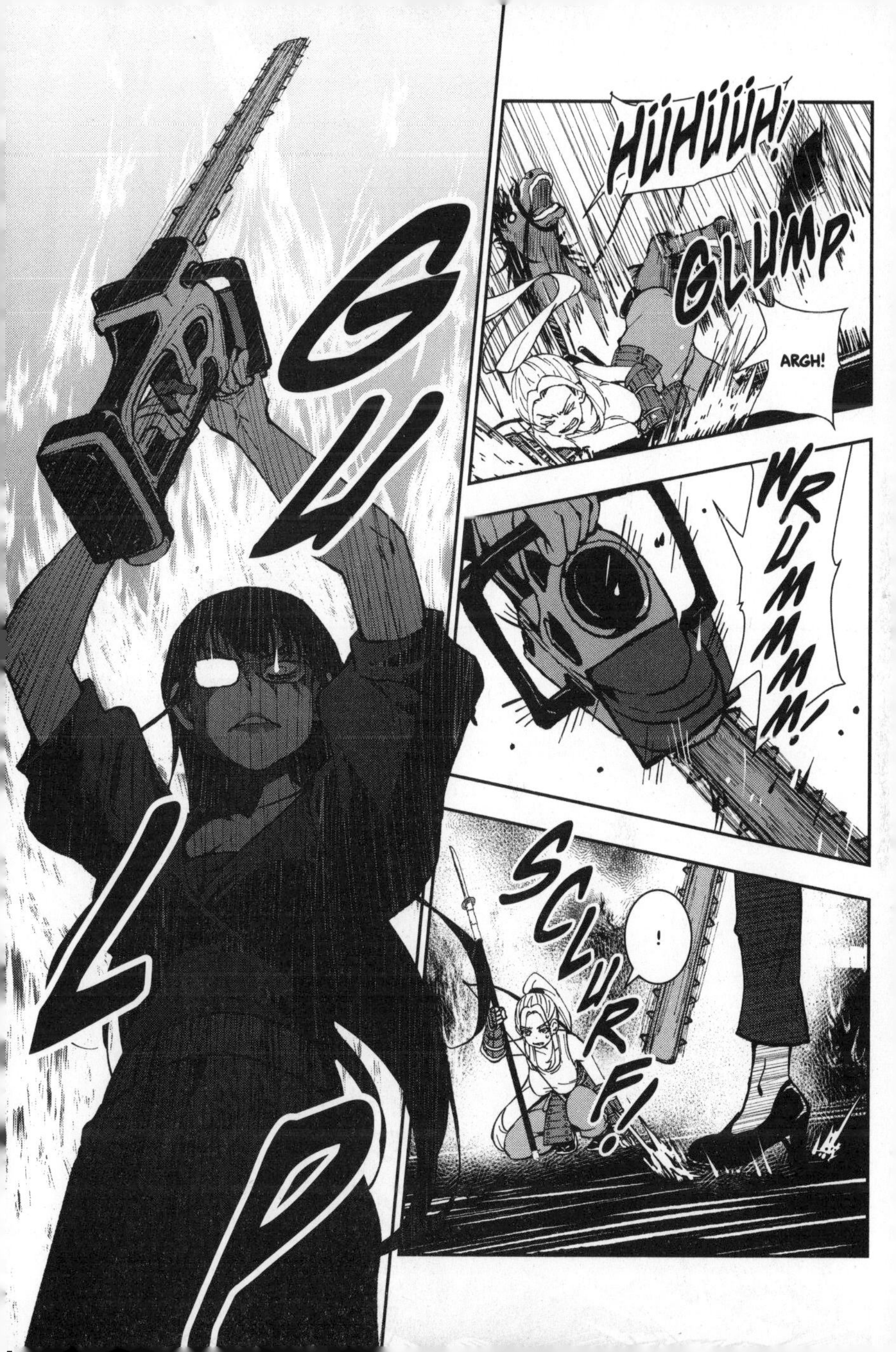

HÜHÜÜH!
GLUMP
ARGH!
WRUMMMMM!
SCLURF!
!

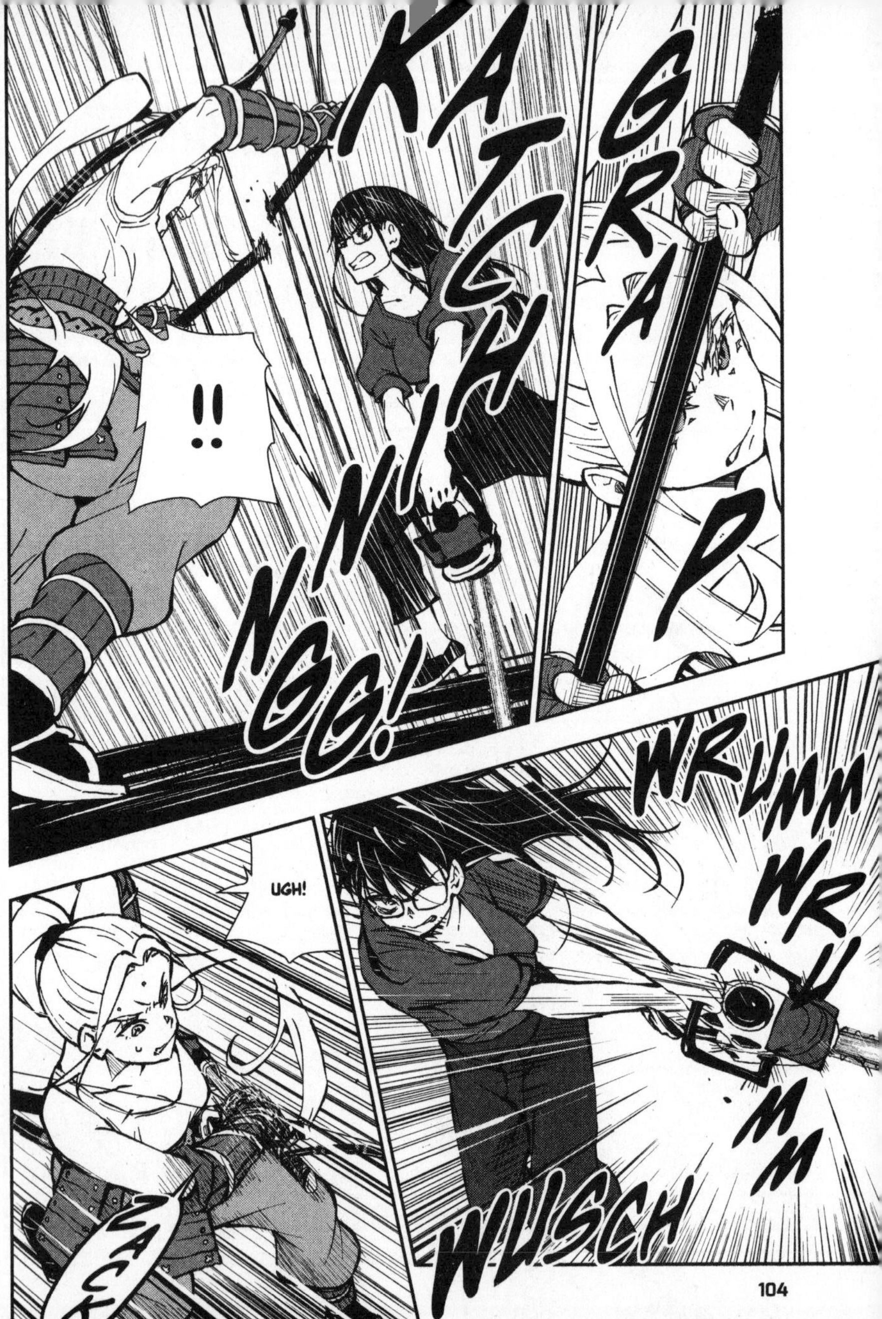
GRAP
KATCHHINNGG!
!!
WRUMM
WRUMMM
WUSCH
UGH!
ZACK

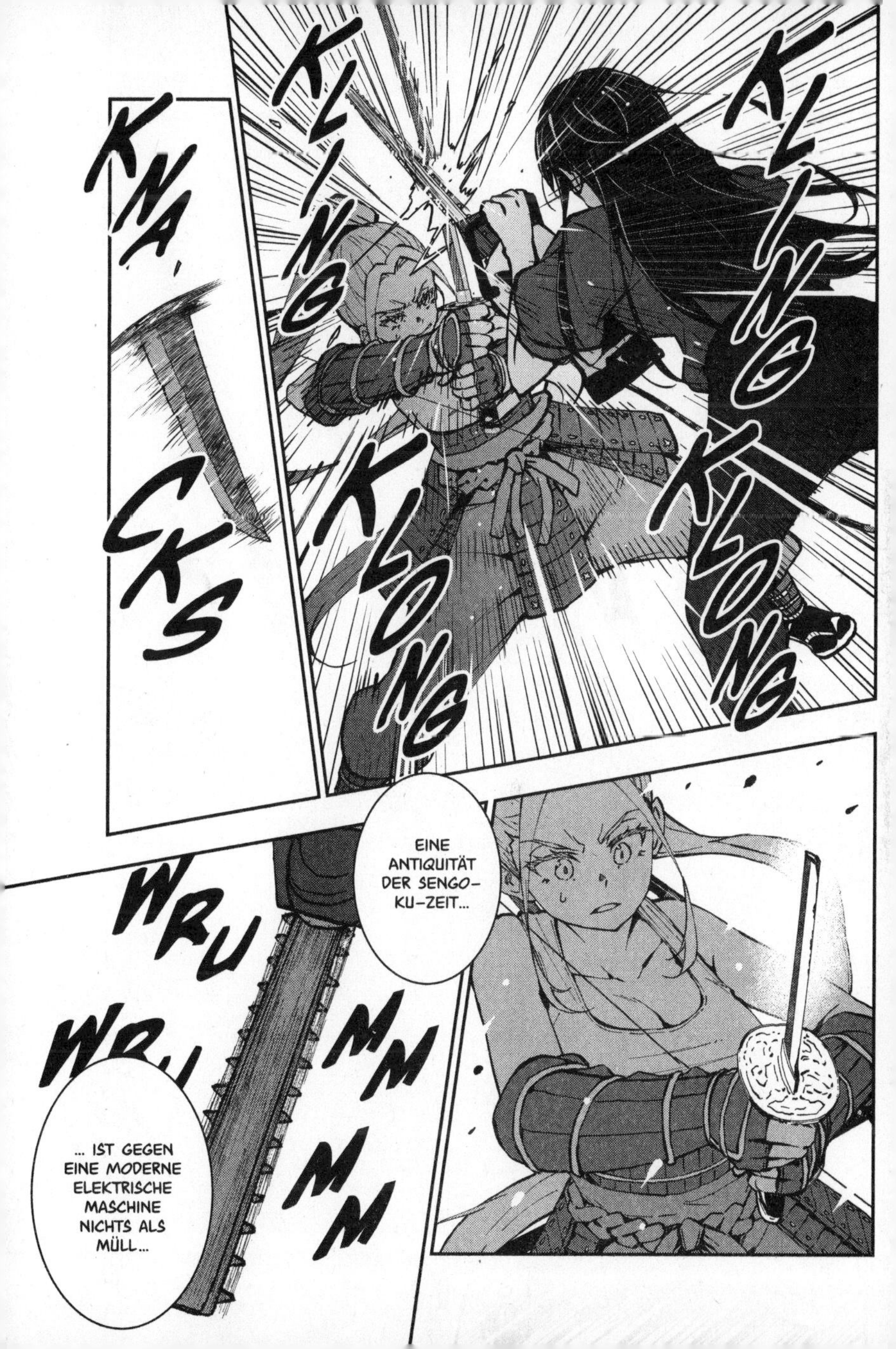
KLING KLONG
KLING KLONG
KNA, CKS
EINE ANTIQUITÄT DER SENGOKU-ZEIT...
... IST GEGEN EINE MODERNE ELEKTRISCHE MASCHINE NICHTS ALS MÜLL...

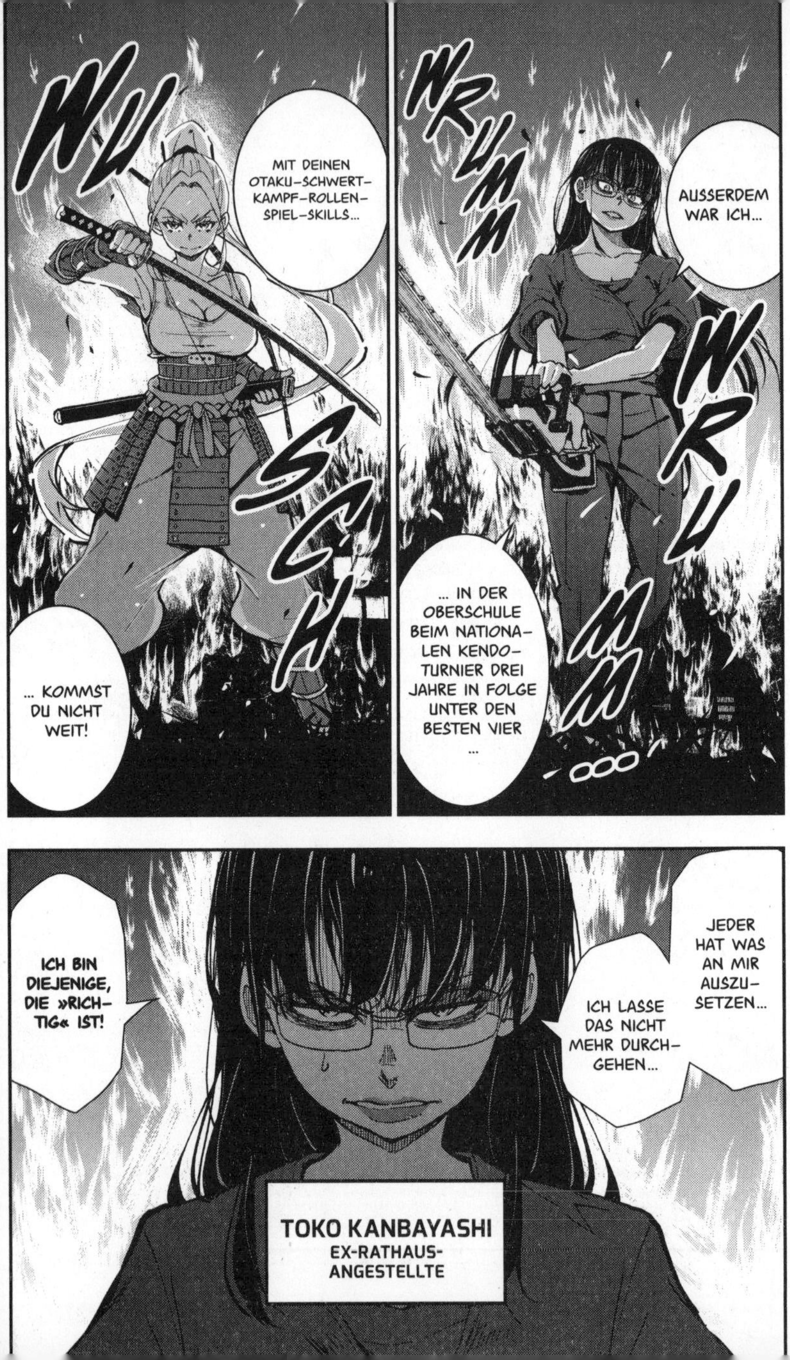

WUU
MIT DEINEN OTAKU-SCHWERT-KAMPF-ROLLEN-SPIEL-SKILLS...
SCHH
... KOMMST DU NICHT WEIT!
WRUMMM
AUSSERDEM WAR ICH...
... IN DER OBERSCHULE BEIM NATIONALEN KENDO-TURNIER DREI JAHRE IN FOLGE UNTER DEN BESTEN VIER ...
WRUMMMM-OOO
JEDER HAT WAS AN MIR AUSZUSETZEN...
ICH LASSE DAS NICHT MEHR DURCHGEHEN...
ICH BIN DIEJENIGE, DIE »RICHTIG« IST!
TOKO KANBAYASHI
EX-RATHAUS-ANGESTELLTE

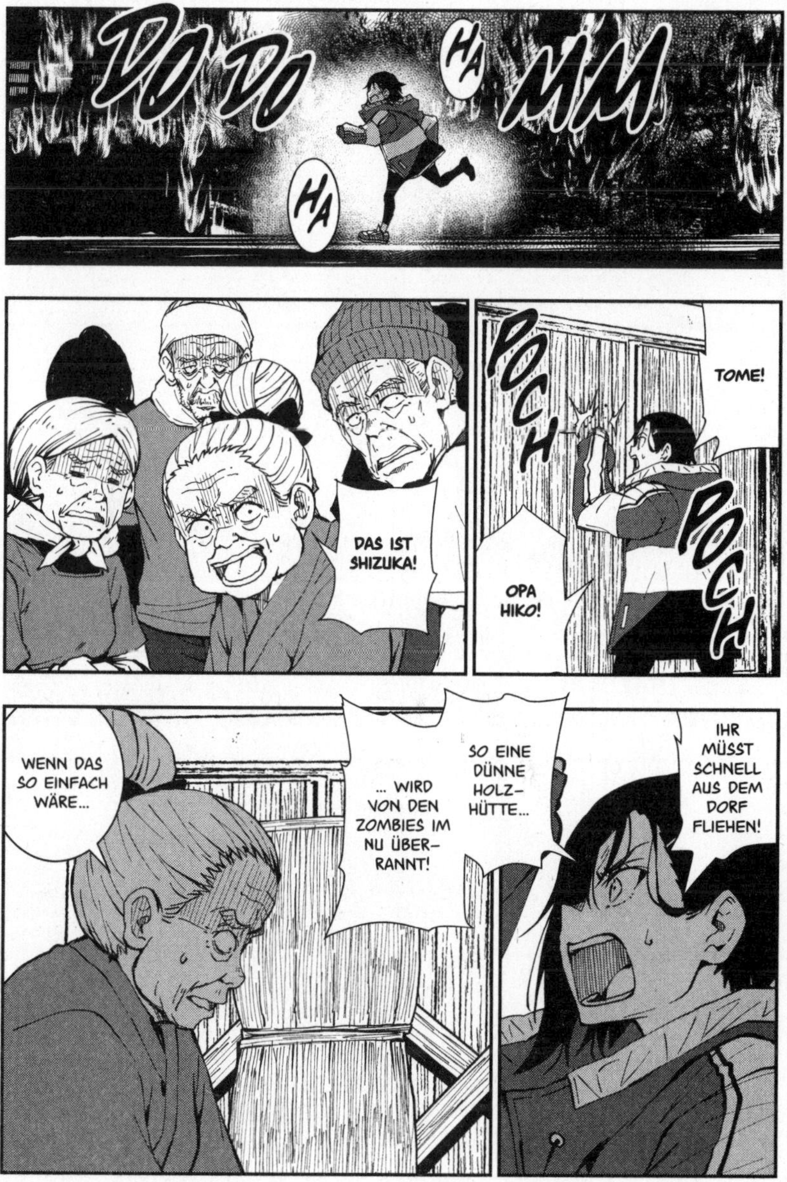
DO DO MM
HA
HA
TOME!
POCH POCH
OPA HIKO!
DAS IST SHIZUKA!
IHR MÜSST SCHNELL AUS DEM DORF FLIEHEN!
SO EINE DÜNNE HOLZ-HÜTTE...
... WIRD VON DEN ZOMBIES IM NU ÜBER-RANNT!
WENN DAS SO EINFACH WÄRE...

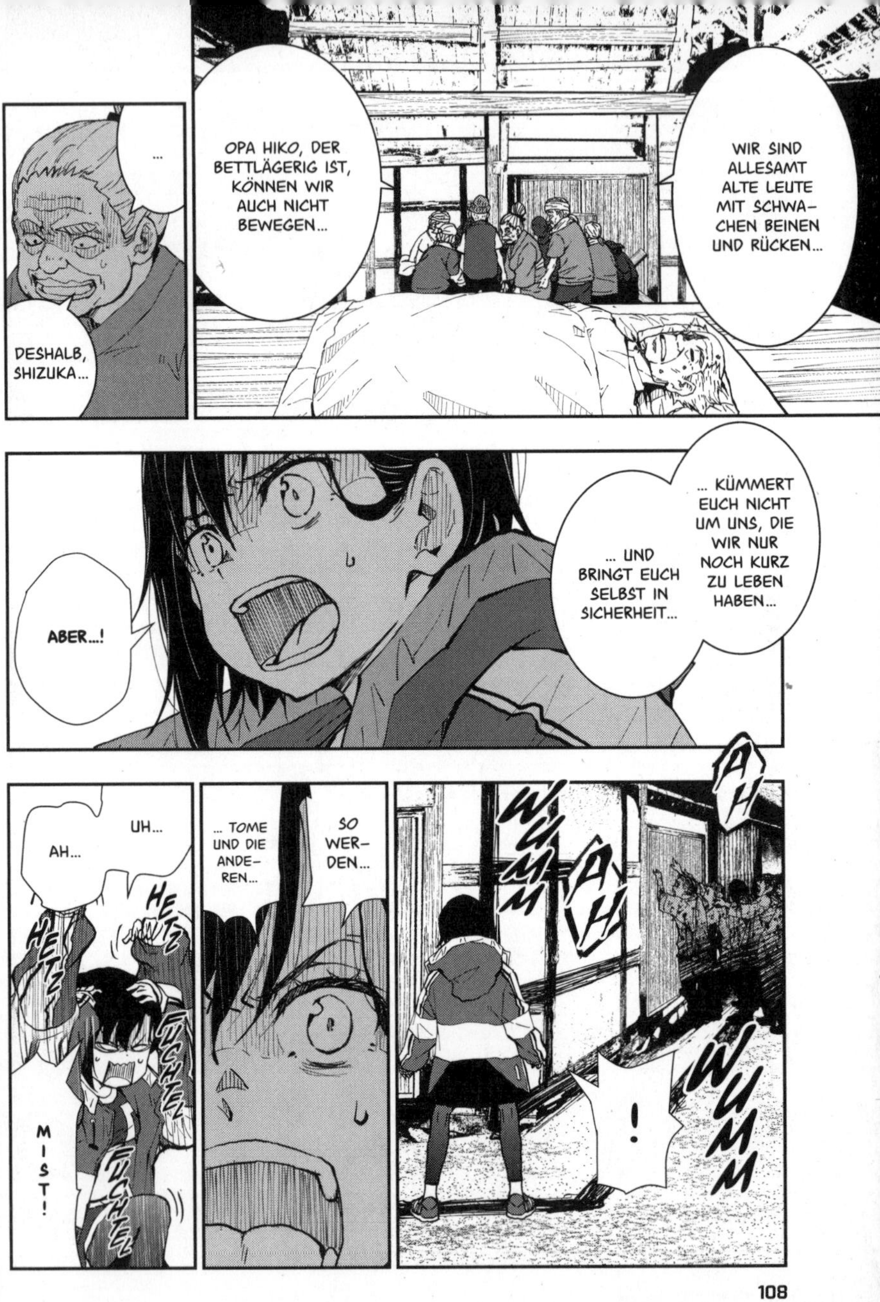
WIR SIND ALLESAMT ALTE LEUTE MIT SCHWACHEN BEINEN UND RÜCKEN...
OPA HIKO, DER BETTLÄGERIG IST, KÖNNEN WIR AUCH NICHT BEWEGEN...
...
DESHALB, SHIZUKA...
... KÜMMERT EUCH NICHT UM UNS, DIE WIR NUR NOCH KURZ ZU LEBEN HABEN...
... UND BRINGT EUCH SELBST IN SICHERHEIT...
ABER...!
AH
AH
WUMM
!
WUMM
SO WERDEN...
... TOME UND DIE ANDEREN...
UH...
AH...
HETZ
HETZ
FUCHTEL
FUCHTEL
MIST!

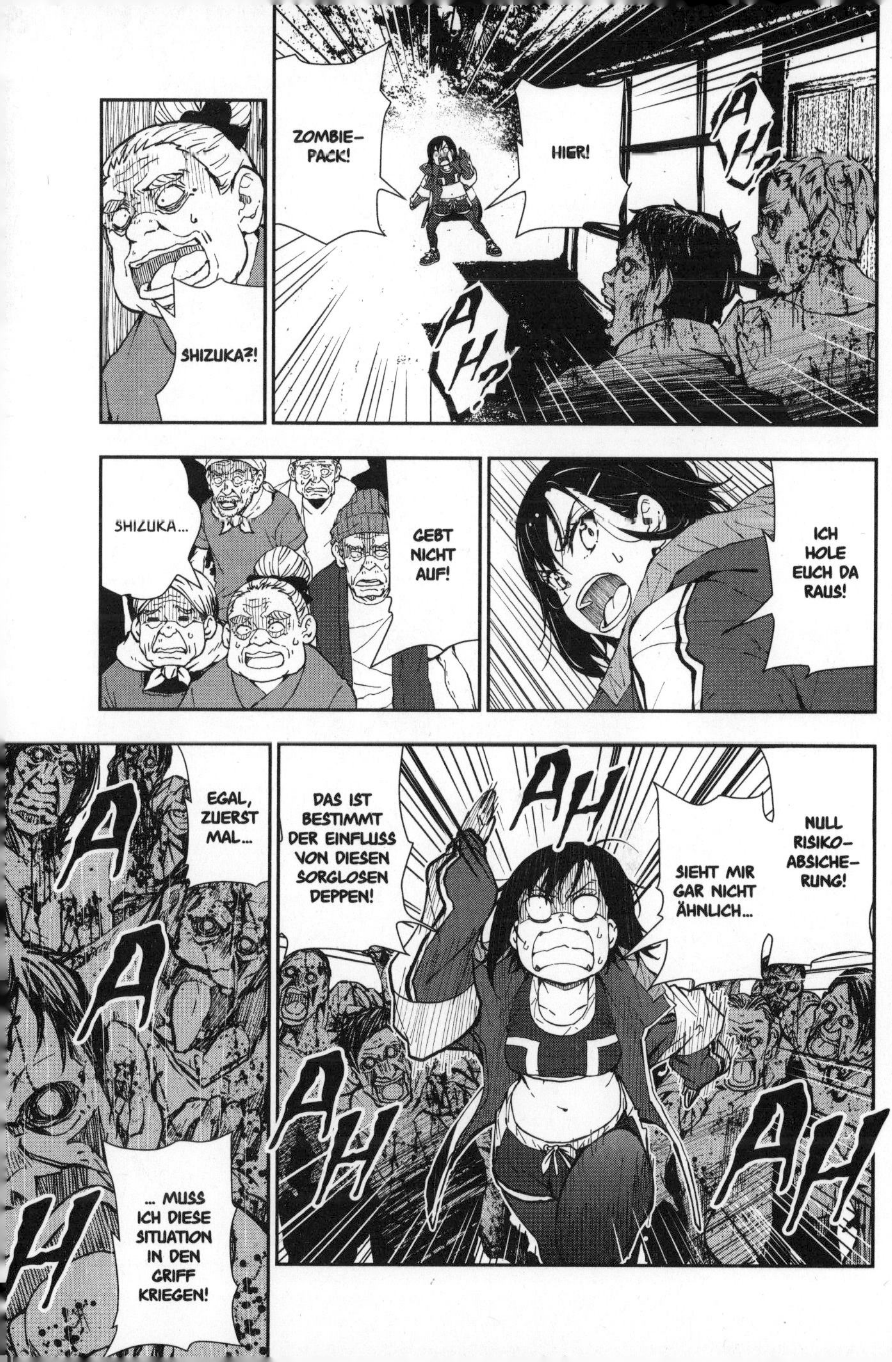
AH!
HIER!
ZOMBIE-PACK!
AH?
SHIZUKA?!
ICH HOLE EUCH DA RAUS!
GEBT NICHT AUF!
SHIZUKA...
NULL RISIKO-ABSICHERUNG!
SIEHT MIR GAR NICHT ÄHNLICH...
DAS IST BESTIMMT DER EINFLUSS VON DIESEN SORGLOSEN DEPPEN!
AH
AH
AH
EGAL, ZUERST MAL...
... MUSS ICH DIESE SITUATION IN DEN GRIFF KRIEGEN!

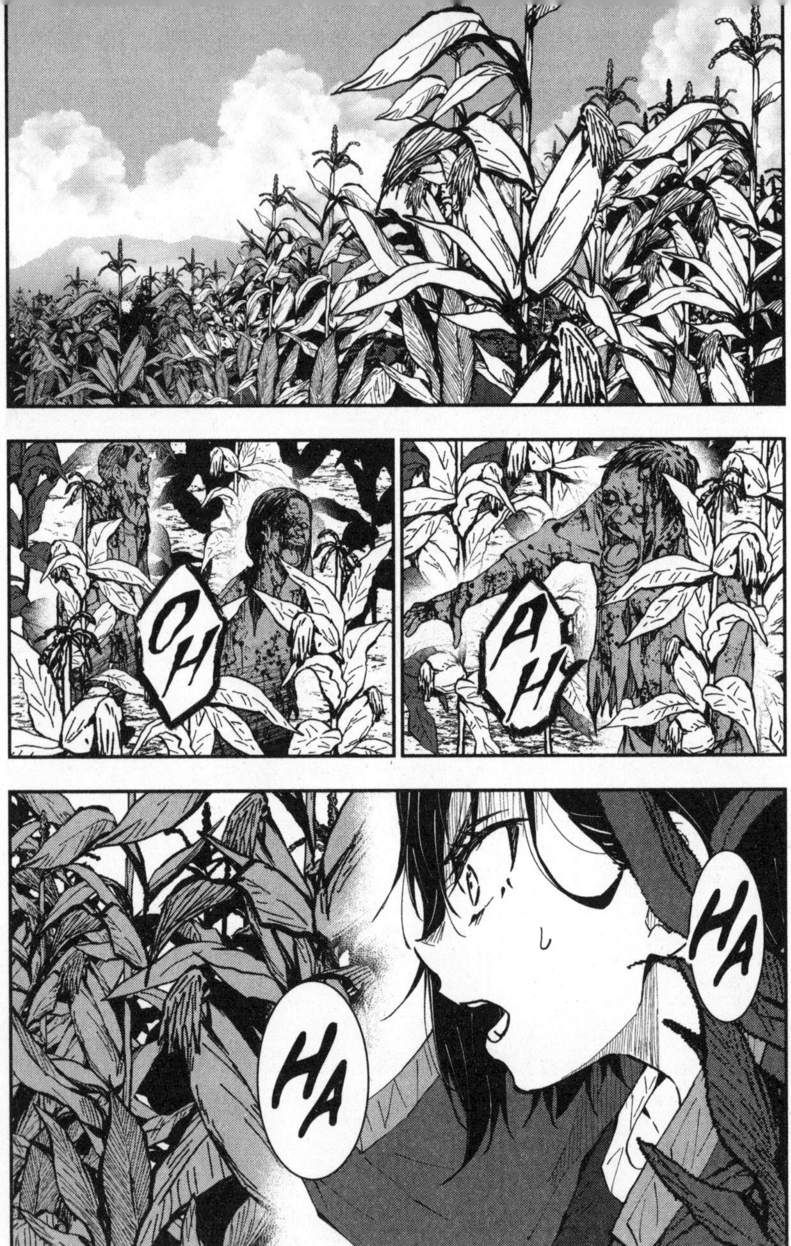
AH
OH
HA
HA

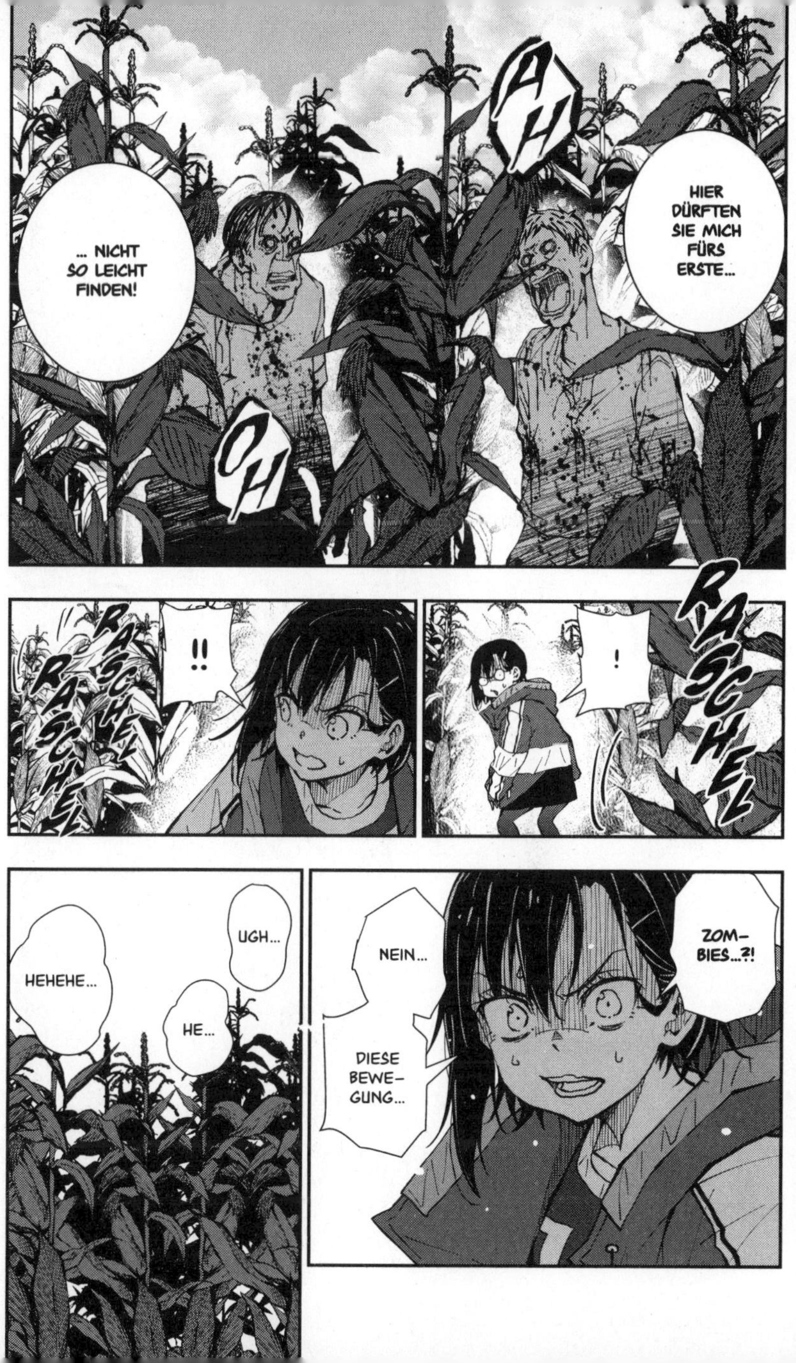
HIER DÜRFTEN SIE MICH FÜRS ERSTE...
AH
... NICHT SO LEICHT FINDEN!
OH
RASCHEL
!
!!
RASCHEL RASCHEL
ZOM-BIES...?!
NEIN...
DIESE BEWE-GUNG...
UGH...
HEHEHE...
HE...

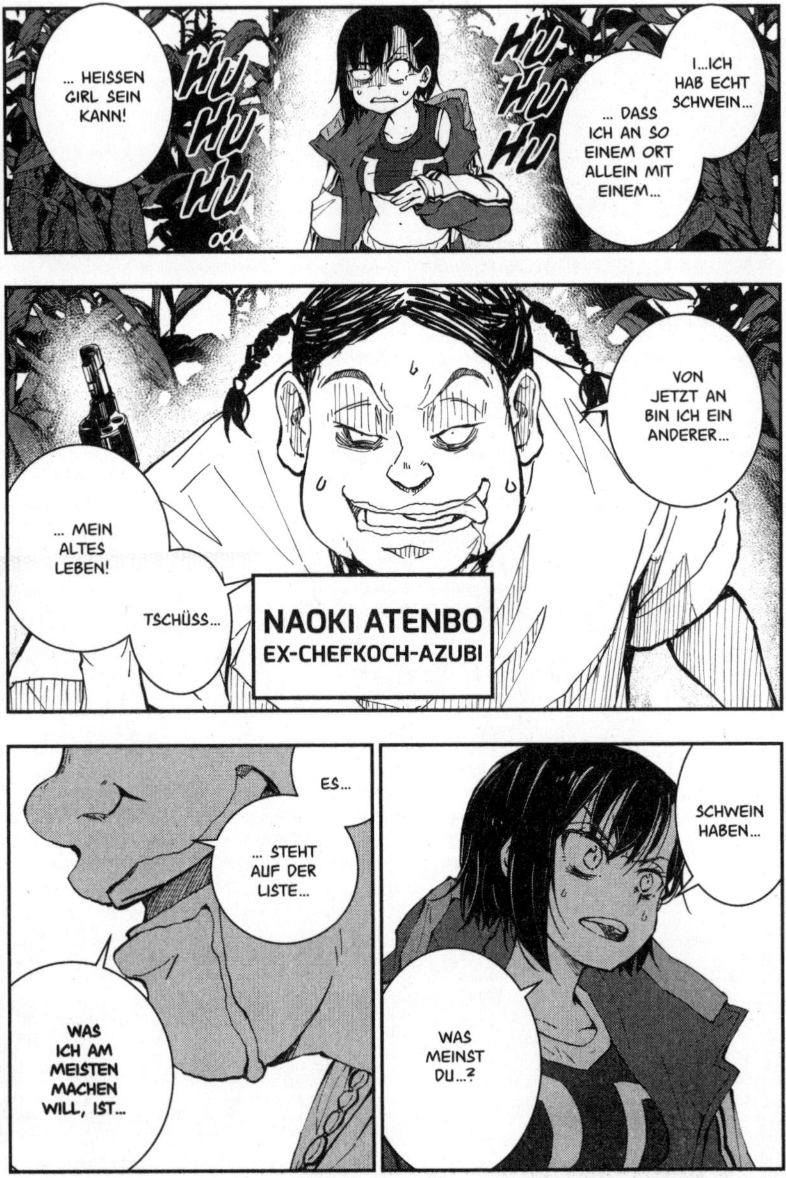
I...ICH HAB ECHT SCHWEIN...
... DASS ICH AN SO EINEM ORT ALLEIN MIT EINEM...
HU HU HU HU
... HEISSEN GIRL SEIN KANN!
HU HU HU HU...
VON JETZT AN BIN ICH EIN ANDERER...
TSCHÜSS...
... MEIN ALTES LEBEN!
NAOKI ATENBO
EX-CHEFKOCH-AZUBI
SCHWEIN HABEN...
WAS MEINST DU...?
ES...
... STEHT AUF DER LISTE...
WAS ICH AM MEISTEN MACHEN WILL, IST...

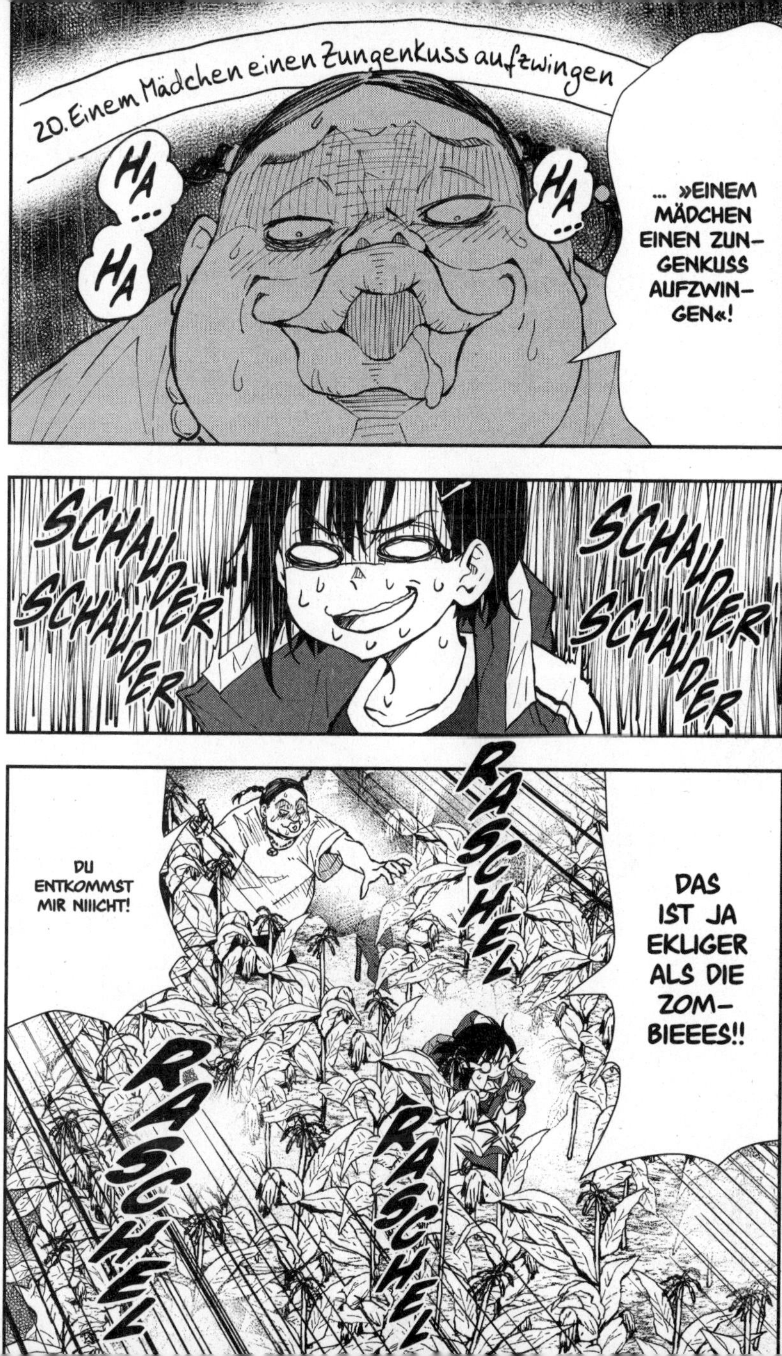
20. Einem Mädchen einen Zungenkuss aufzwingen
HA ... HA
HA ...
... »EINEM MÄDCHEN EINEN ZUNGENKUSS AUFZWINGEN«!
SCHAUDER SCHAUDER
SCHAUDER SCHAUDER
RASCHEL
DAS IST JA EKLIGER ALS DIE ZOMBIEEES!!
DU ENTKOMMST MIR NIIICHT!
RASCHEL
RASCHEL

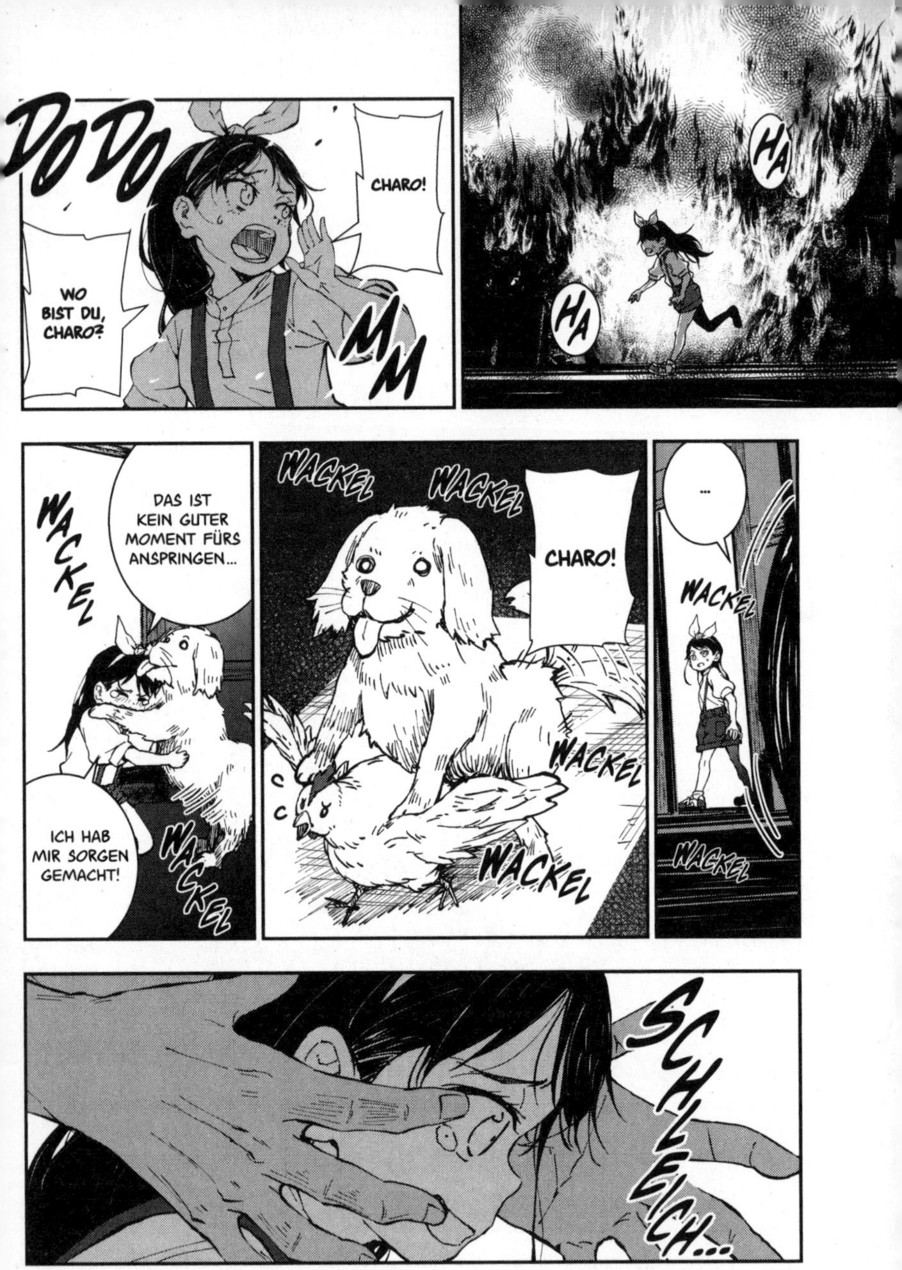

CHARO!
WO BIST DU, CHARO?
DODO
MM
HA
HA
...
WACKEL
WACKEL
CHARO!
WACKEL
WACKEL
WACKEL
WACKEL
DAS IST KEIN GUTER MOMENT FÜRS ANSPRINGEN...
WACKEL
ICH HAB MIR SORGEN GEMACHT!
WACKEL
SCHLEICH...

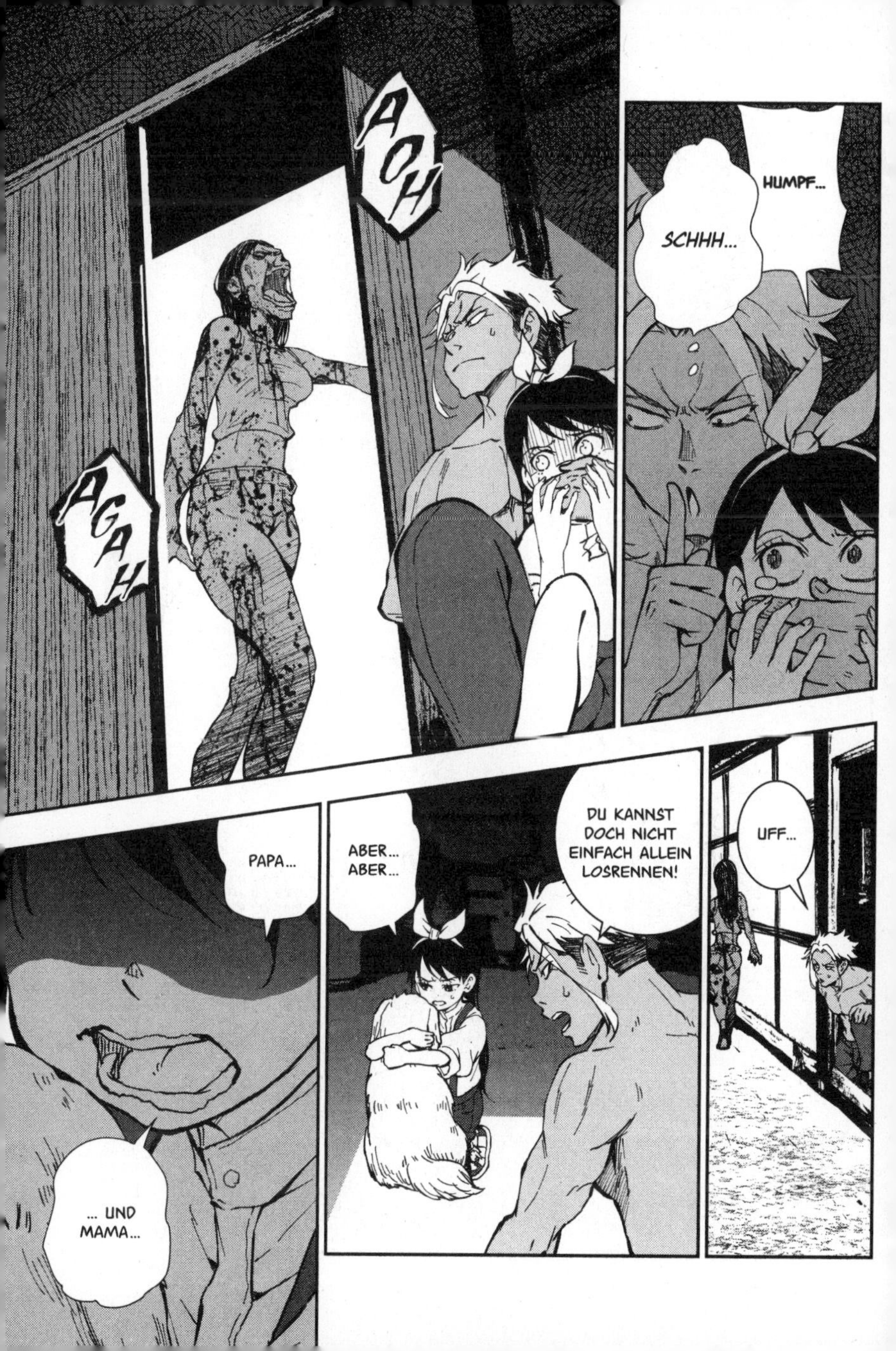
AOH
AGAH
HUMPF...
SCHHH...
UFF...
DU KANNST DOCH NICHT EINFACH ALLEIN LOSRENNEN!
ABER... ABER...
PAPA...
... UND MAMA...

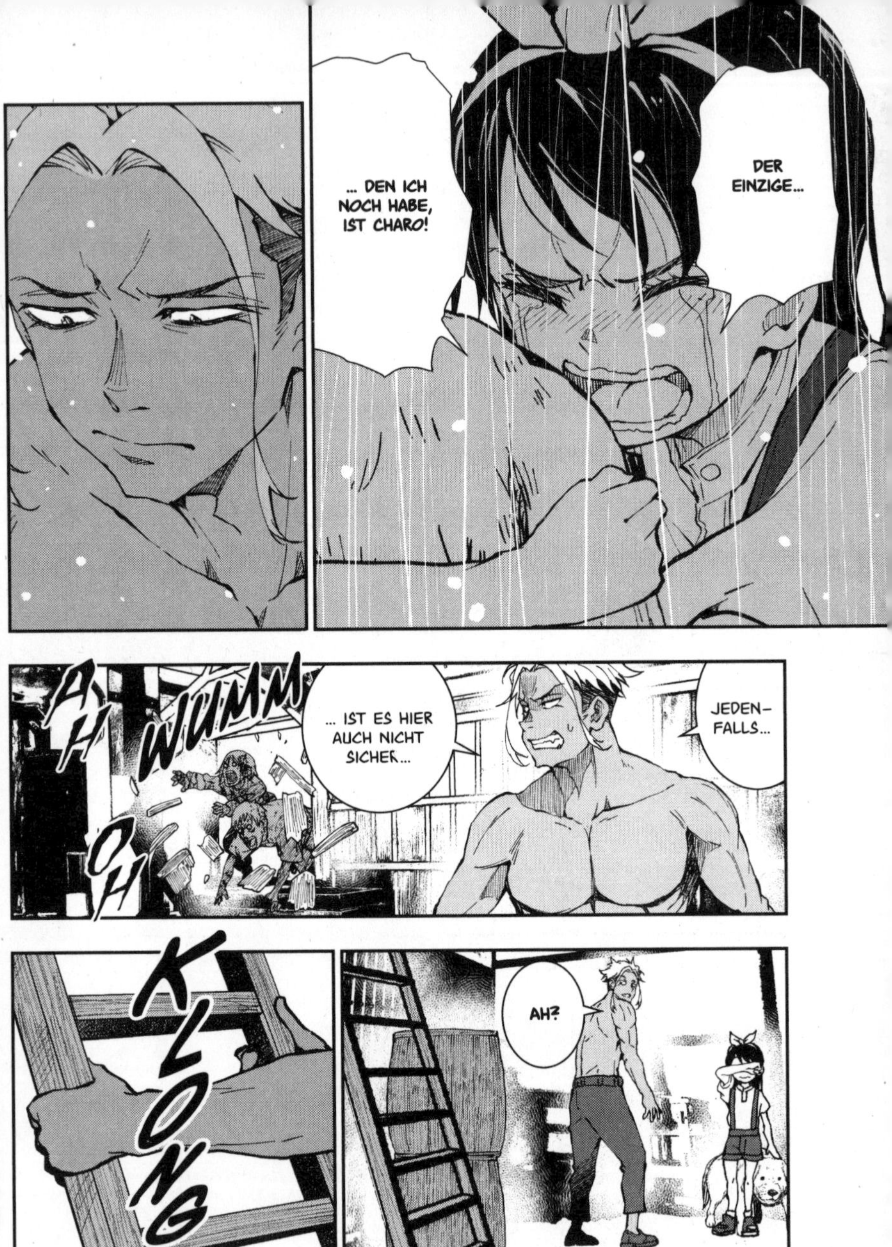
DER EINZIGE...
... DEN ICH NOCH HABE, IST CHARO!
JEDEN-FALLS...
... IST ES HIER AUCH NICHT SICHER...
WUMM
AH
OH
AH?
KLONG

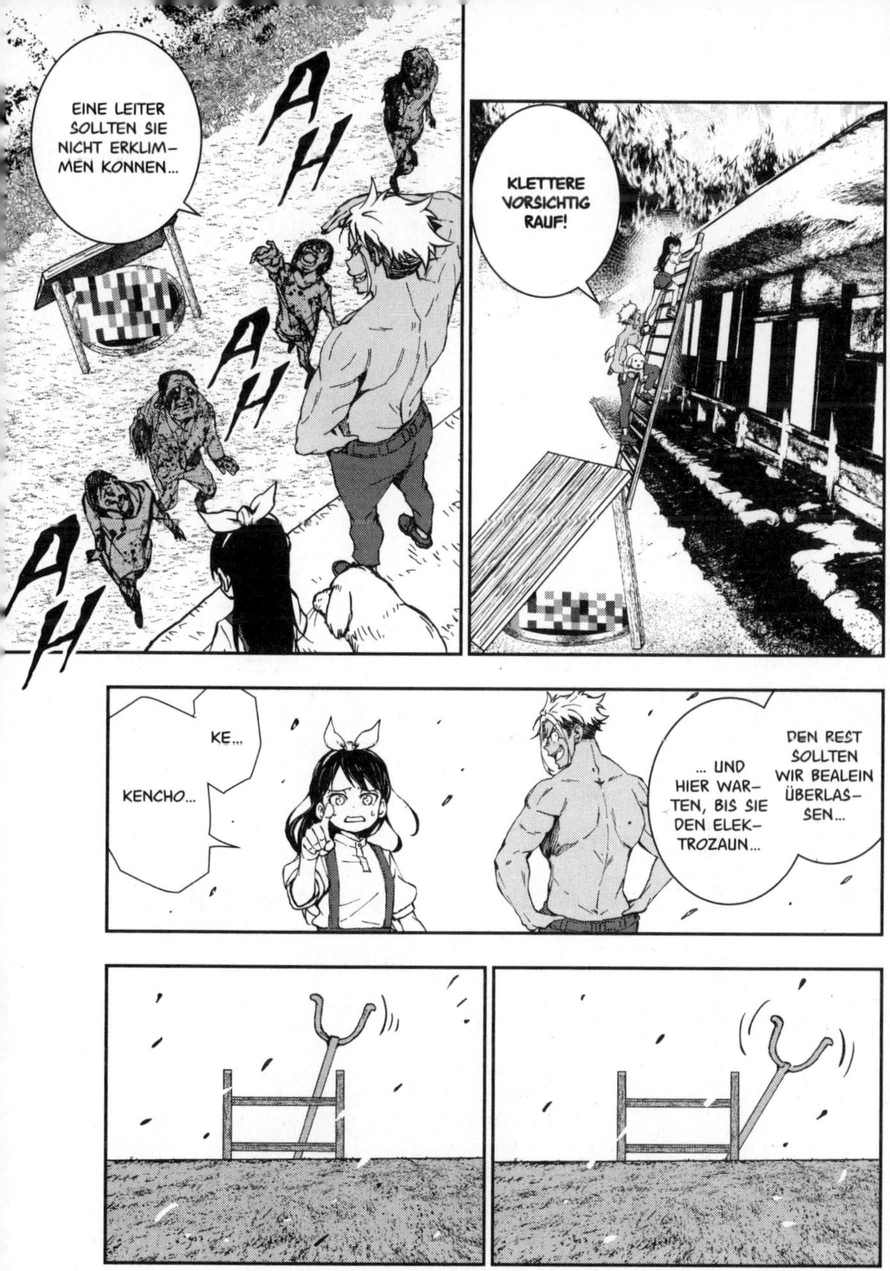
KLETTERE VORSICHTIG RAUF!
EINE LEITER SOLLTEN SIE NICHT ERKLIM-MEN KONNEN...
AH
AH
AH
... UND HIER WAR-TEN, BIS SIE DEN ELEK-TROZAUN...
DEN REST SOLLTEN WIR BEALEIN ÜBERLAS-SEN...
KE...
KENCHO...

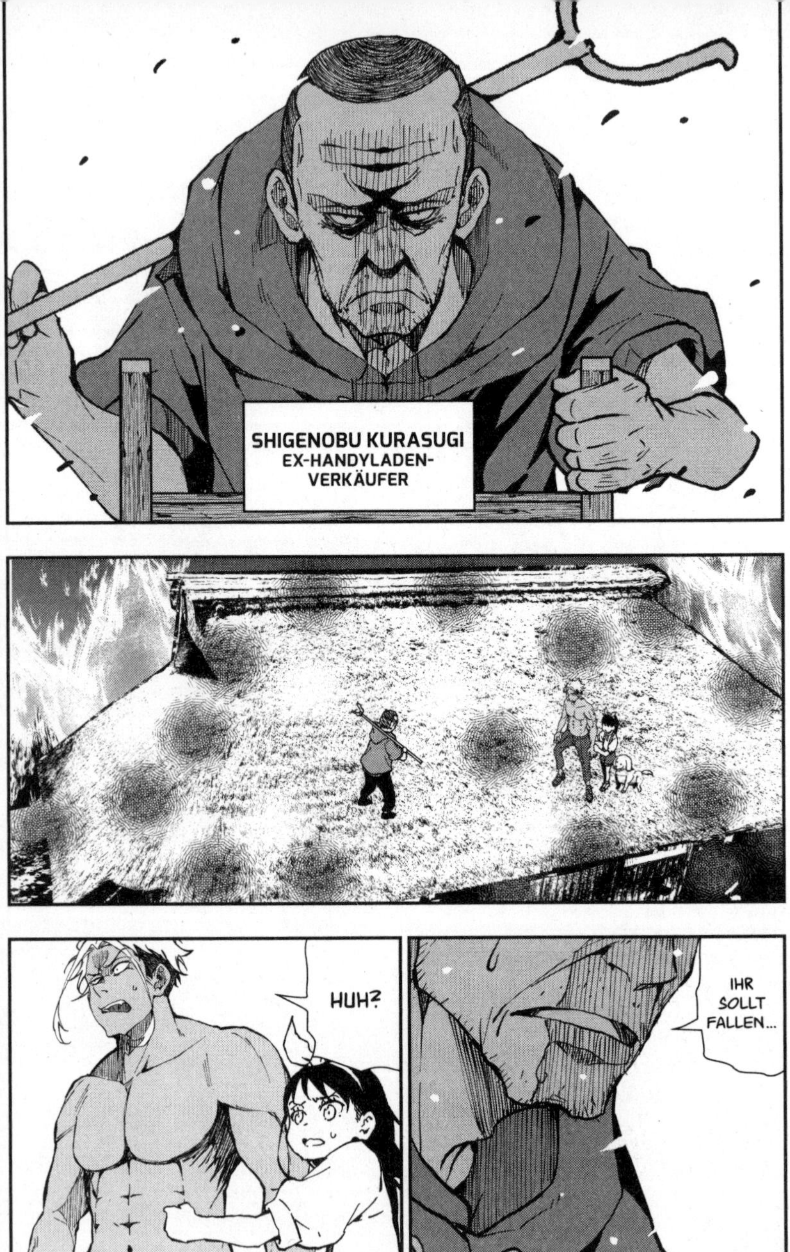
SHIGENOBU KURASUGI
EX-HANDYLADEN-VERKÄUFER
HUH?
IHR SOLLT FALLEN ...

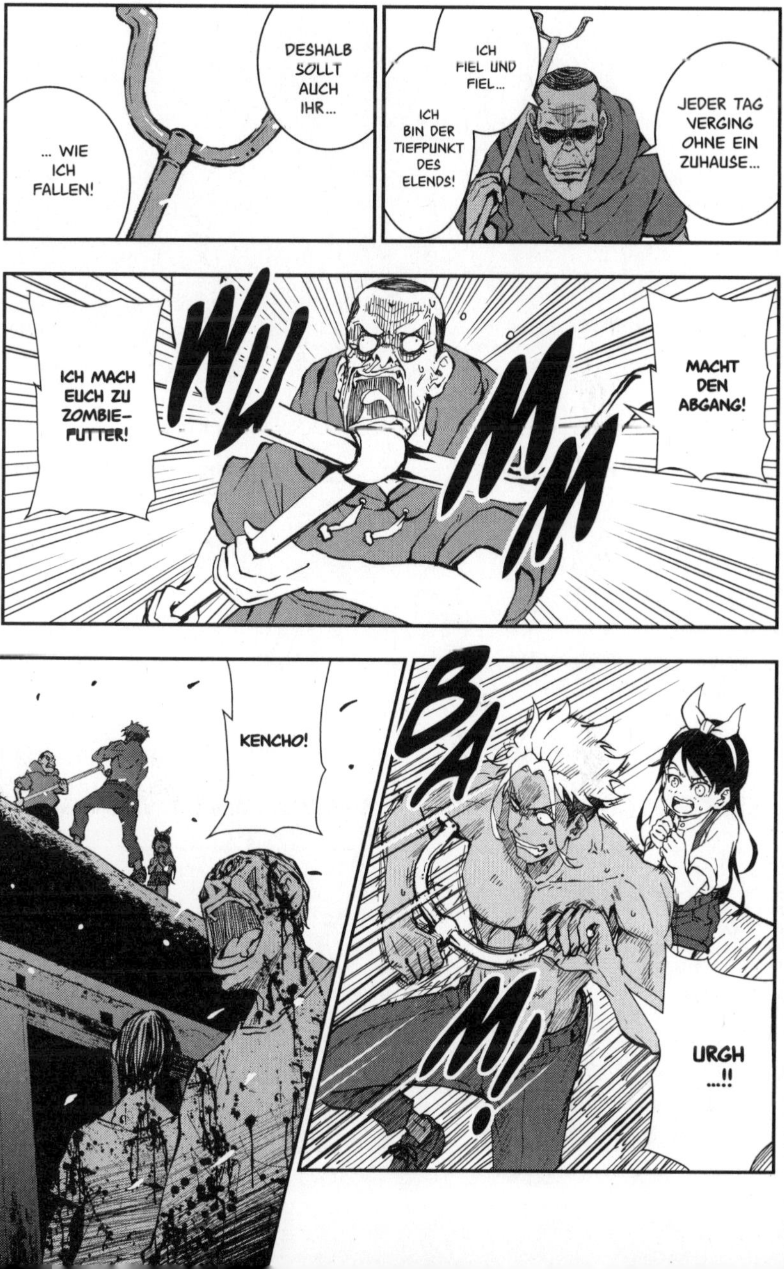
JEDER TAG VERGING OHNE EIN ZUHAUSE...
ICH FIEL UND FIEL...
ICH BIN DER TIEFPUNKT DES ELENDS!
DESHALB SOLLT AUCH IHR...
... WIE ICH FALLEN!
MACHT DEN ABGANG!
WUMMM
ICH MACH EUCH ZU ZOMBIE-FUTTER!
BAMM!
URGH ...!!
KENCHO!

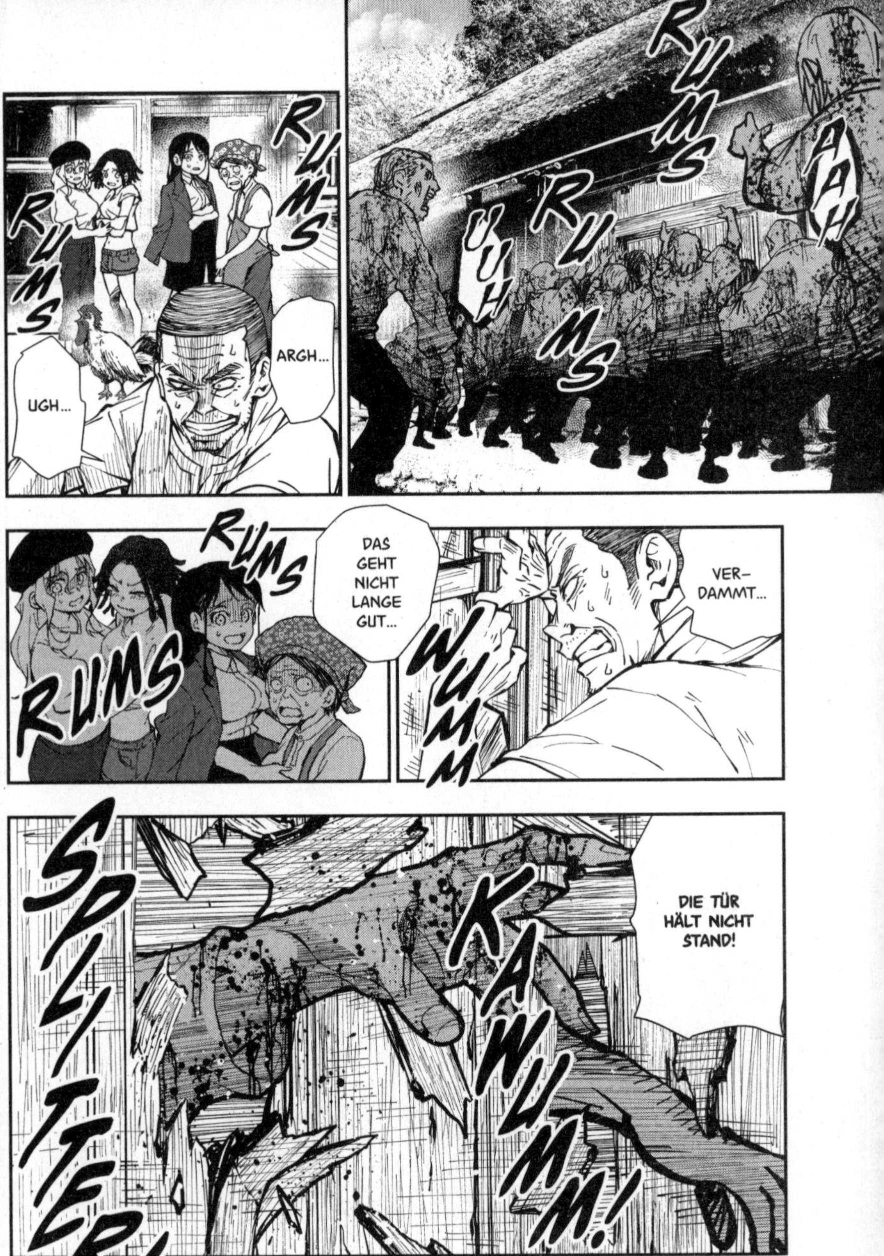
RUMS
RUMS
RUMS
UUH
AAH
RUMS
RUMS
ARGH...
UGH...
VER-DAMMT...
WUMM
DAS GEHT NICHT LANGE GUT...
RUMS
RUMS
DIE TÜR HÄLT NICHT STAND!
KAWUMM!
SPLITTER!

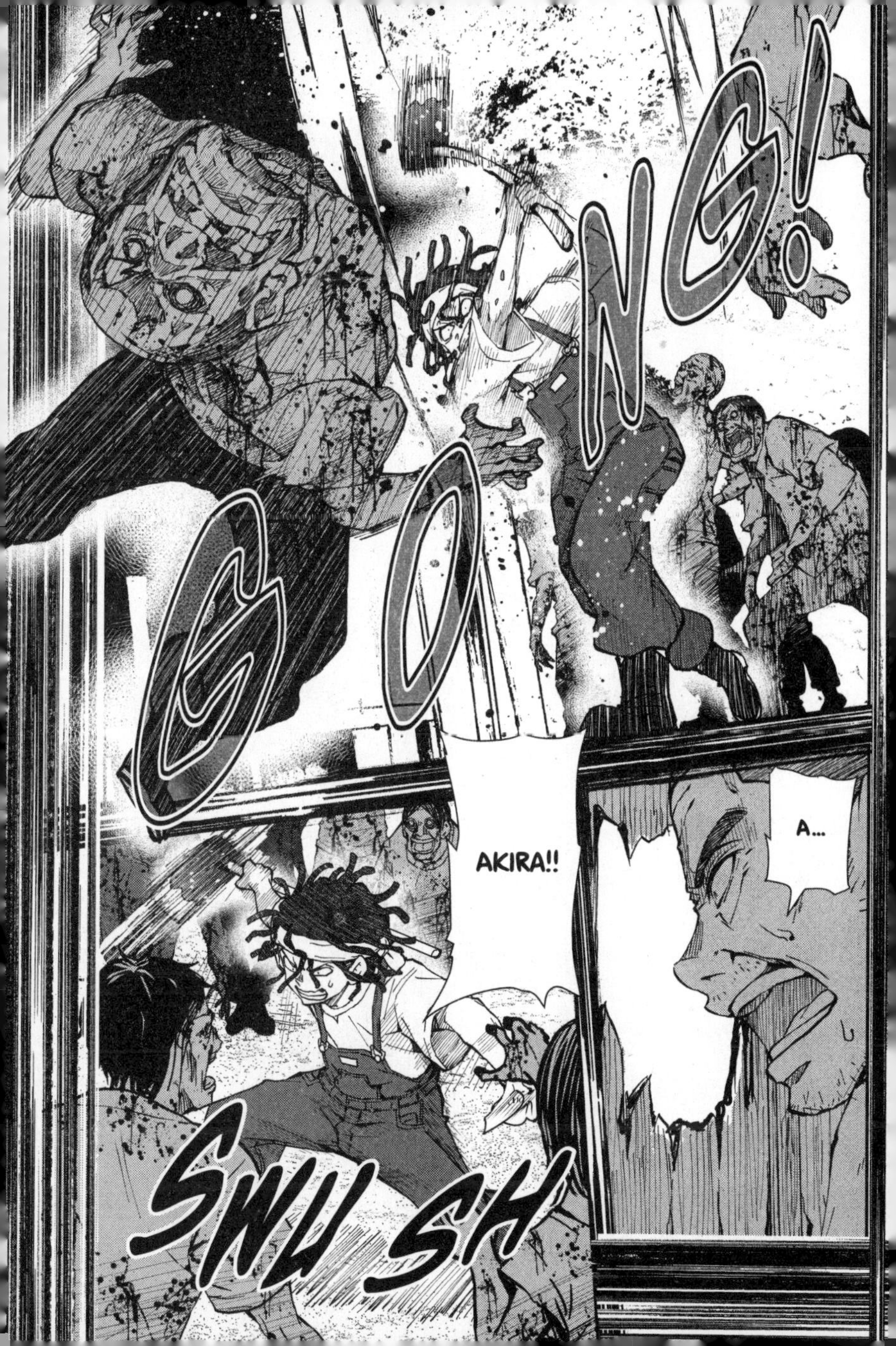
BONG!
A...
AKIRA!!
SWUSH

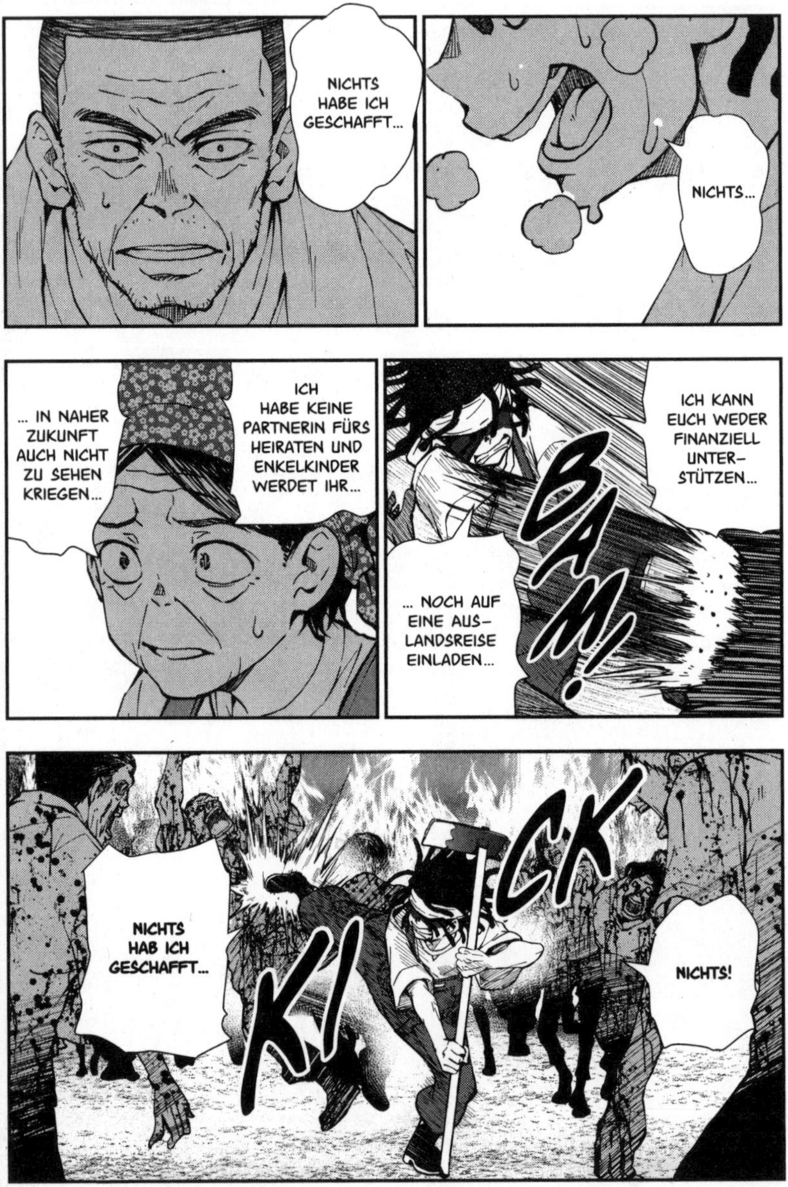
NICHTS...
NICHTS HABE ICH GESCHAFFT...
ICH KANN EUCH WEDER FINANZIELL UNTER-STÜTZEN...
... NOCH AUF EINE AUS-LANDSREISE EINLADEN...
BAM!
ICH HABE KEINE PARTNERIN FÜRS HEIRATEN UND ENKELKINDER WERDET IHR...
... IN NAHER ZUKUNFT AUCH NICHT ZU SEHEN KRIEGEN...
NICHTS!
KICK
NICHTS HAB ICH GESCHAFFT...

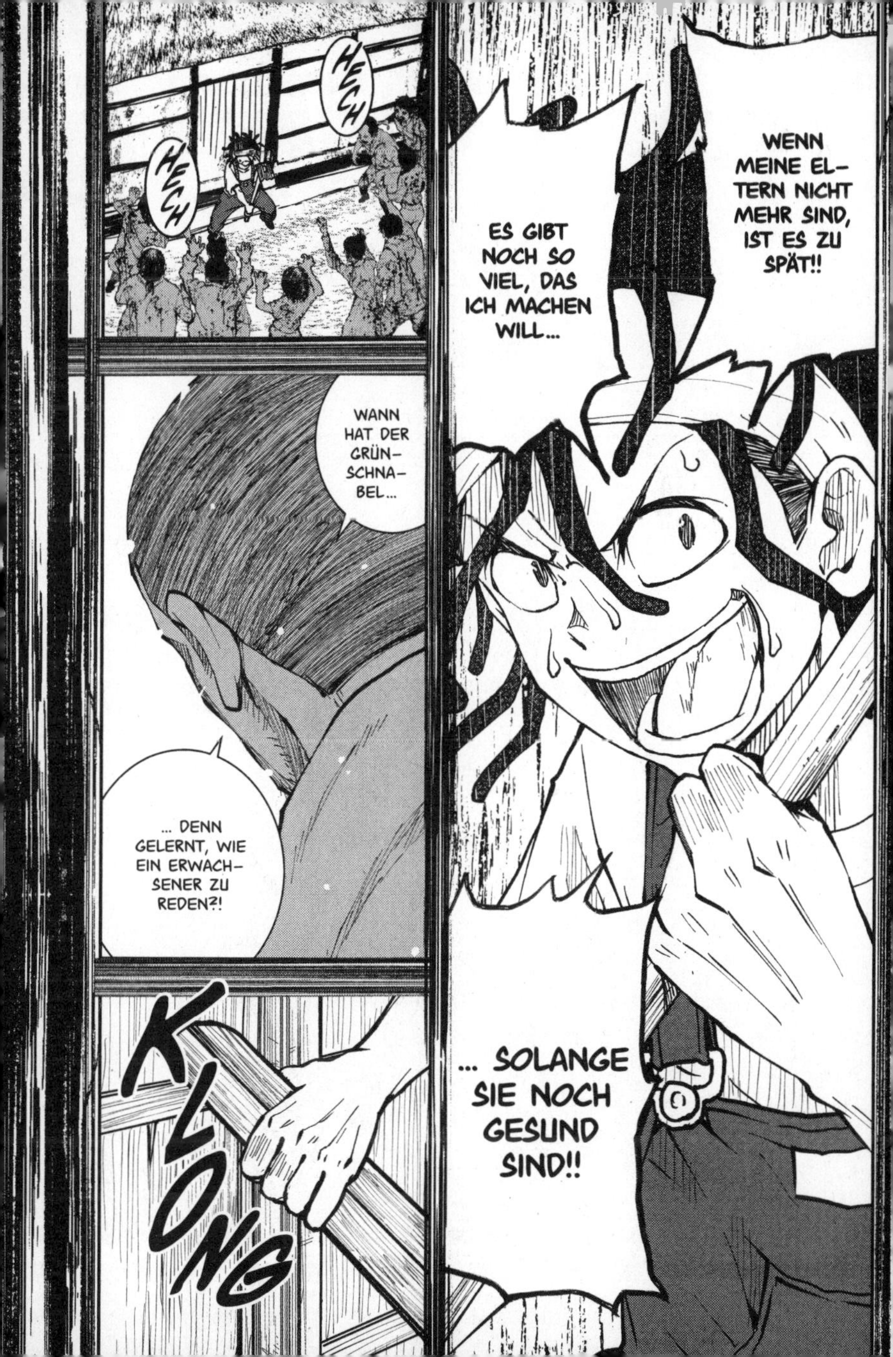

WENN MEINE ELTERN NICHT MEHR SIND, IST ES ZU SPÄT!!
ES GIBT NOCH SO VIEL, DAS ICH MACHEN WILL...
... SOLANGE SIE NOCH GESUND SIND!!
HECH
HECH
WANN HAT DER GRÜNSCHNABEL...
... DENN GELERNT, WIE EIN ERWACHSENER ZU REDEN?!
KLONG

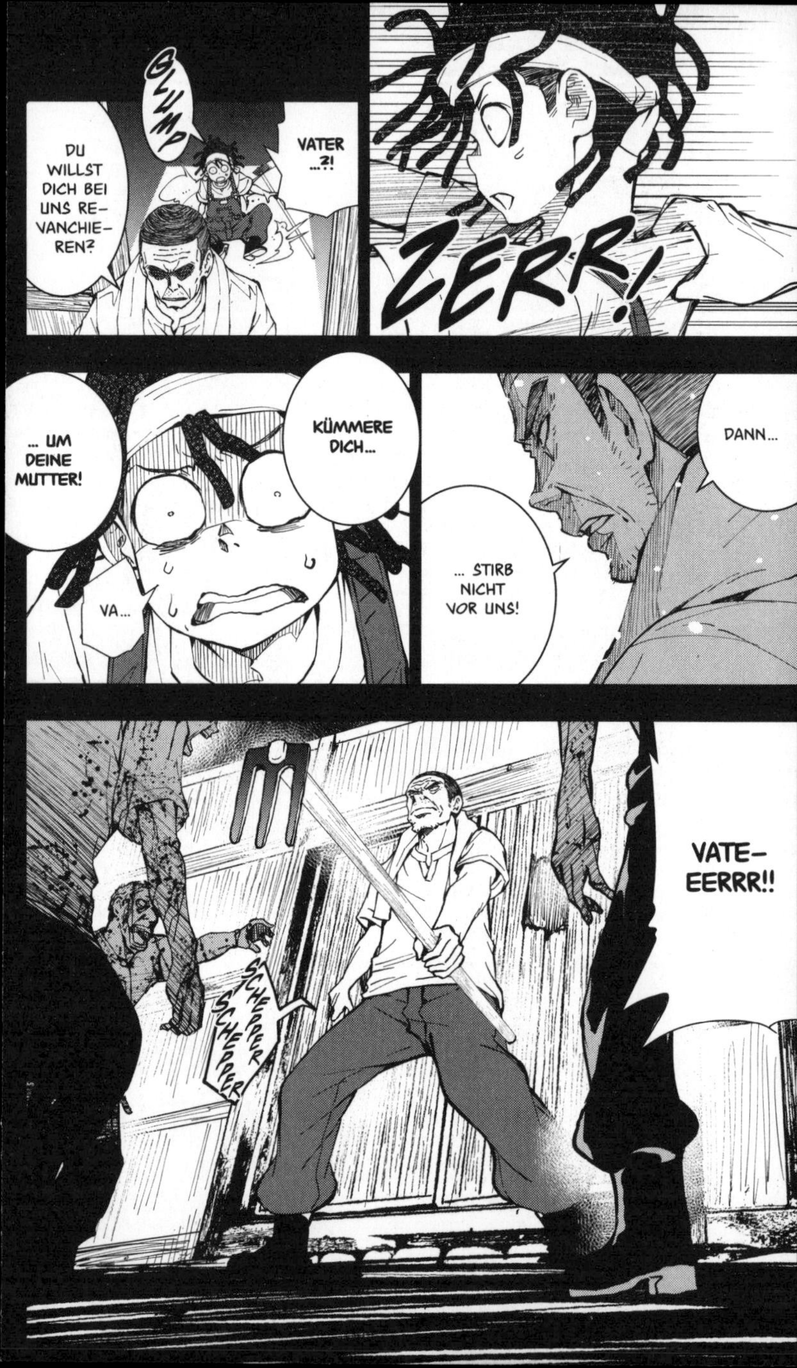
ZERR!
VATER ...?!
DU WILLST DICH BEI UNS REVANCHIEREN?
DANN...
... STIRB NICHT VOR UNS!
KÜMMERE DICH...
... UM DEINE MUTTER!
VA...
VATE-EERRR!!
SCHEPPER
SCHEPPER

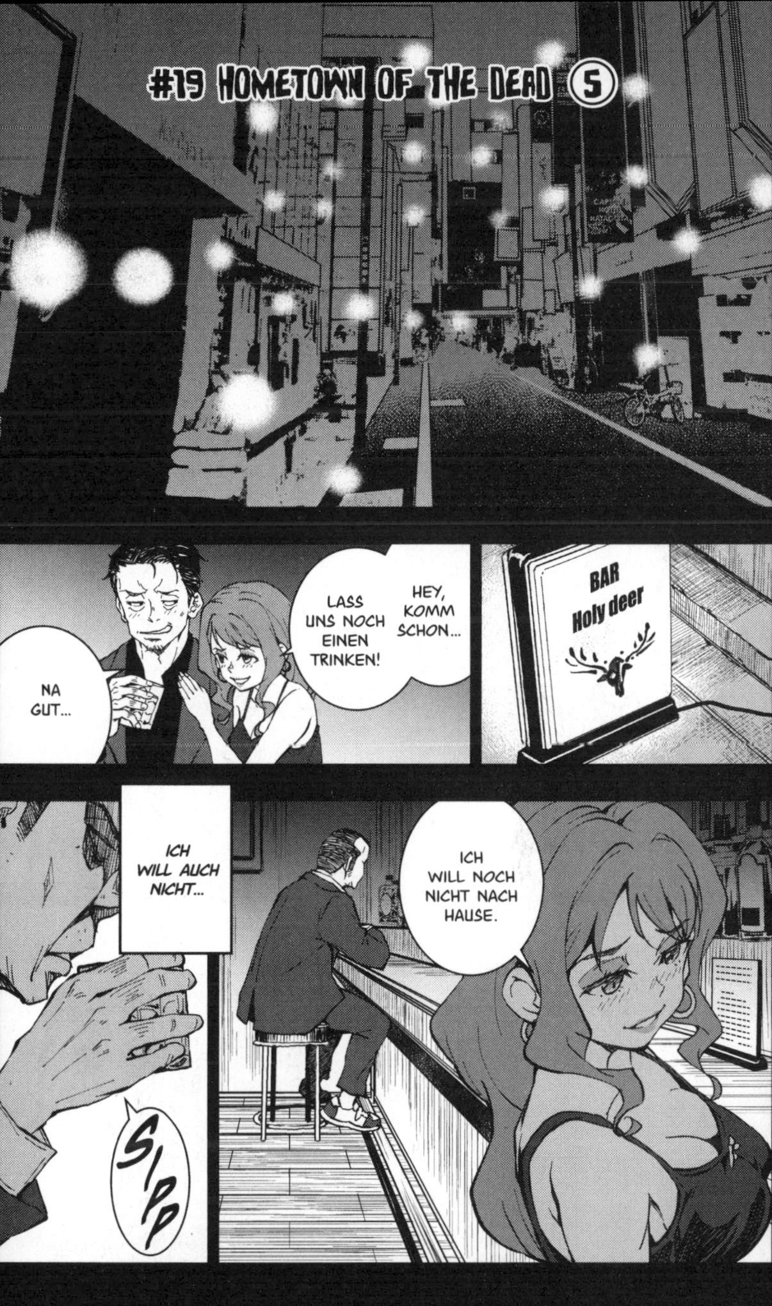
#19 HOMETOWN OF THE DEAD 5
BAR Holy deer
HEY, KOMM SCHON...
LASS UNS NOCH EINEN TRINKEN!
NA GUT...
ICH WILL NOCH NICHT NACH HAUSE.
ICH WILL AUCH NICHT...
SIPP

# #19 HOMETOWN OF THE DEAD ⑤

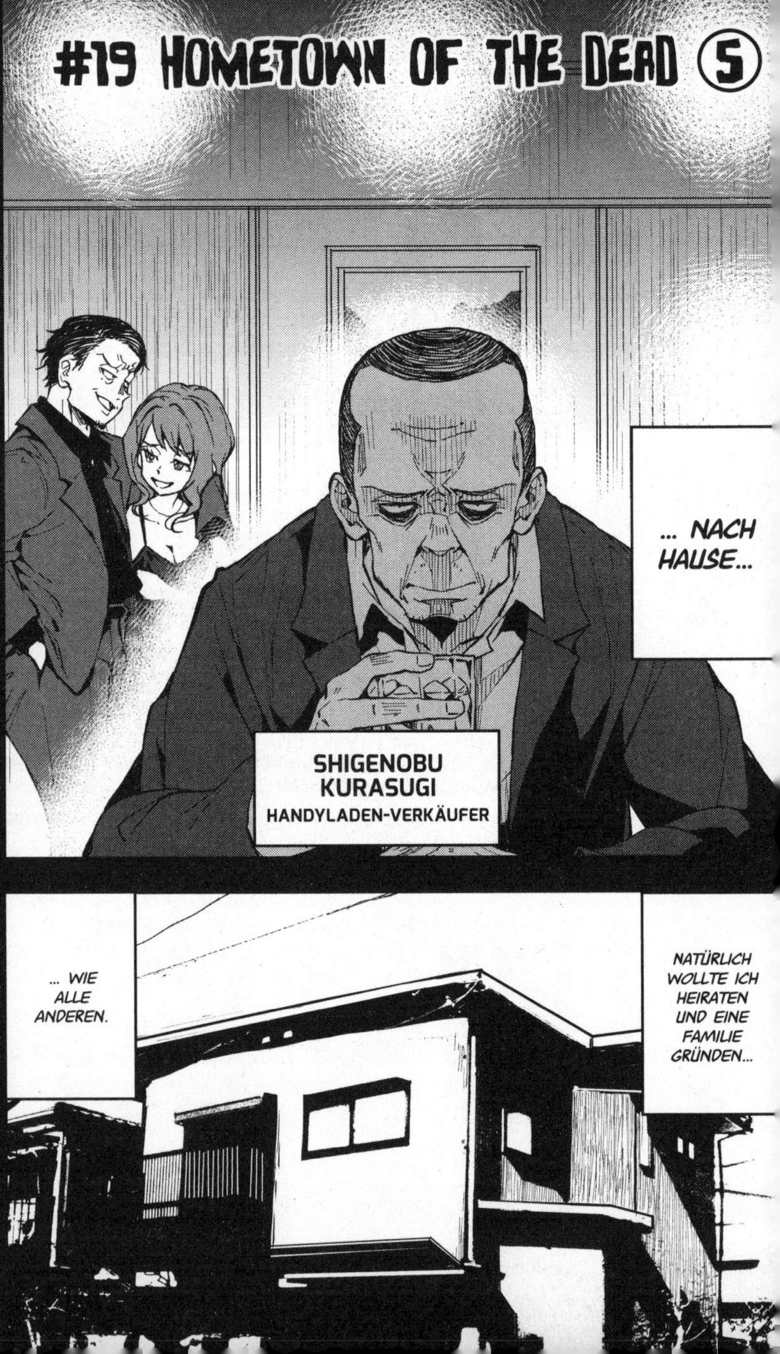

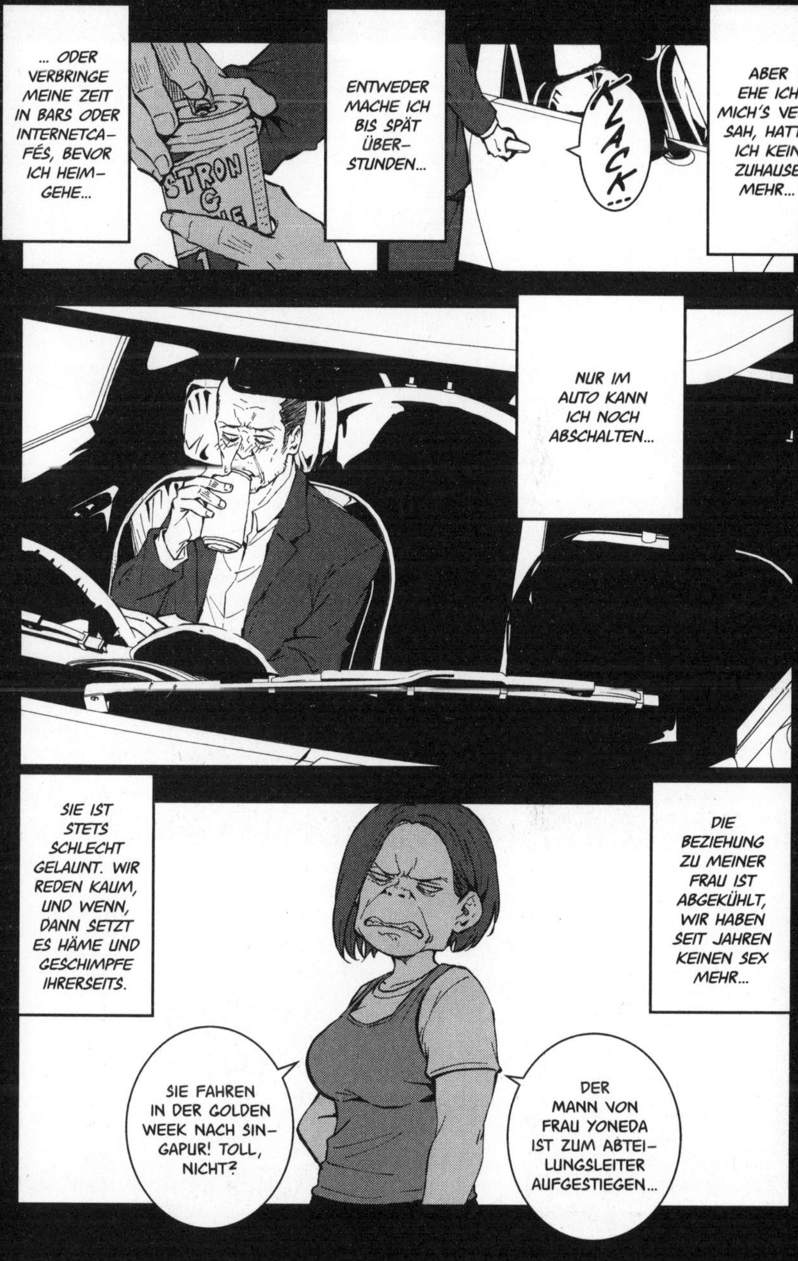
ABER EHE ICH MICH'S VERSAH, HATTE ICH KEIN ZUHAUSE MEHR...
KLACK...
ENTWEDER MACHE ICH BIS SPÄT ÜBERSTUNDEN...
... ODER VERBRINGE MEINE ZEIT IN BARS ODER INTERNETCAFÉS, BEVOR ICH HEIMGEHE...
NUR IM AUTO KANN ICH NOCH ABSCHALTEN...
DIE BEZIEHUNG ZU MEINER FRAU IST ABGEKÜHLT, WIR HABEN SEIT JAHREN KEINEN SEX MEHR...
SIE IST STETS SCHLECHT GELAUNT. WIR REDEN KAUM, UND WENN, DANN SETZT ES HÄME UND GESCHIMPFE IHRERSEITS.
DER MANN VON FRAU YONEDA IST ZUM ABTEILUNGSLEITER AUFGESTIEGEN...
SIE FAHREN IN DER GOLDEN WEEK NACH SINGAPUR! TOLL, NICHT?

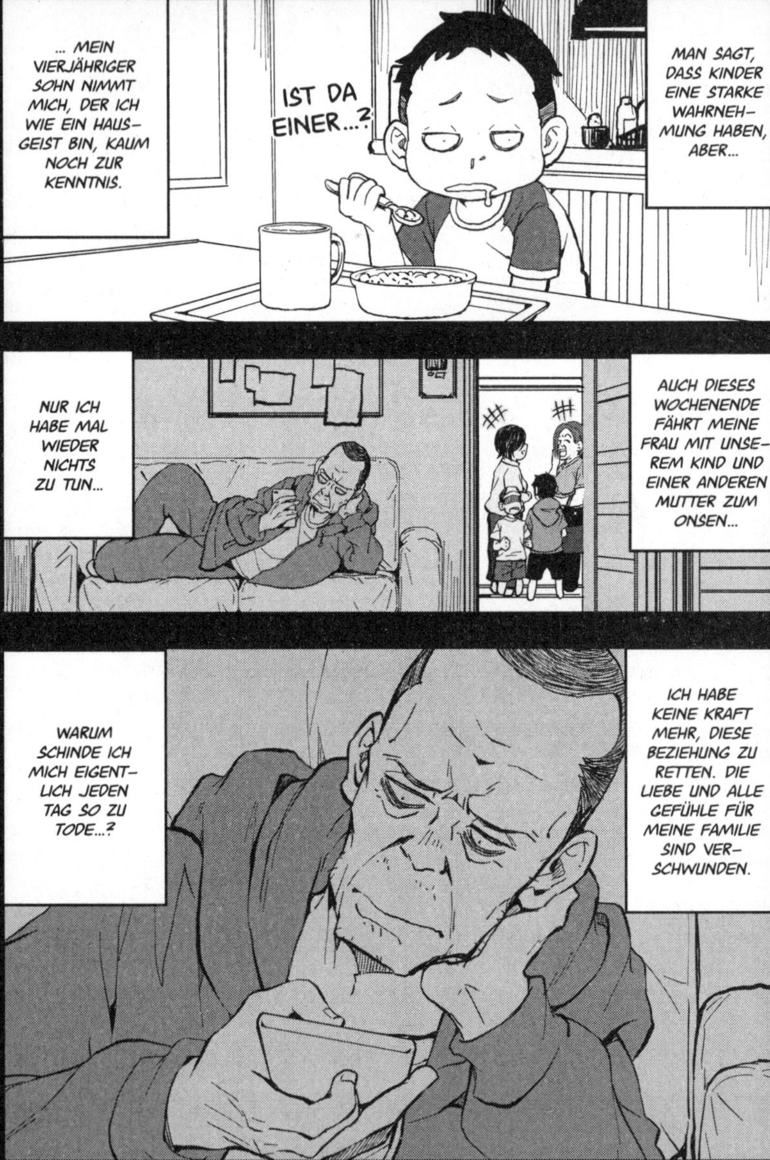
MAN SAGT, DASS KINDER EINE STARKE WAHRNEHMUNG HABEN, ABER...
IST DA EINER...?
... MEIN VIERJÄHRIGER SOHN NIMMT MICH, DER ICH WIE EIN HAUSGEIST BIN, KAUM NOCH ZUR KENNTNIS.
AUCH DIESES WOCHENENDE FÄHRT MEINE FRAU MIT UNSEREM KIND UND EINER ANDEREN MUTTER ZUM ONSEN...
NUR ICH HABE MAL WIEDER NICHTS ZU TUN...
ICH HABE KEINE KRAFT MEHR, DIESE BEZIEHUNG ZU RETTEN. DIE LIEBE UND ALLE GEFÜHLE FÜR MEINE FAMILIE SIND VERSCHWUNDEN.
WARUM SCHINDE ICH MICH EIGENTLICH JEDEN TAG SO ZU TODE...?

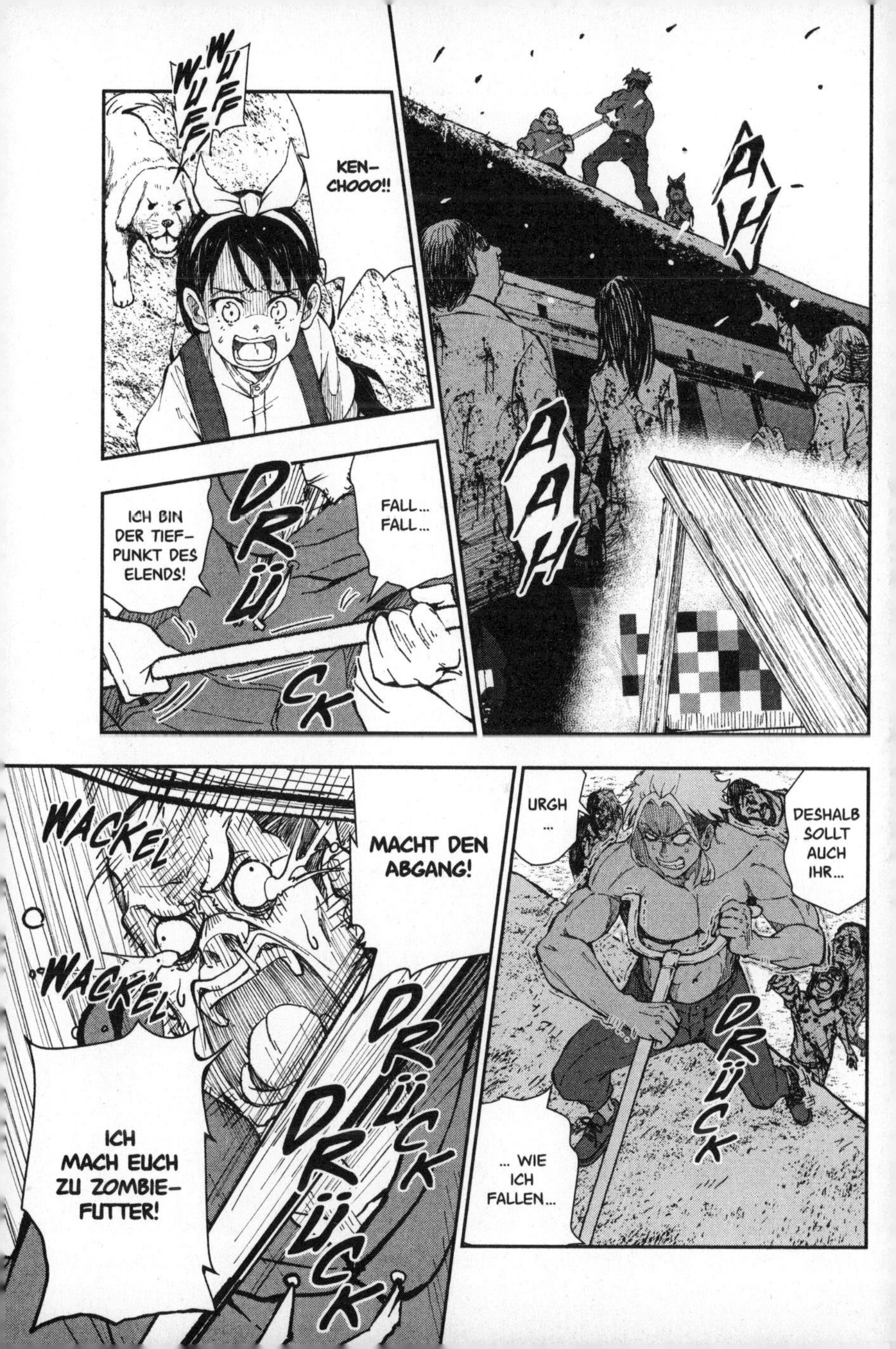
AAH
AAAH
WUFF WUFF!!
KEN-CHOOO!!
FALL... FALL...
ICH BIN DER TIEF-PUNKT DES ELENDS!
DRÜCK
URGH ...
DESHALB SOLLT AUCH IHR...
... WIE ICH FALLEN...
DRÜCK
MACHT DEN ABGANG!
WACKEL
WACKEL
ICH MACH EUCH ZU ZOMBIE-FUTTER!
DRÜCK
DRÜCK

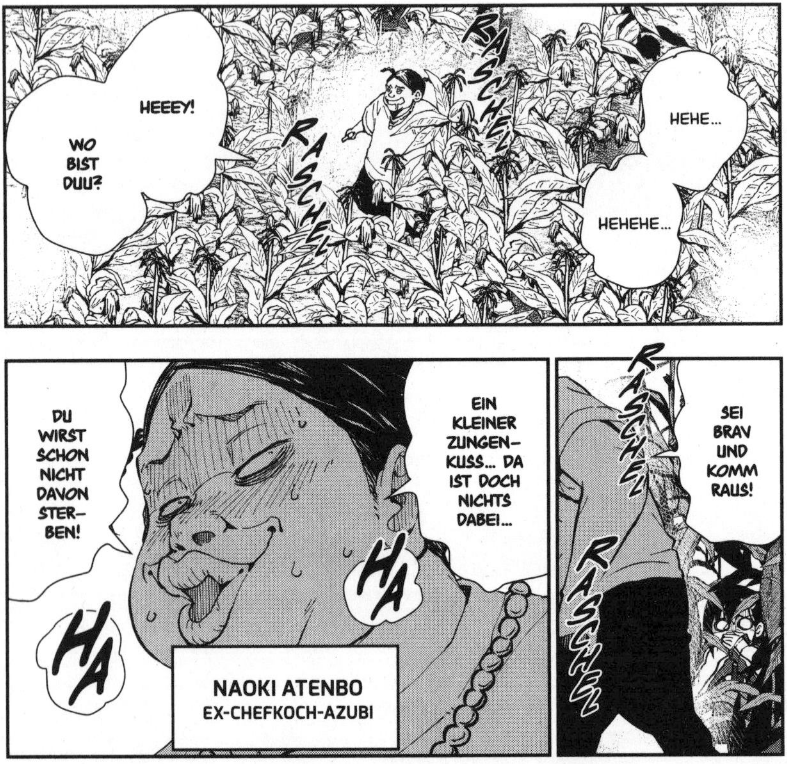
HEHE...
HEHEHE...
RASCHEL
RASCHEL
HEEEY!
WO BIST DUU?
SEI BRAV UND KOMM RAUS!
RASCHEL
RASCHEL
EIN KLEINER ZUNGEN-KUSS... DA IST DOCH NICHTS DABEI...
HA
DU WIRST SCHON NICHT DAVON STER-BEN!
HA
NAOKI ATENBO
EX-CHEFKOCH-AZUBI
NIEMALS! NIEMALS!
ZITTER ZITTER
WACKEL
WACKEL
DER IST EKLIGER ALS JEDER ZOMBIIIIE!!
ZITTER ZITTER

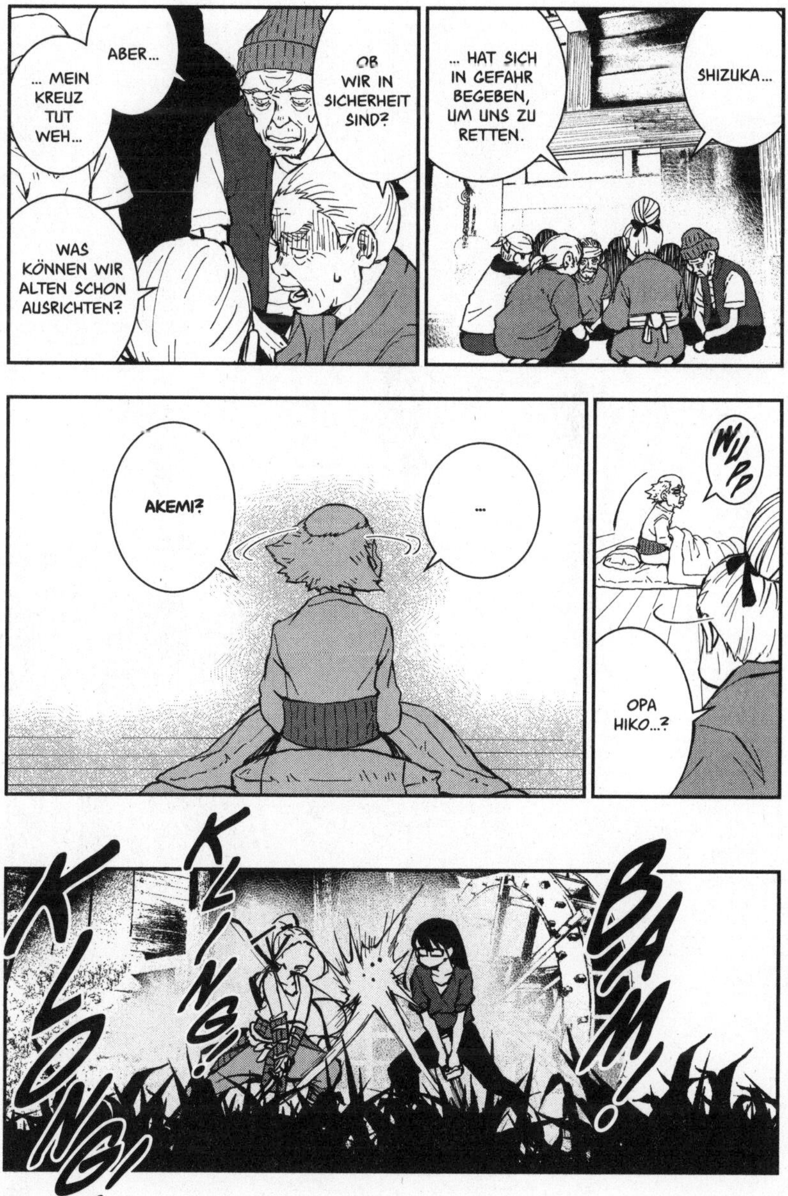
SHIZUKA...
... HAT SICH IN GEFAHR BEGEBEN, UM UNS ZU RETTEN.
OB WIR IN SICHERHEIT SIND?
ABER...
... MEIN KREUZ TUT WEH...
WAS KÖNNEN WIR ALTEN SCHON AUSRICHTEN?
WUPP
OPA HIKO...?
...
AKEMI?
BAM!
KLING!
KLONG!

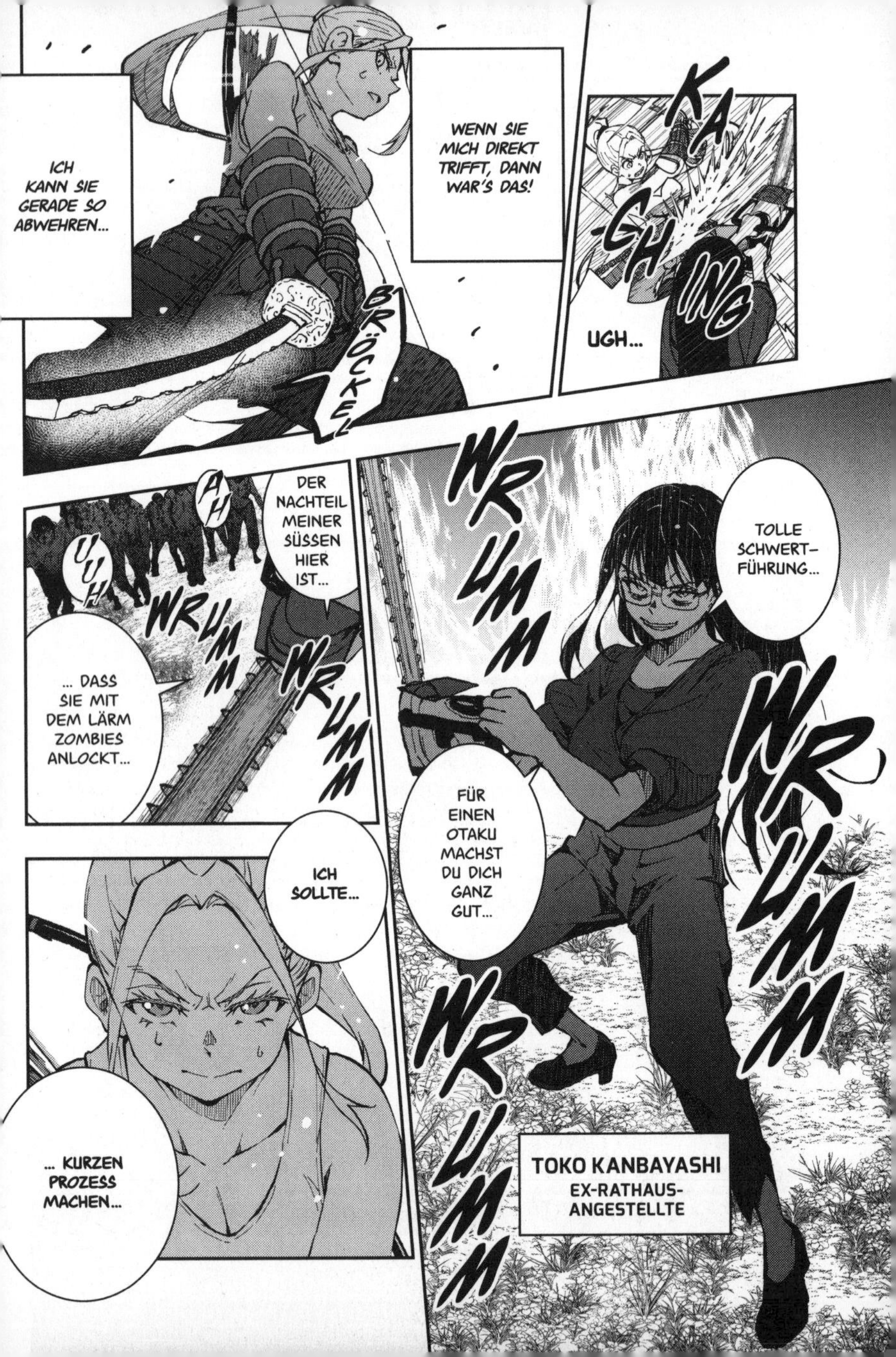
KA-CHING
UGH...
WENN SIE MICH DIREKT TRIFFT, DANN WAR'S DAS!
ICH KANN SIE GERADE SO ABWEHREN...
BRÖCKEL
WRUMM
TOLLE SCHWERT-FÜHRUNG...
WRUMM
FÜR EINEN OTAKU MACHST DU DICH GANZ GUT...
WRUMM
TOKO KANBAYASHI
EX-RATHAUS-ANGESTELLTE
DER NACHTEIL MEINER SÜSSEN HIER IST...
AH
UUH
WRUMM
WRUMM
... DASS SIE MIT DEM LÄRM ZOMBIES ANLOCKT...
ICH SOLLTE...
... KURZEN PROZESS MACHEN...

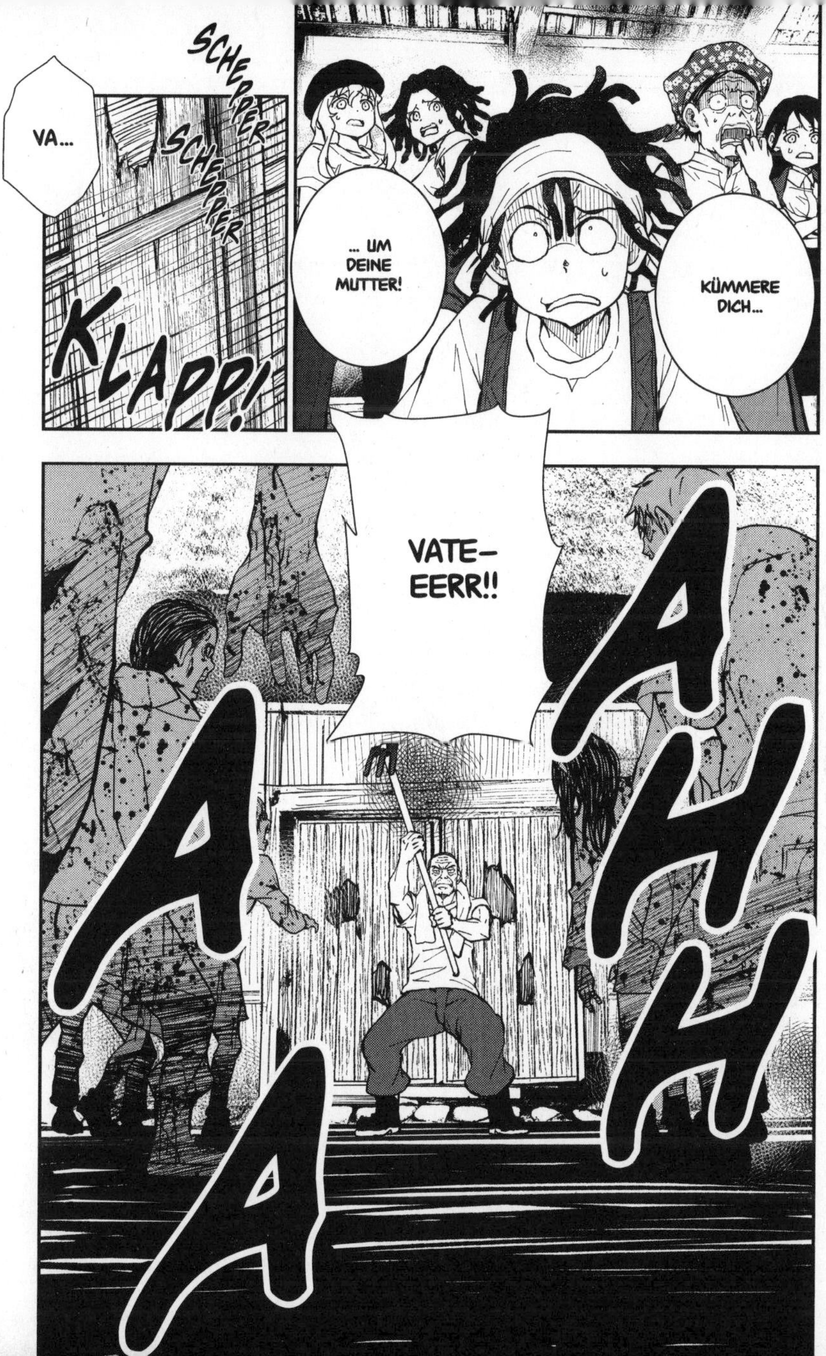
KÜMMERE DICH...
... UM DEINE MUTTER!
SCHEPPER SCHEPPER
KLAPP!
VA...
VATE-EERR!!
AAAAHHH

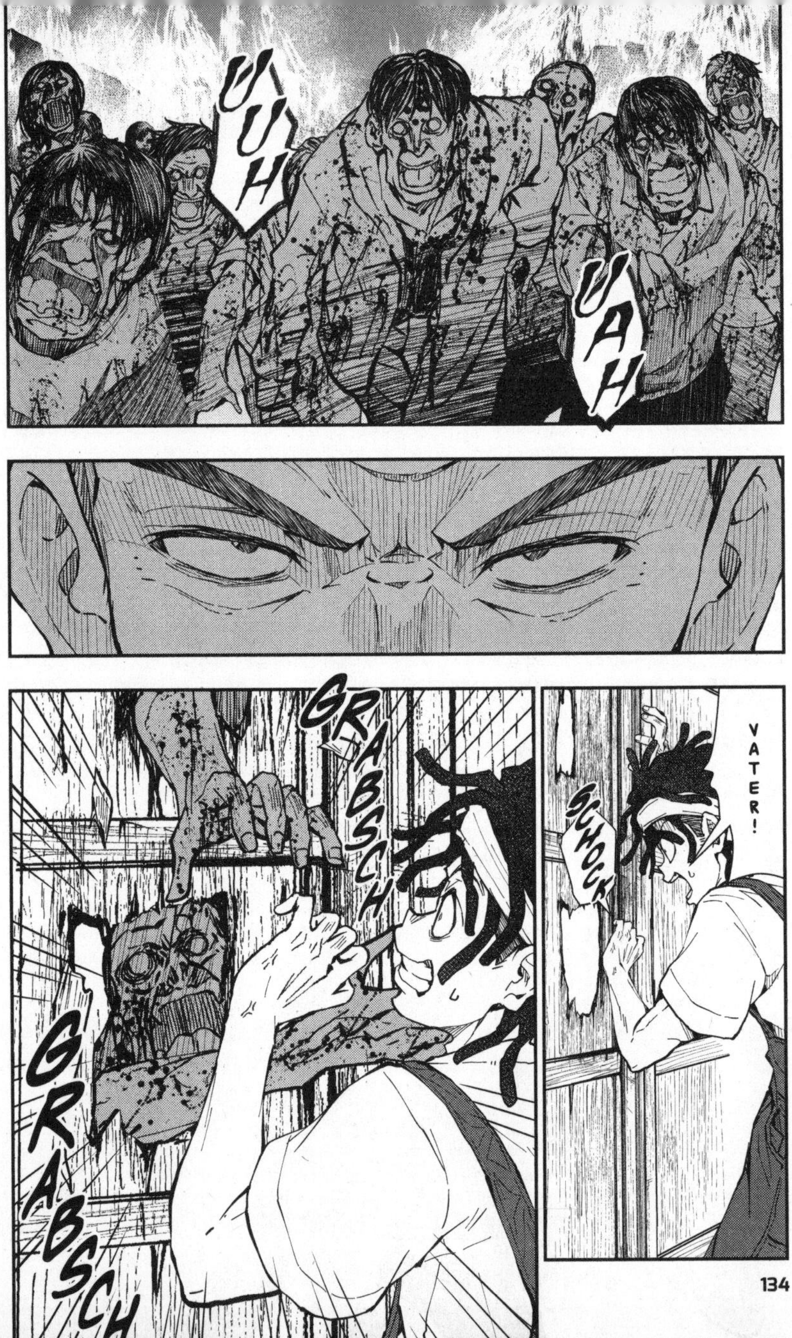
UUH
UAH
VATER!
SCHOCK
GRABSCH
GRABSCH

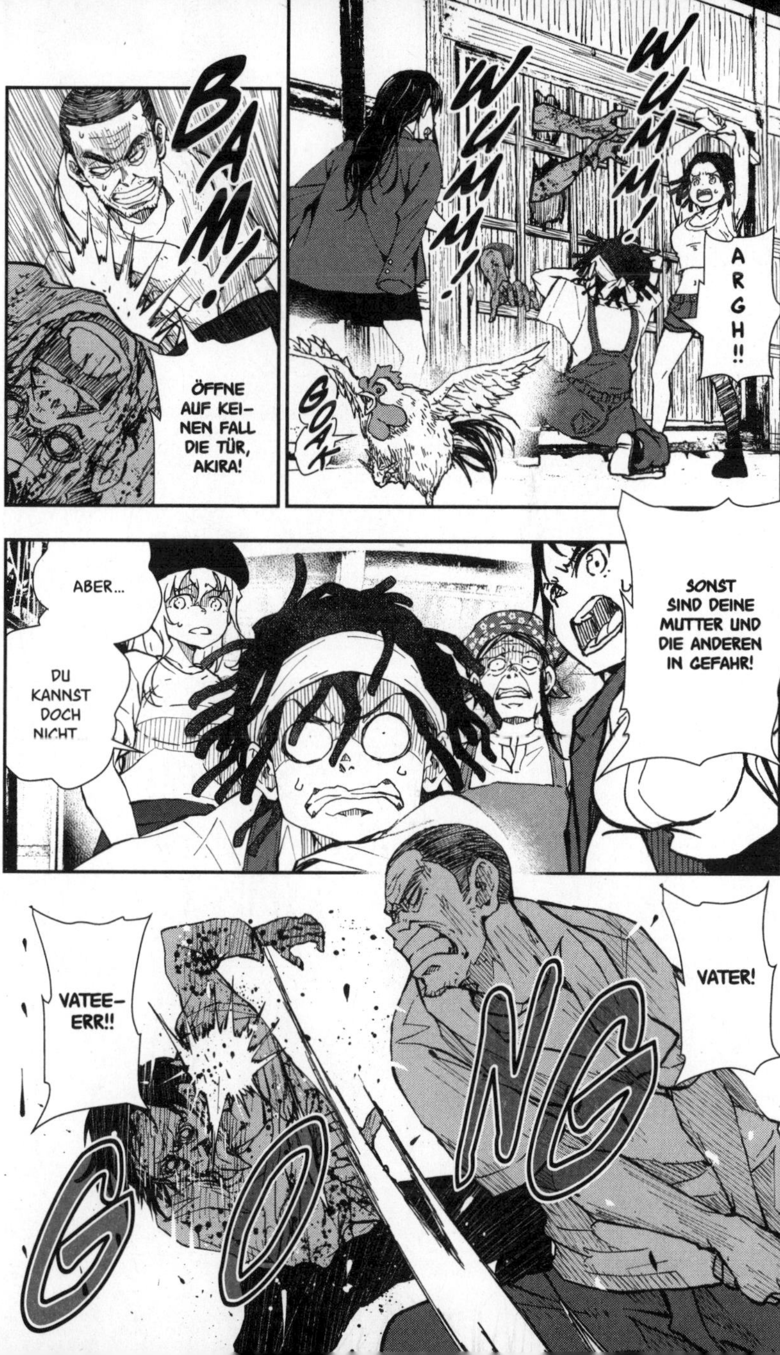
WUMMM!
WUMMM!
ARGH!!
BOAK
BAM!
ÖFFNE AUF KEI-NEN FALL DIE TÜR, AKIRA!
SONST SIND DEINE MUTTER UND DIE ANDEREN IN GEFAHR!
ABER...
DU KANNST DOCH NICHT...
VATER!
VATEE-ERR!!
GONG

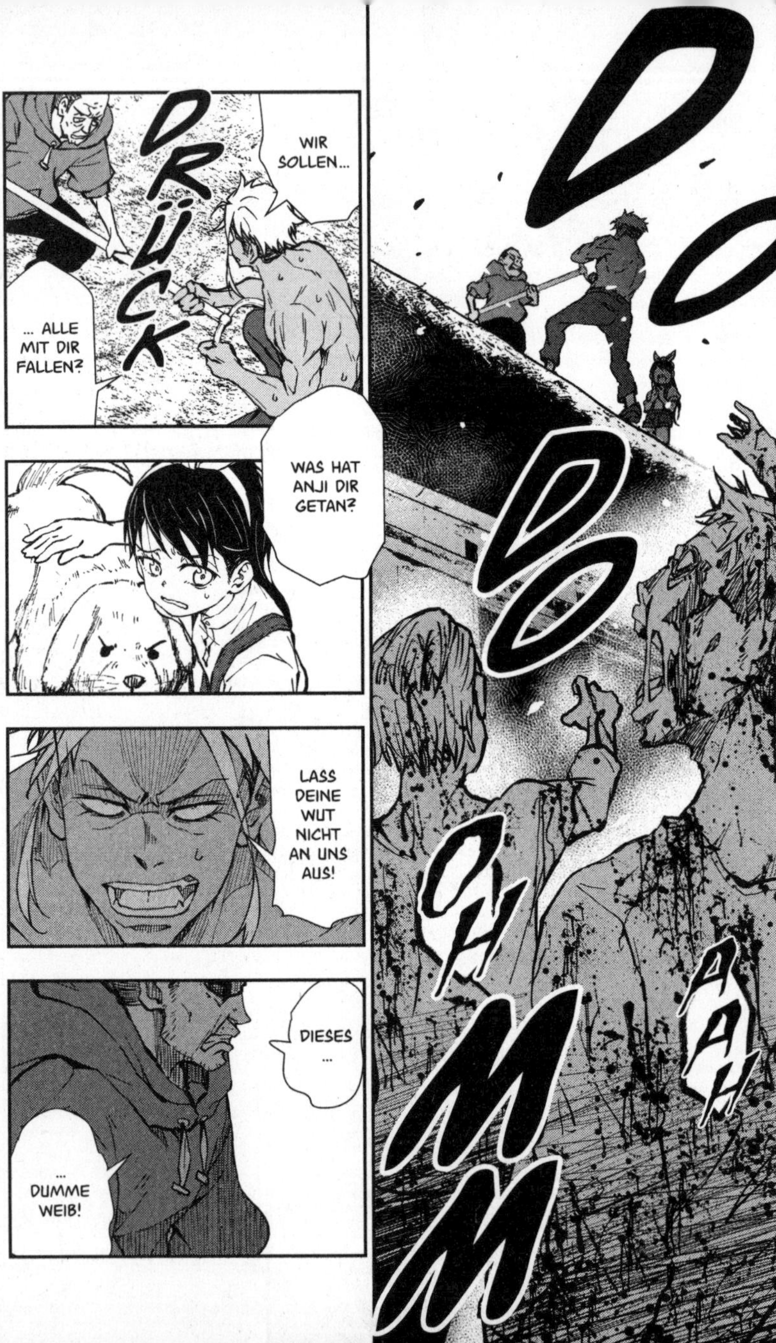

DOO
DO
OHMMM
AAH
DRÜCK
WIR SOLLEN...
... ALLE MIT DIR FALLEN?
WAS HAT ANJI DIR GETAN?
LASS DEINE WUT NICHT AN UNS AUS!
DIESES ...
... DUMME WEIB!

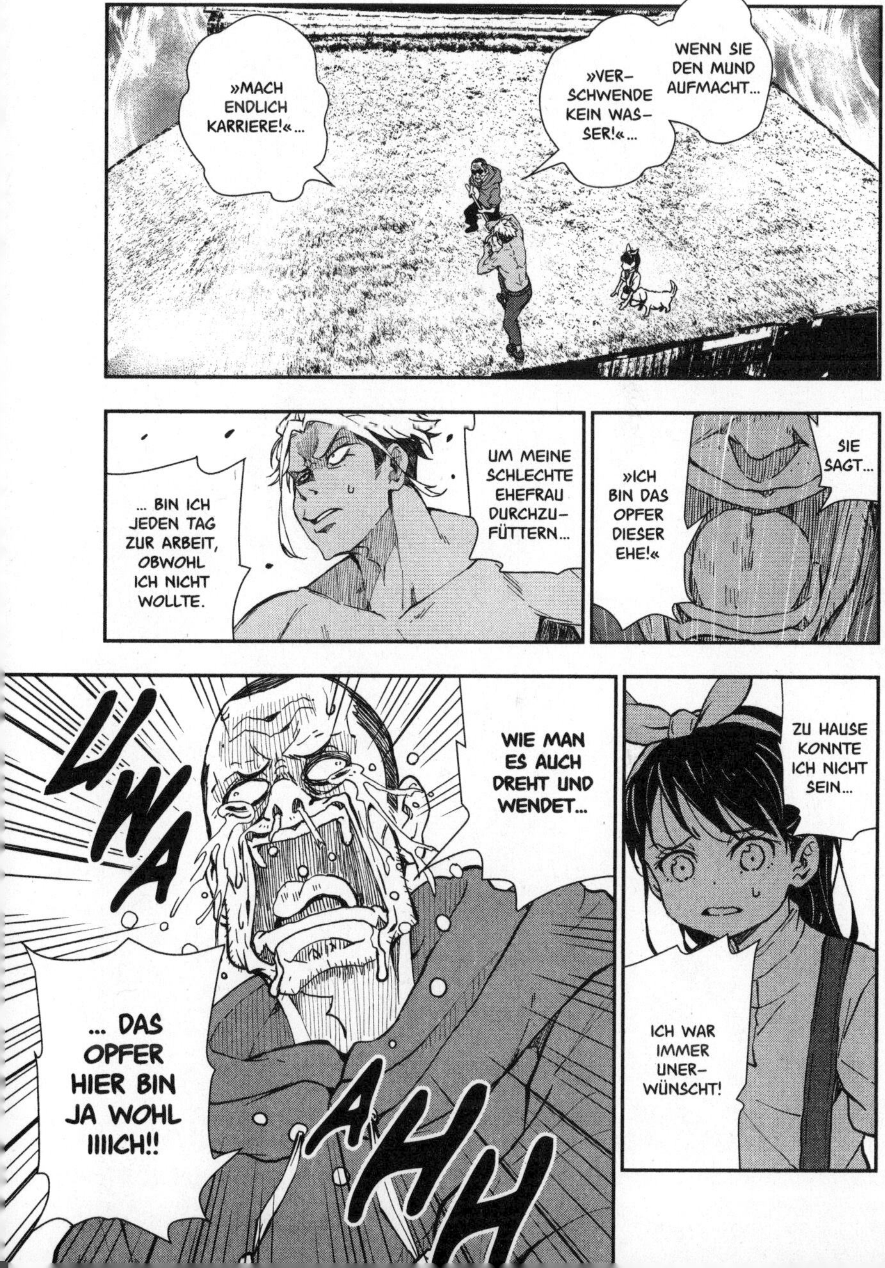
WENN SIE DEN MUND AUFMACHT…
»VERSCHWENDE KEIN WASSER!«…
»MACH ENDLICH KARRIERE!«…
SIE SAGT…
»ICH BIN DAS OPFER DIESER EHE!«
UM MEINE SCHLECHTE EHEFRAU DURCHZUFÜTTERN…
… BIN ICH JEDEN TAG ZUR ARBEIT, OBWOHL ICH NICHT WOLLTE.
ZU HAUSE KONNTE ICH NICHT SEIN…
ICH WAR IMMER UNERWÜNSCHT!
WIE MAN ES AUCH DREHT UND WENDET…
… DAS OPFER HIER BIN JA WOHL IIIICH!!
UWA
AHH

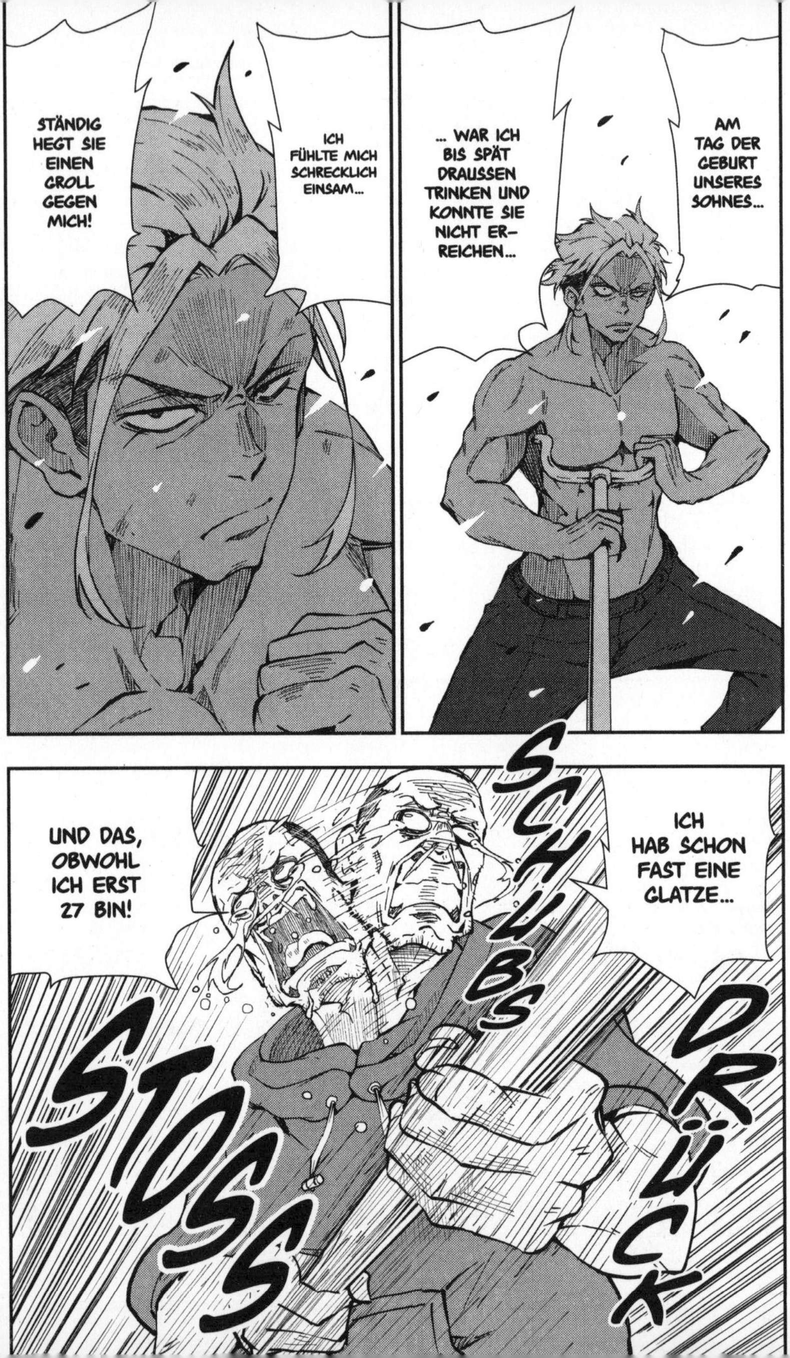
AM TAG DER GEBURT UNSERES SOHNES...
... WAR ICH BIS SPÄT DRAUSSEN TRINKEN UND KONNTE SIE NICHT ER-REICHEN...
ICH FÜHLTE MICH SCHRECKLICH EINSAM...
STÄNDIG HEGT SIE EINEN GROLL GEGEN MICH!
ICH HAB SCHON FAST EINE GLATZE...
UND DAS, OBWOHL ICH ERST 27 BIN!
SCHUBS
DRÜCK
STOSS

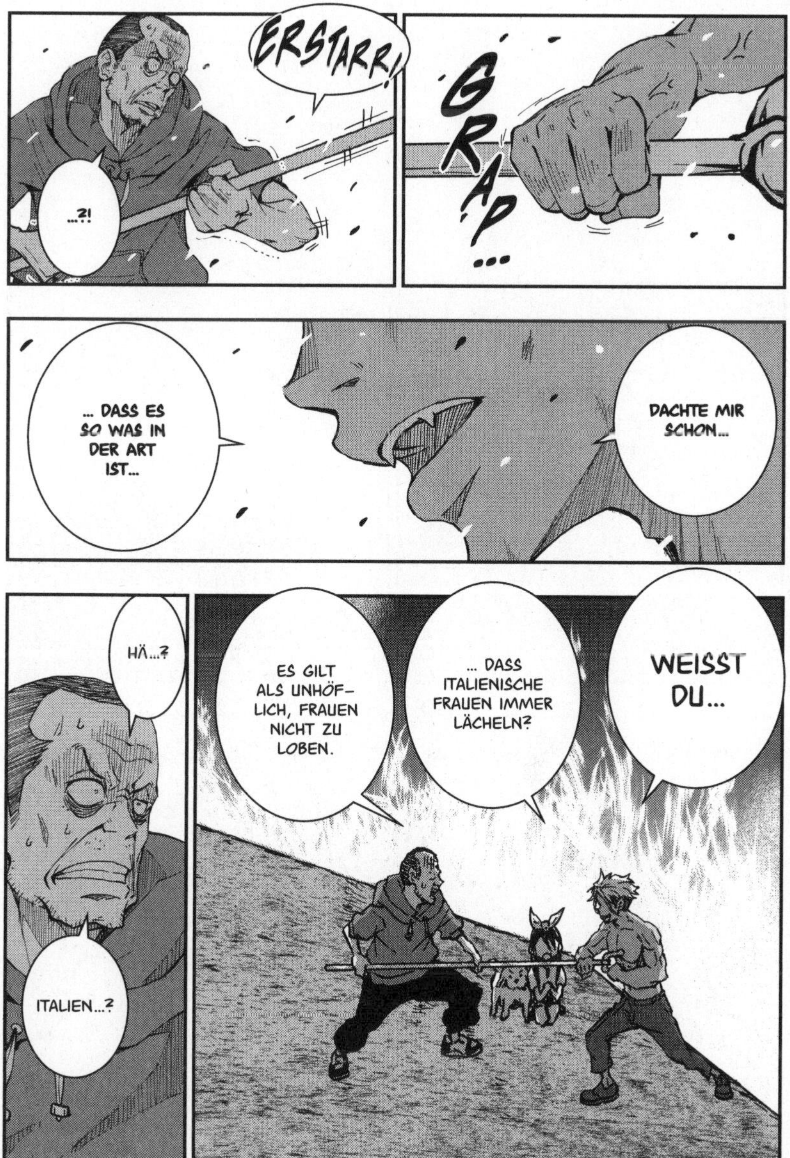
ERSTARR!
...?!
GRAP...
DACHTE MIR SCHON...
... DASS ES SO WAS IN DER ART IST...
WEISST DU...
... DASS ITALIENISCHE FRAUEN IMMER LÄCHELN?
ES GILT ALS UNHÖFLICH, FRAUEN NICHT ZU LOBEN.
HÄ...?
ITALIEN...?

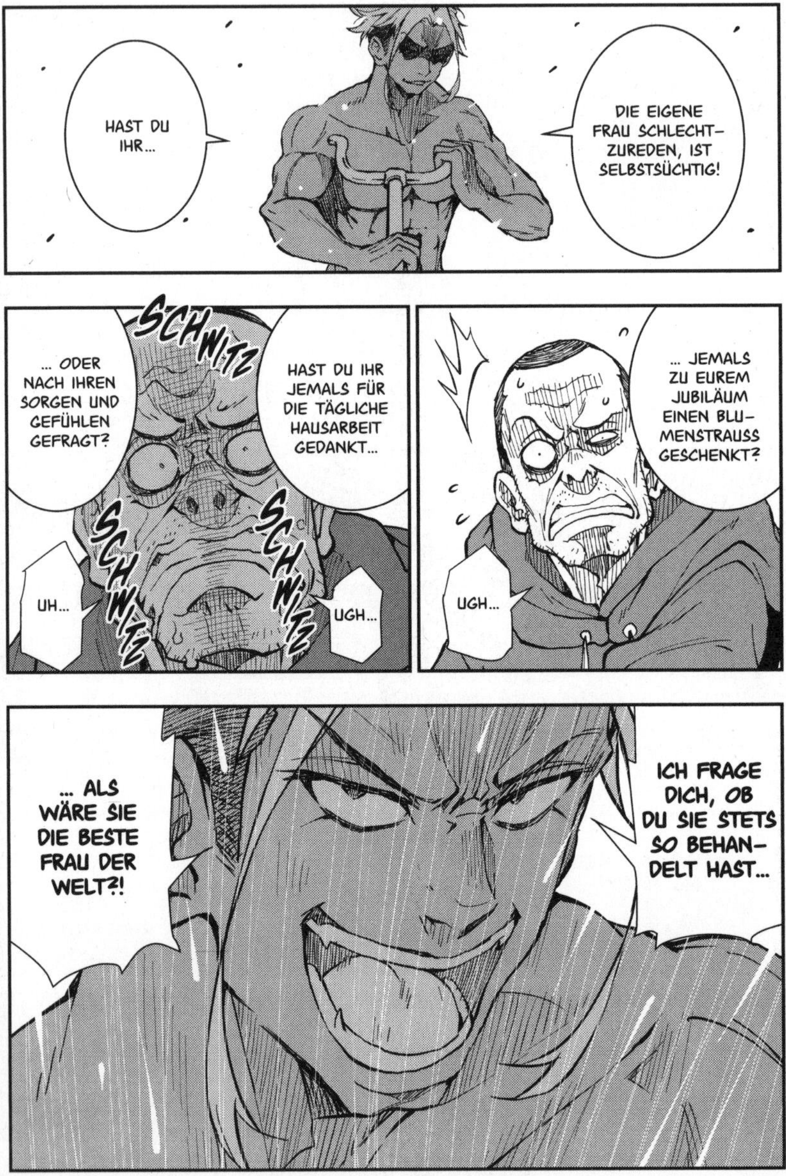
DIE EIGENE FRAU SCHLECHTZUREDEN, IST SELBSTSÜCHTIG!
HAST DU IHR...
... JEMALS ZU EUREM JUBILÄUM EINEN BLUMENSTRAUSS GESCHENKT?
UGH...
HAST DU IHR JEMALS FÜR DIE TÄGLICHE HAUSARBEIT GEDANKT...
... ODER NACH IHREN SORGEN UND GEFÜHLEN GEFRAGT?
SCHWITZ
SCHWITZ
SCHWITZ
UGH...
UH...
ICH FRAGE DICH, OB DU SIE STETS SO BEHANDELT HAST...
... ALS WÄRE SIE DIE BESTE FRAU DER WELT?!

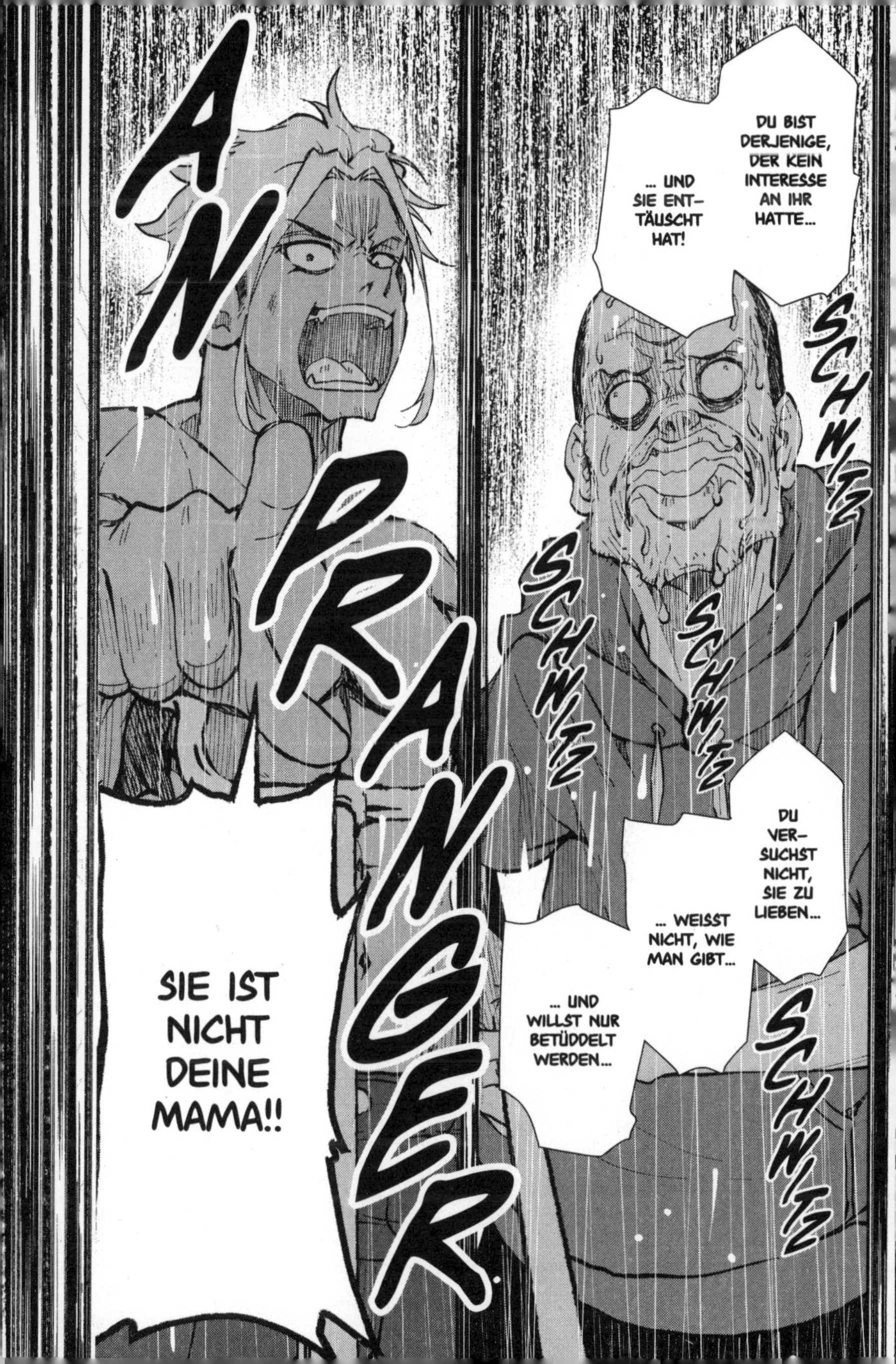
DU BIST DERJENIGE, DER KEIN INTERESSE AN IHR HATTE...
... UND SIE ENT-TÄUSCHT HAT!
SCHWITZ
SCHWITZ
SCHWITZ
DU VER-SUCHST NICHT, SIE ZU LIEBEN...
... WEISST NICHT, WIE MAN GIBT...
... UND WILLST NUR BETÜDDELT WERDEN...
SCHWITZ
ANPRANGER
SIE IST NICHT DEINE MAMA!!

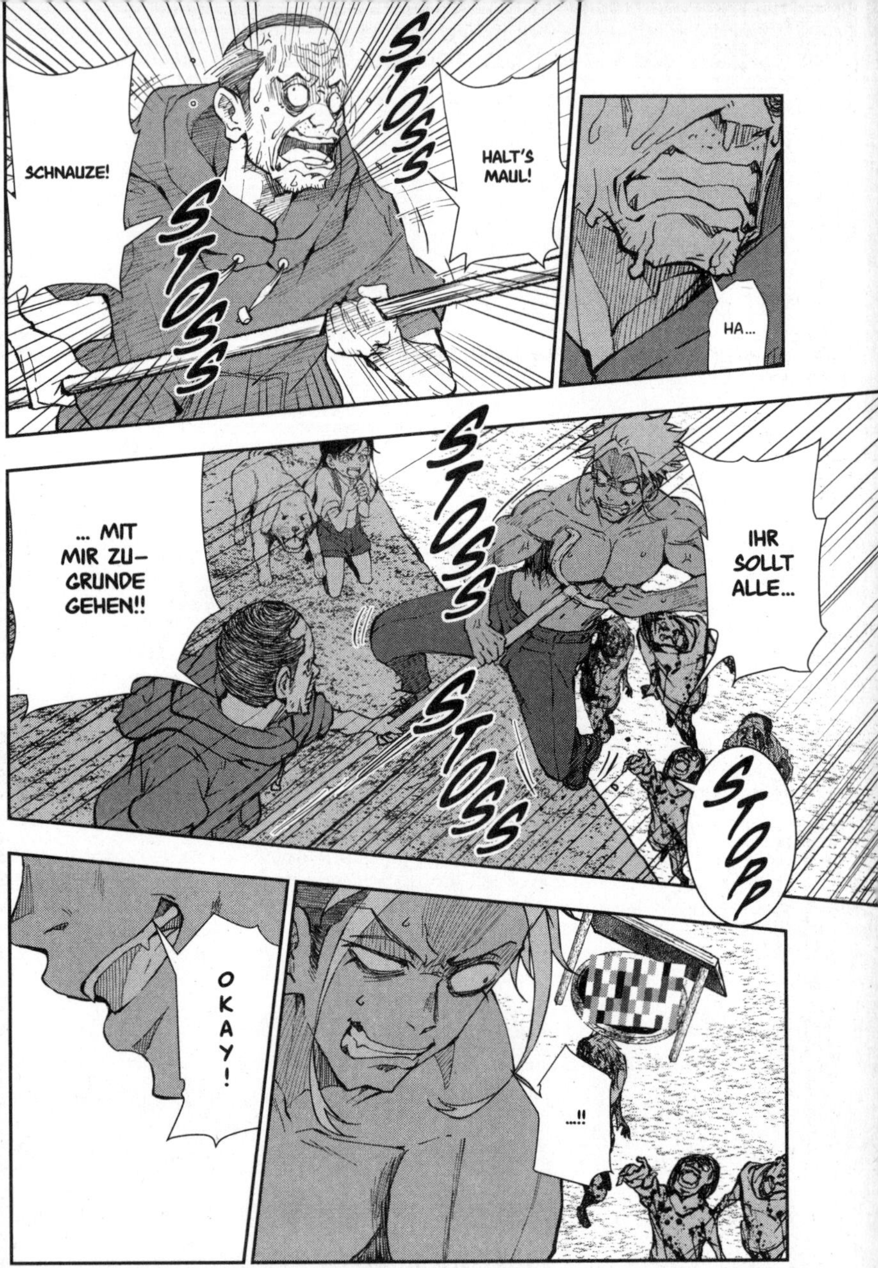
HA...
HALT'S MAUL!
STOSS
SCHNAUZE!
STOSS
IHR SOLLT ALLE...
STOSS
... MIT MIR ZU-GRUNDE GEHEN!!
STOSS
STOPP
...!!
OKAY!

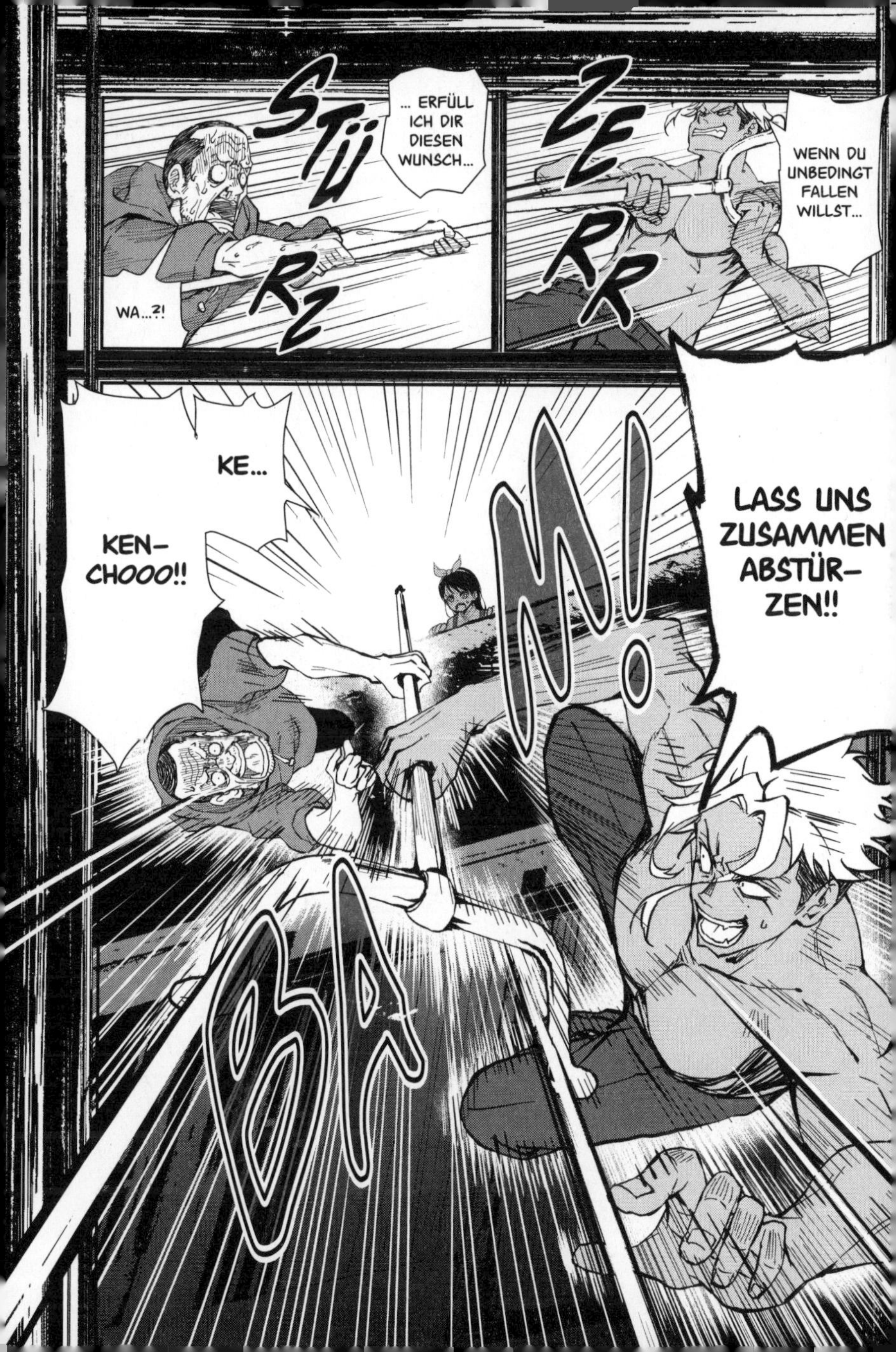
WENN DU UNBEDINGT FALLEN WILLST...
ZERR
... ERFÜLL ICH DIR DIESEN WUNSCH...
STÜRZ
WA...?!
LASS UNS ZUSAMMEN ABSTÜR-ZEN!!
KE...
KEN-CHOOO!!

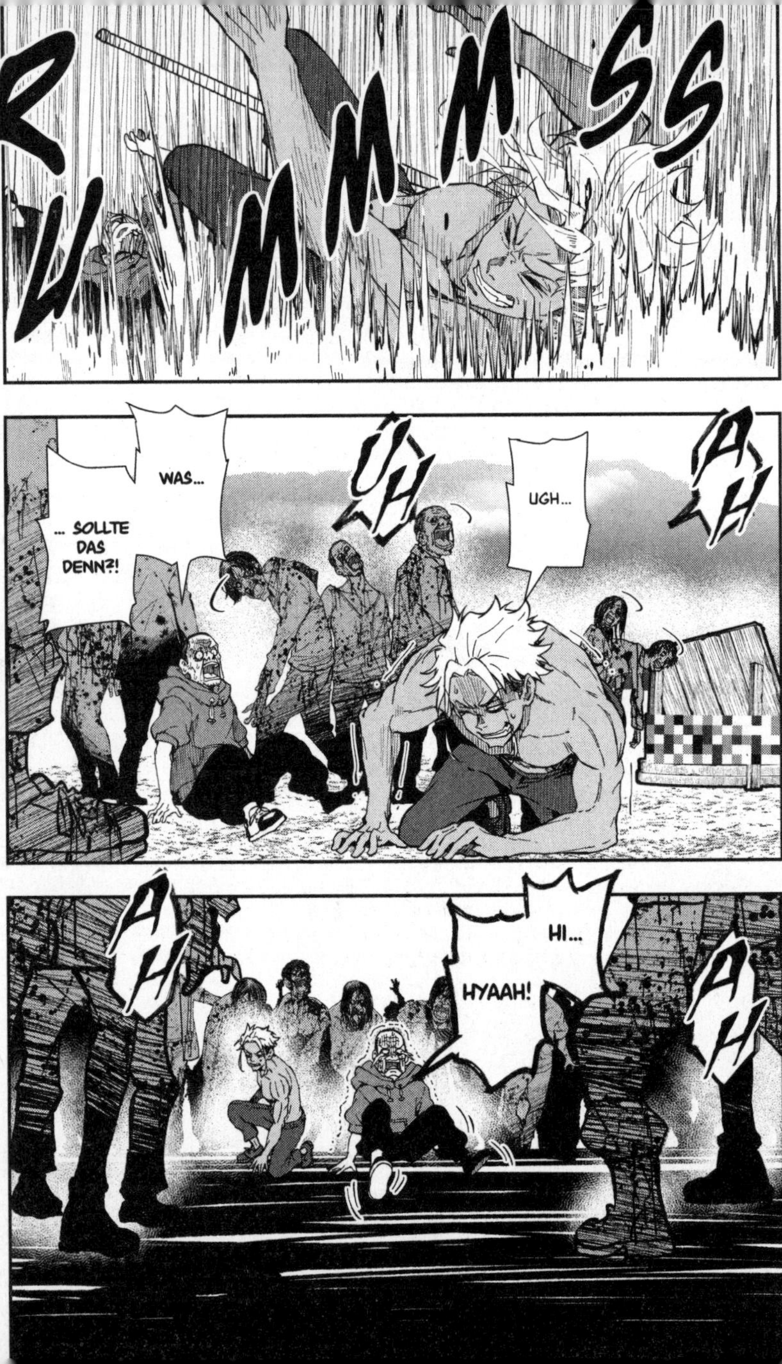

RUMMMMSS
WAS...
... SOLLTE DAS DENN?!
ÜH
UGH...
AH
HI...
HYAAH!
AH
AH

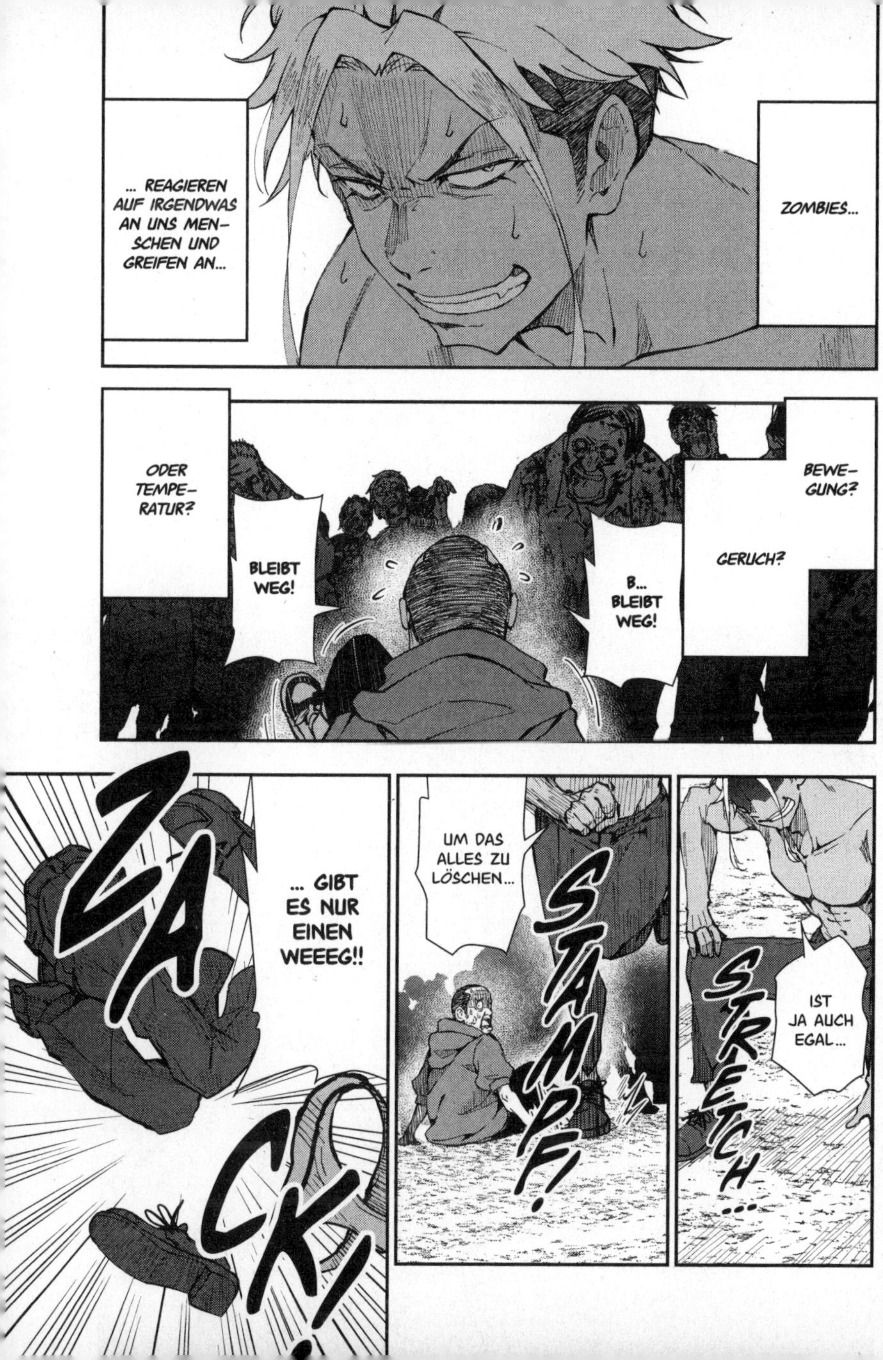
ZOMBIES...
... REAGIEREN AUF IRGENDWAS AN UNS MEN-SCHEN UND GREIFEN AN...
BEWE-GUNG?
GERUCH?
ODER TEMPE-RATUR?
B... BLEIBT WEG!
BLEIBT WEG!
IST JA AUCH EGAL...
STRETCH...
UM DAS ALLES ZU LÖSCHEN...
STAMPF!
... GIBT ES NUR EINEN WEEEG!!
ZACK!

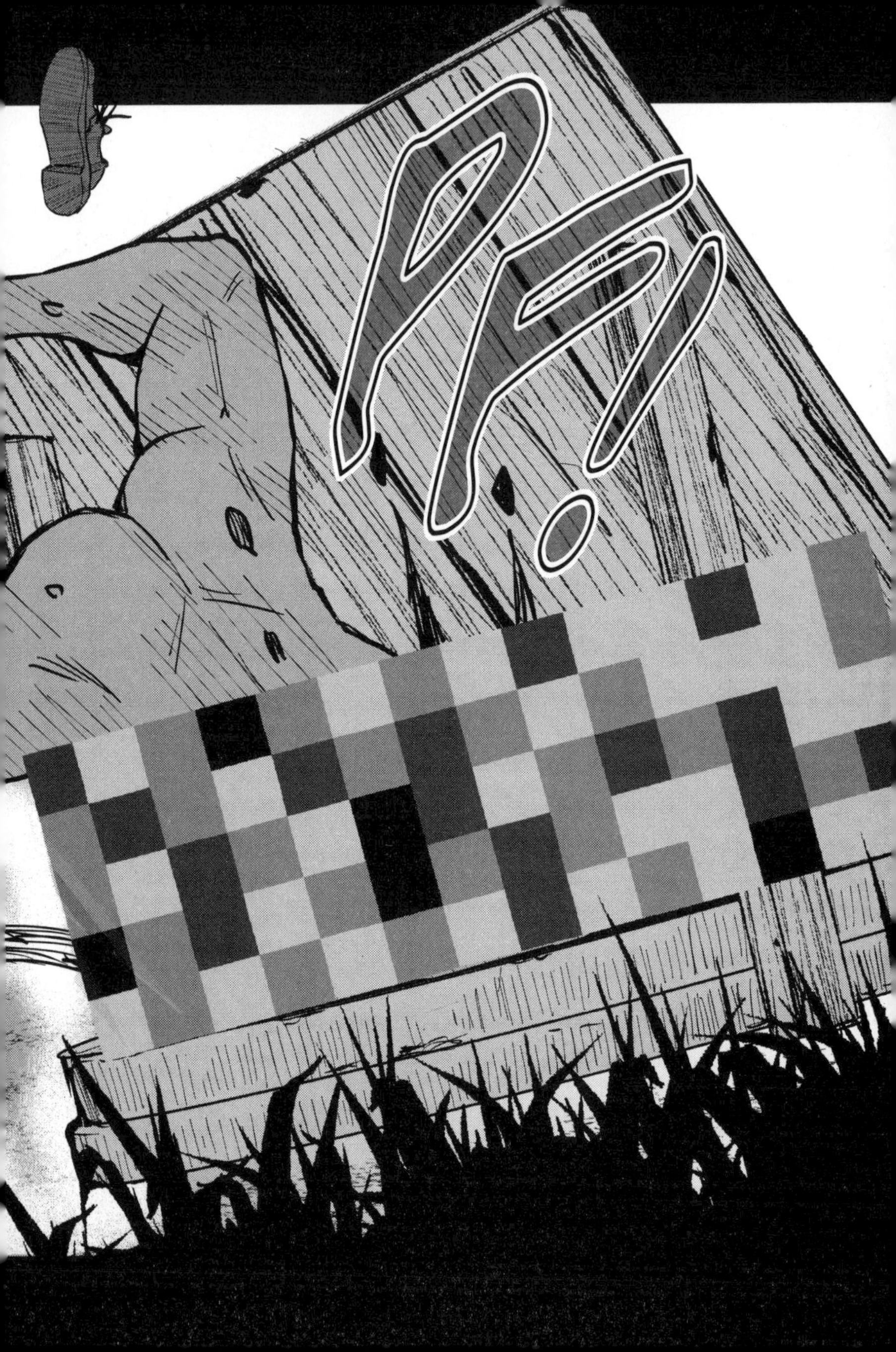

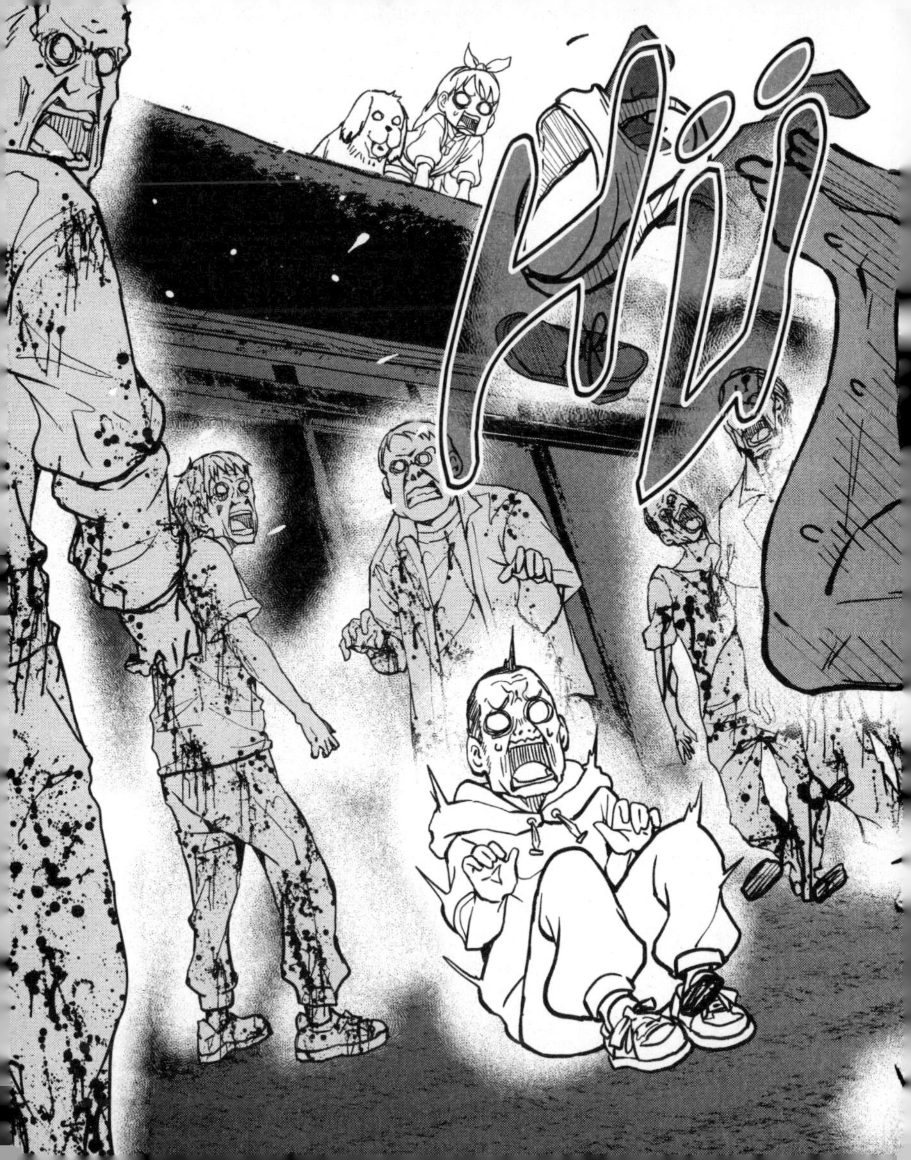

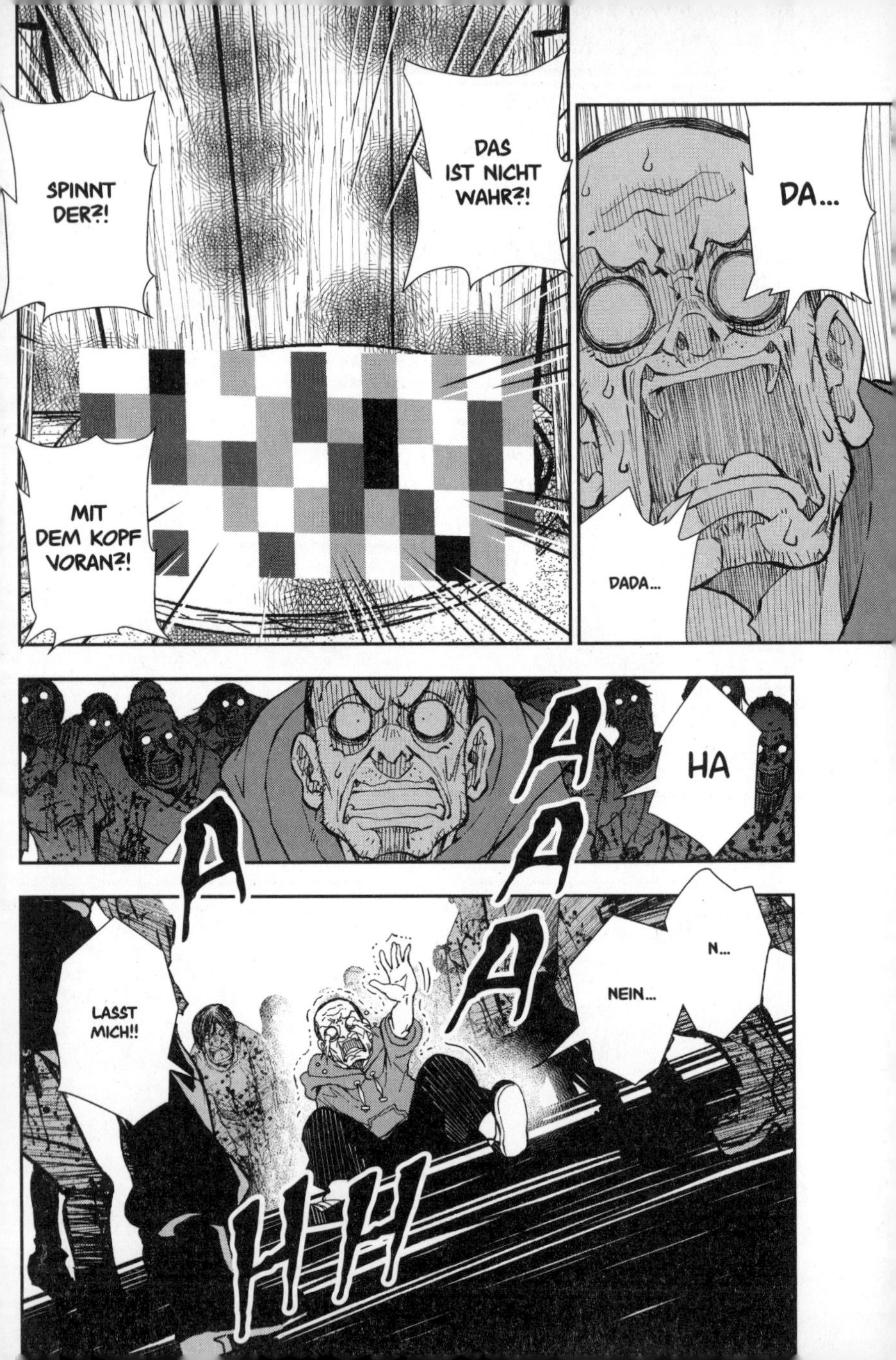

DA...
DADA...
DAS IST NICHT WAHR?!
SPINNT DER?!
MIT DEM KOPF VORAN?!
HA
AAAA
N...
NEIN...
LASST MICH!!
HHH

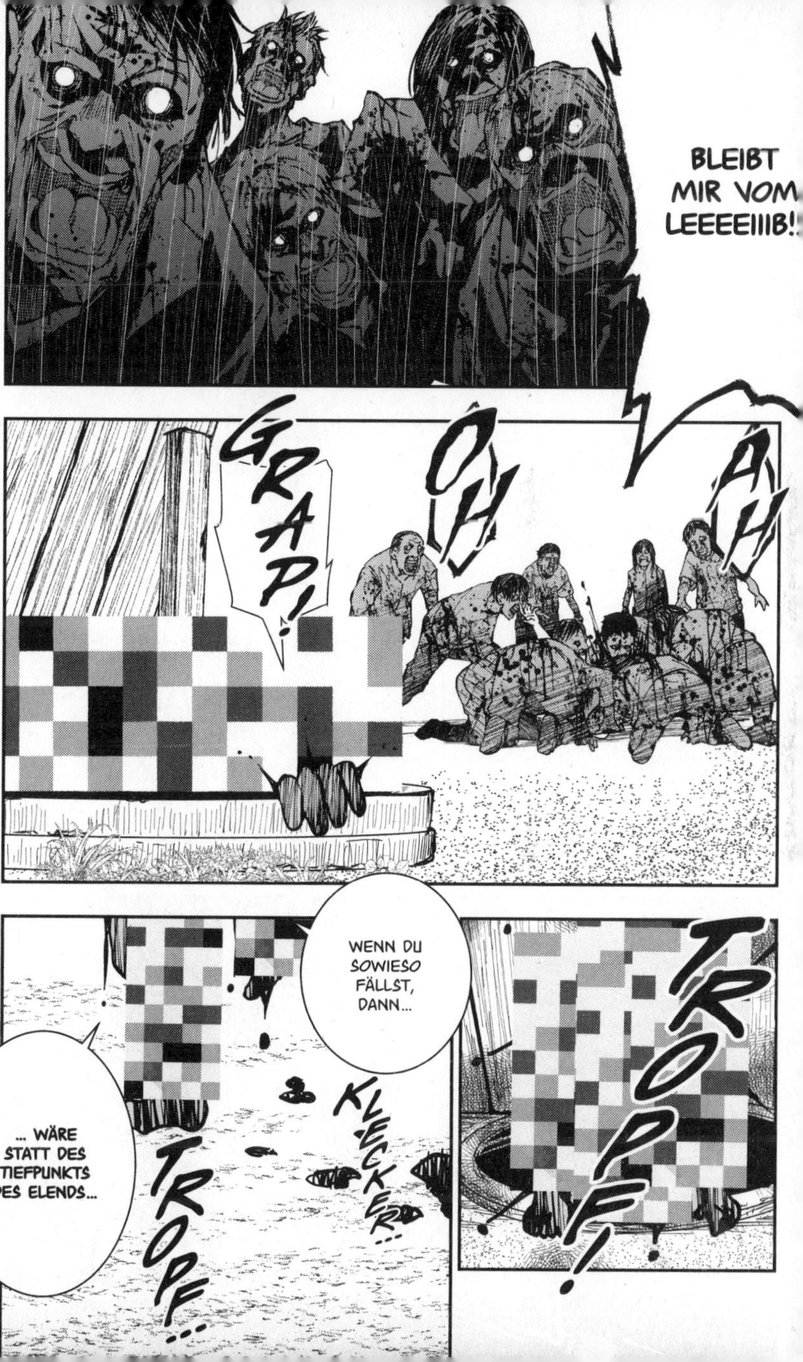
BLEIBT MIR VOM LEEEEIIIB!!
AH
ÔH
GRAP!
WENN DU SOWIESO FÄLLST, DANN...
TROPF!
KLECKER...
... WÄRE STATT DES TIEFPUNKTS DES ELENDS...
TROPF...

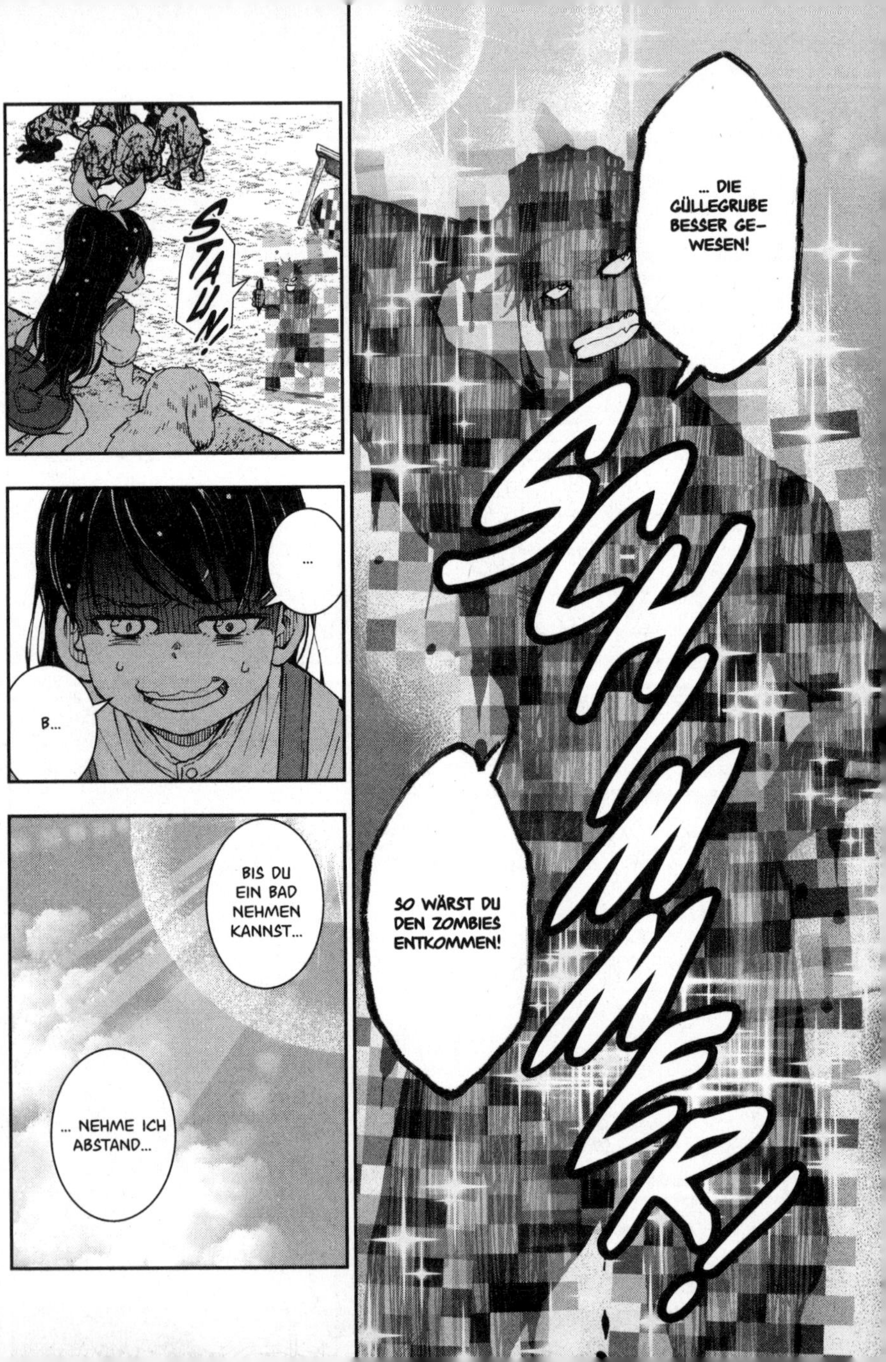
... DIE GÜLLEGRUBE BESSER GE-WESEN!
SCHIMMER!
SO WÄRST DU DEN ZOMBIES ENTKOMMEN!
STAUN!
...
B...
BIS DU EIN BAD NEHMEN KANNST...
... NEHME ICH ABSTAND...

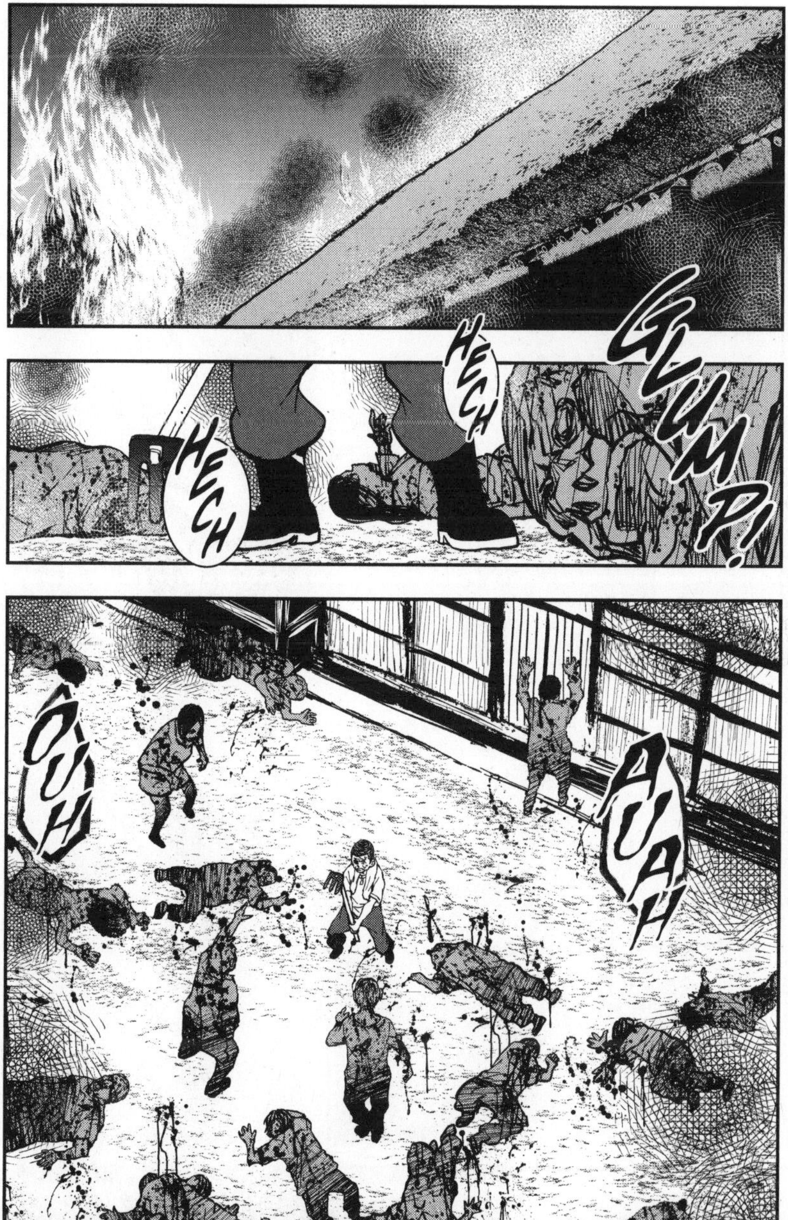
GLUMP!
HECH
HECH
AUAH
OUH

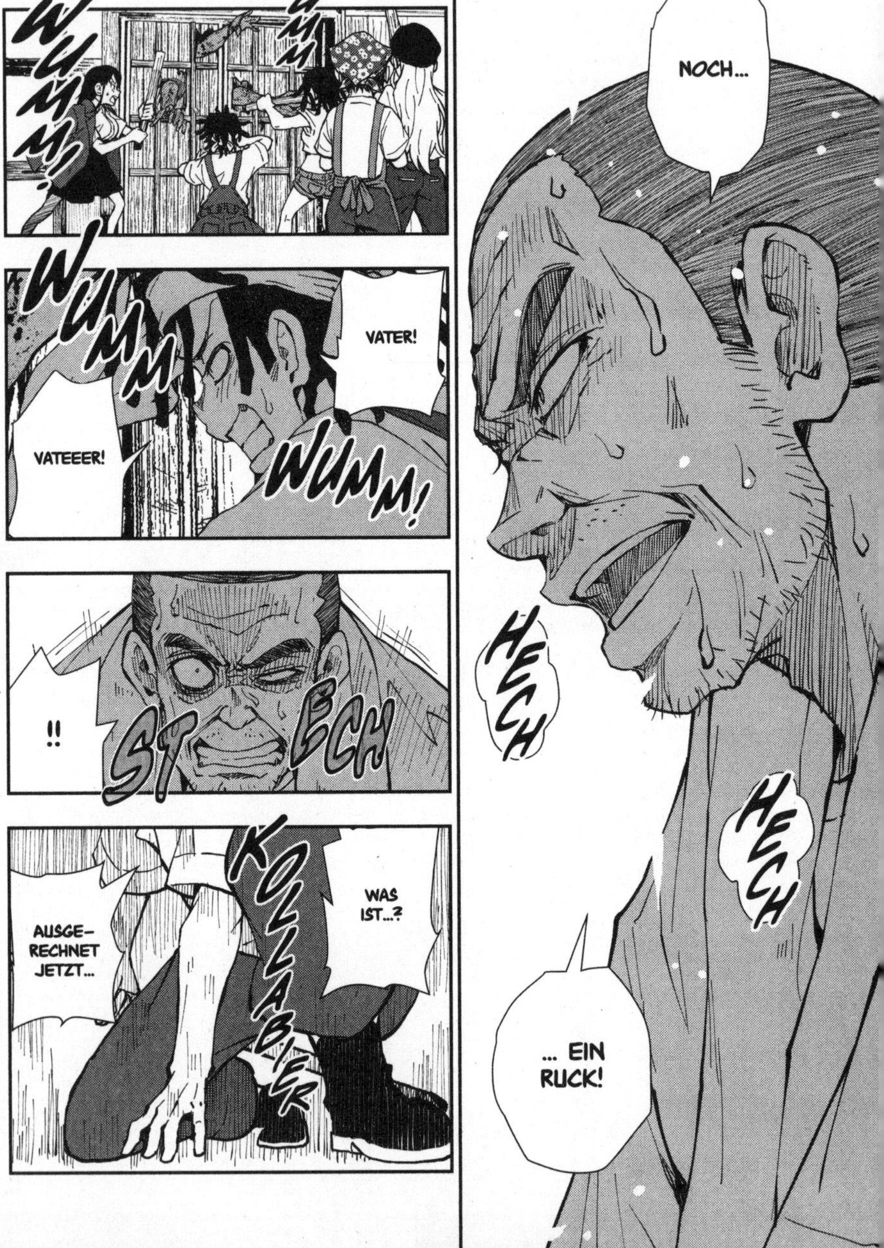
NOCH...
HECH
HECH
... EIN RUCK!
WUMMM!
WUMMM
WUMM
VATER!
VATEEER!
WUMM!
!!
STECH
WAS IST...?
KOLLABIER
AUSGE-
RECHNET
JETZT...

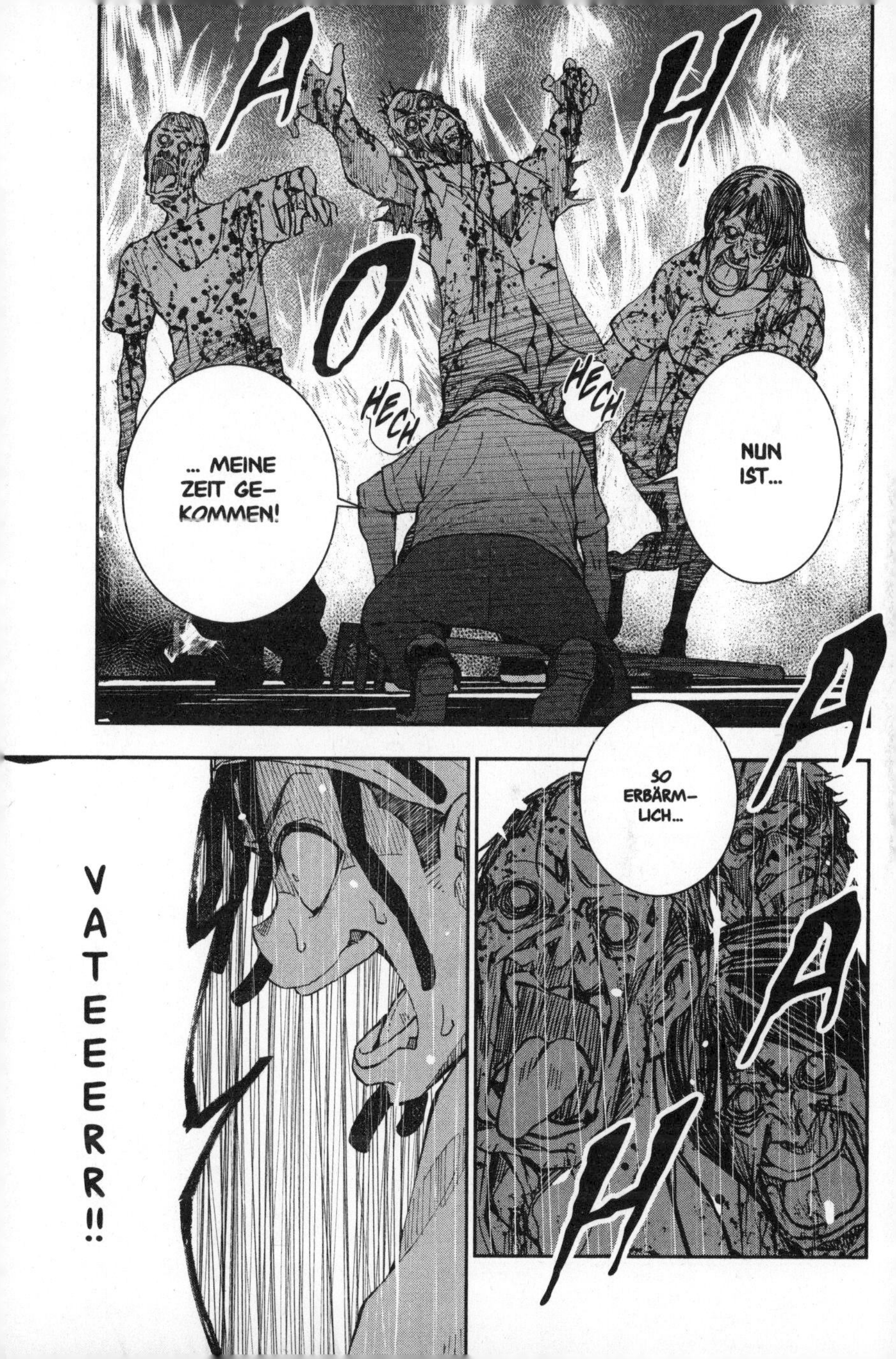
NUN IST...
... MEINE ZEIT GE-KOMMEN!
HECH
HECH
SO ERBÄRMLICH...
VATEEEERR!!

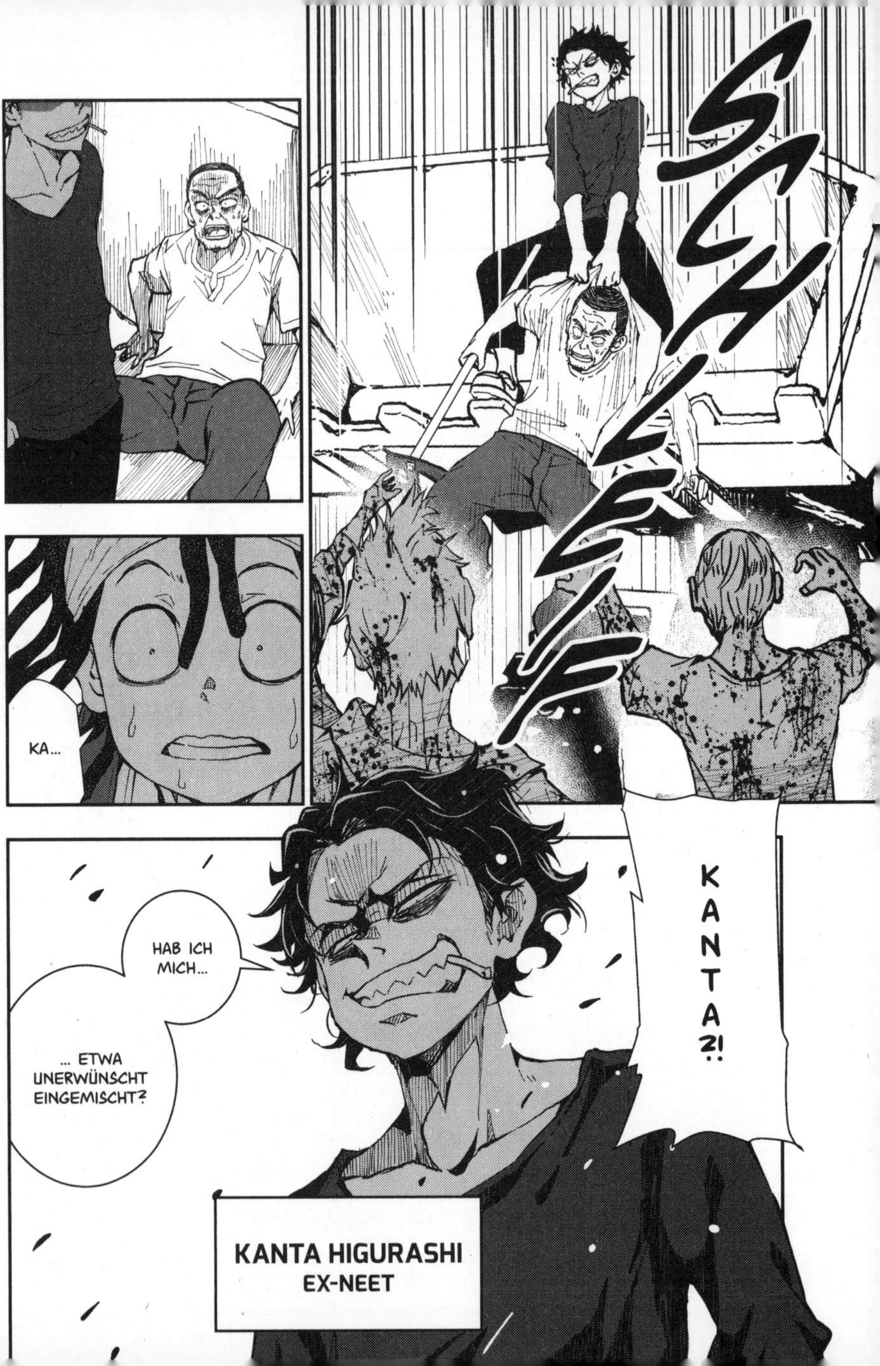
SCHLEEEIF
KA...
KANTA?!
HAB ICH MICH...
... ETWA UNERWÜNSCHT EINGEMISCHT?
KANTA HIGURASHI
EX-NEET

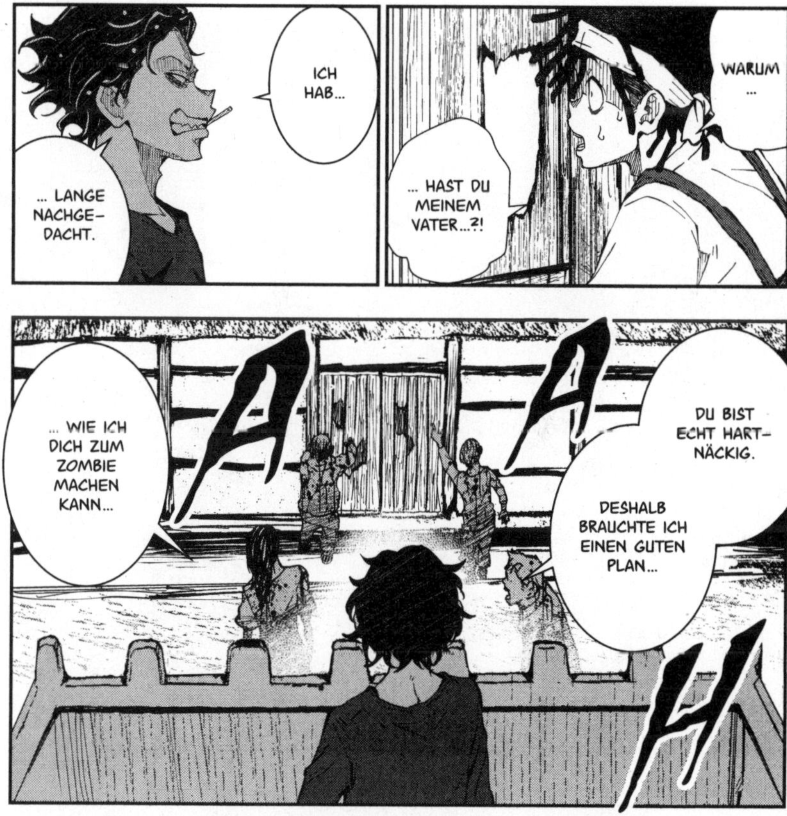
WARUM ...
... HAST DU MEINEM VATER ...?!
ICH HAB ...
... LANGE NACHGE-DACHT.
DU BIST ECHT HART-NÄCKIG.
DESHALB BRAUCHTE ICH EINEN GUTEN PLAN ...
AAH
... WIE ICH DICH ZUM ZOMBIE MACHEN KANN ...
UND DANN ...
KICK!
... HAT SICH MIR DIE PERFEKTE SITUATION OFFENBART!

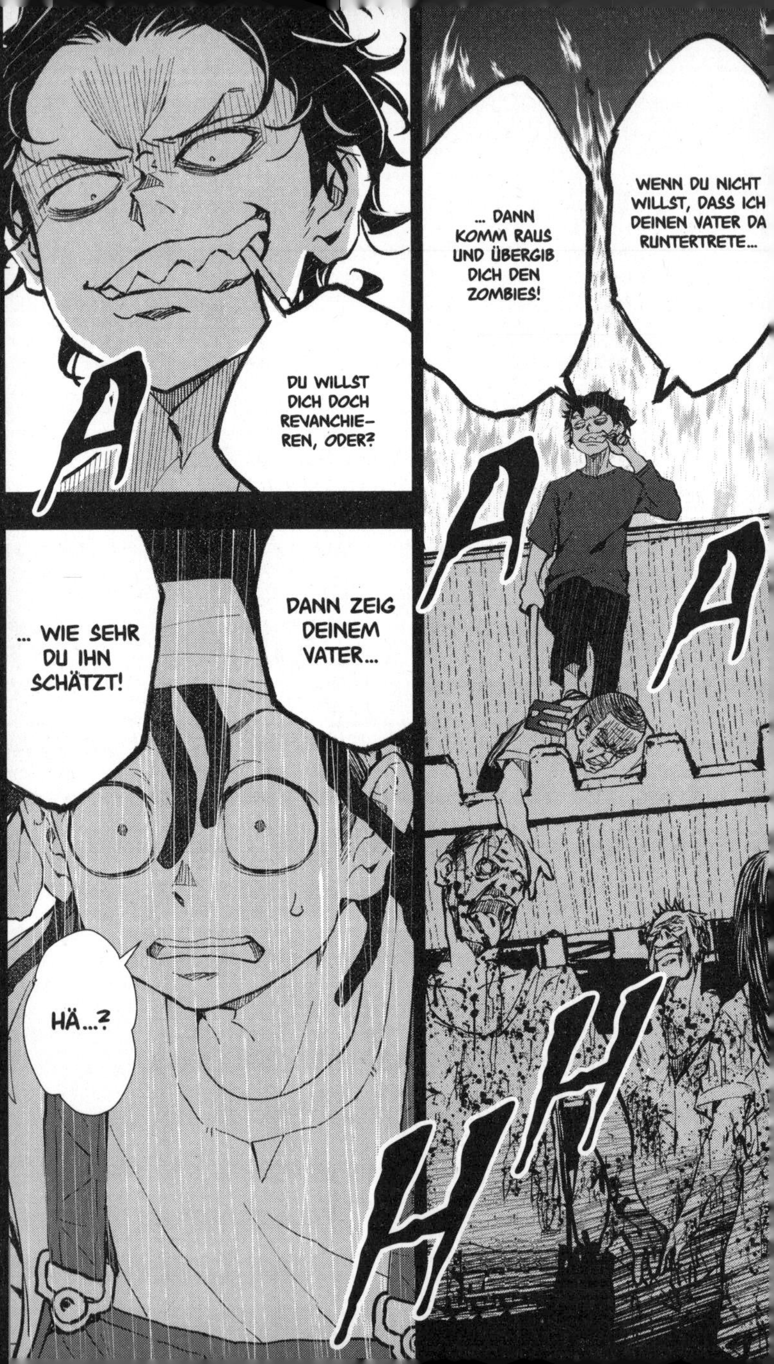
WENN DU NICHT WILLST, DASS ICH DEINEN VATER DA RUNTERTRETE…
… DANN KOMM RAUS UND ÜBERGIB DICH DEN ZOMBIES!
A
A
A
H
H
H
DU WILLST DICH DOCH REVANCHIE-REN, ODER?
A
DANN ZEIG DEINEM VATER…
… WIE SEHR DU IHN SCHÄTZT!
HÄ…?

FORTSETZUNG IN BAND 6

ZOMBIE 100

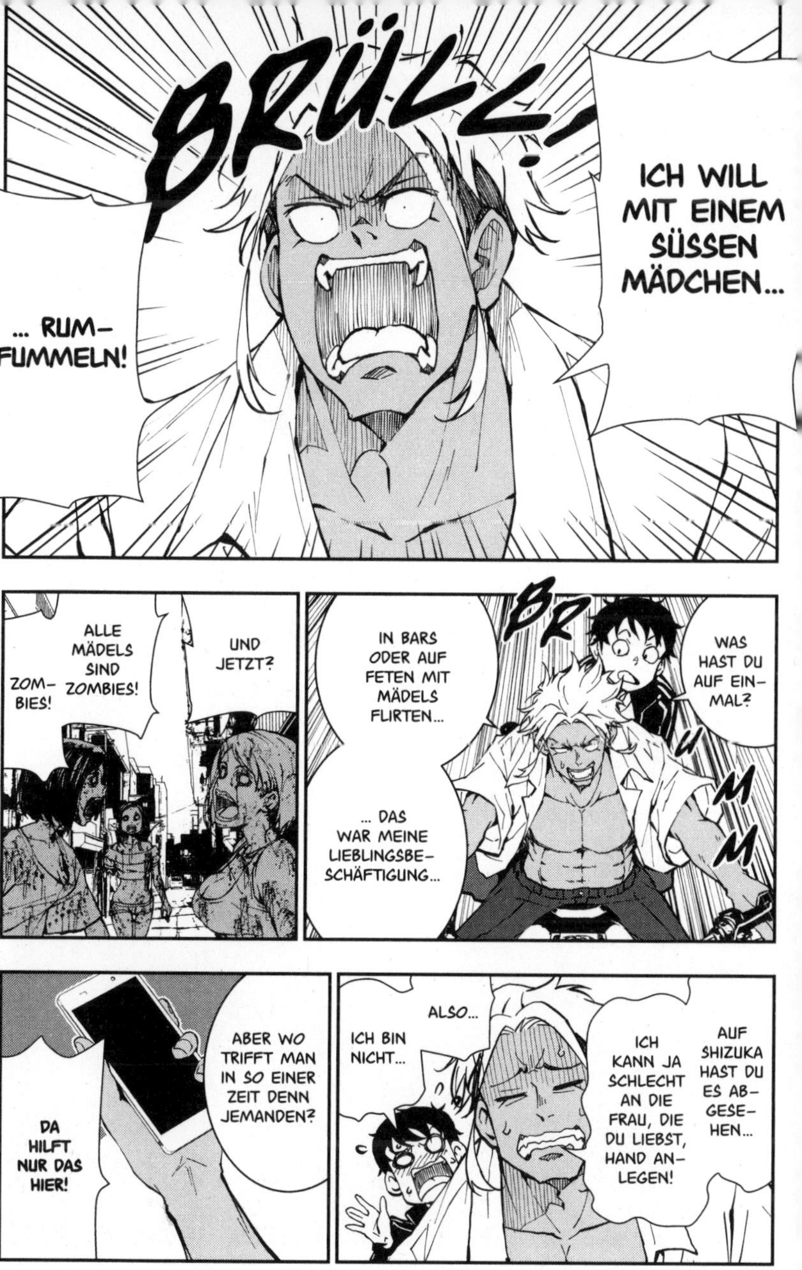

BRÜLL!
ICH WILL MIT EINEM SÜSSEN MÄDCHEN...
... RUMFUMMELN!
WAS HAST DU AUF EINMAL?
BRUMMM
IN BARS ODER AUF FETEN MIT MÄDELS FLIRTEN...
... DAS WAR MEINE LIEBLINGSBESCHÄFTIGUNG...
UND JETZT?
ALLE MÄDELS SIND ZOMBIES!
ZOMBIES!
AUF SHIZUKA HAST DU ES ABGESEHEN...
ICH KANN JA SCHLECHT AN DIE FRAU, DIE DU LIEBST, HAND ANLEGEN!
ALSO...
ICH BIN NICHT...
ABER WO TRIFFT MAN IN SO EINER ZEIT DENN JEMANDEN?
DA HILFT NUR DAS HIER!

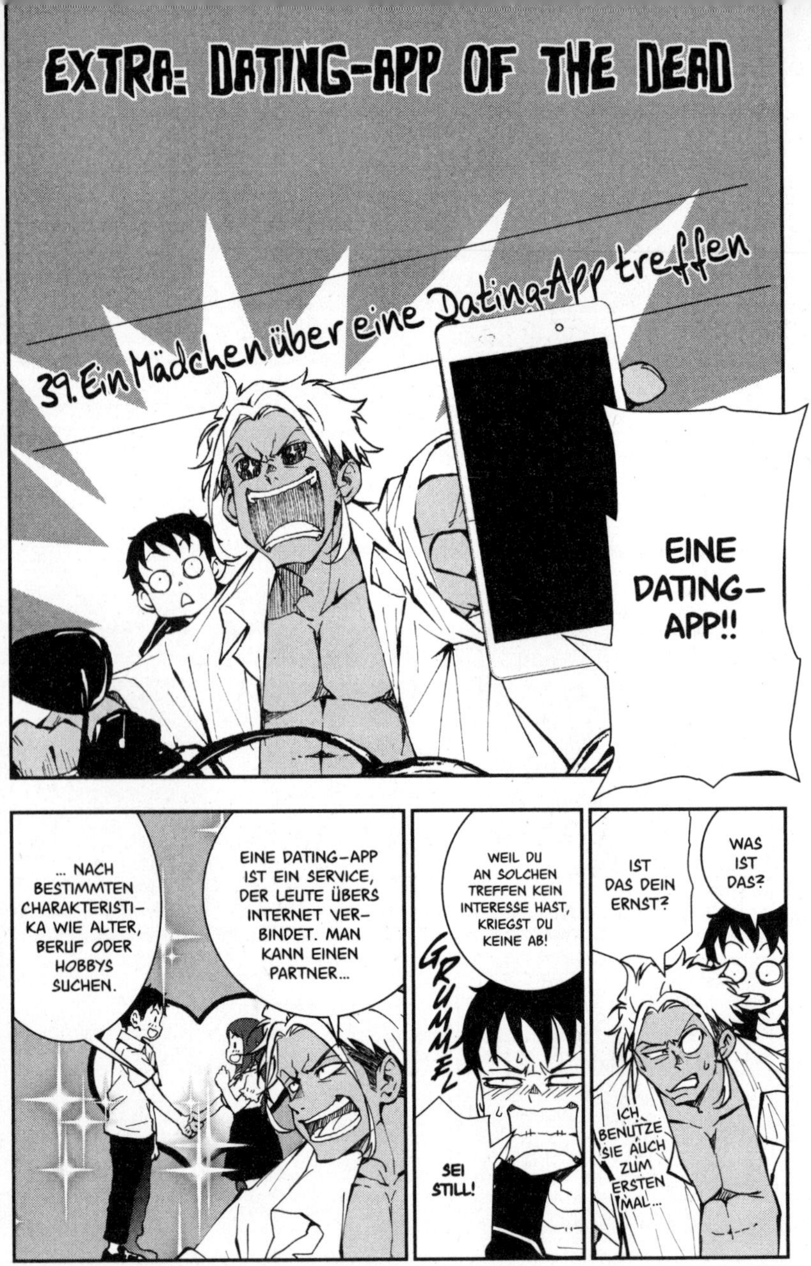
EXTRA: DATING-APP OF THE DEAD
39. Ein Mädchen über eine Dating-App treffen
EINE DATING-APP!!
WAS IST DAS?
IST DAS DEIN ERNST?
ICH BENUTZE SIE AUCH ZUM ERSTEN MAL...
WEIL DU AN SOLCHEN TREFFEN KEIN INTERESSE HAST, KRIEGST DU KEINE AB!
GRUMMEL
SEI STILL!
EINE DATING-APP IST EIN SERVICE, DER LEUTE ÜBERS INTERNET VERBINDET. MAN KANN EINEN PARTNER...
... NACH BESTIMMTEN CHARAKTERISTIKA WIE ALTER, BERUF ODER HOBBYS SUCHEN.

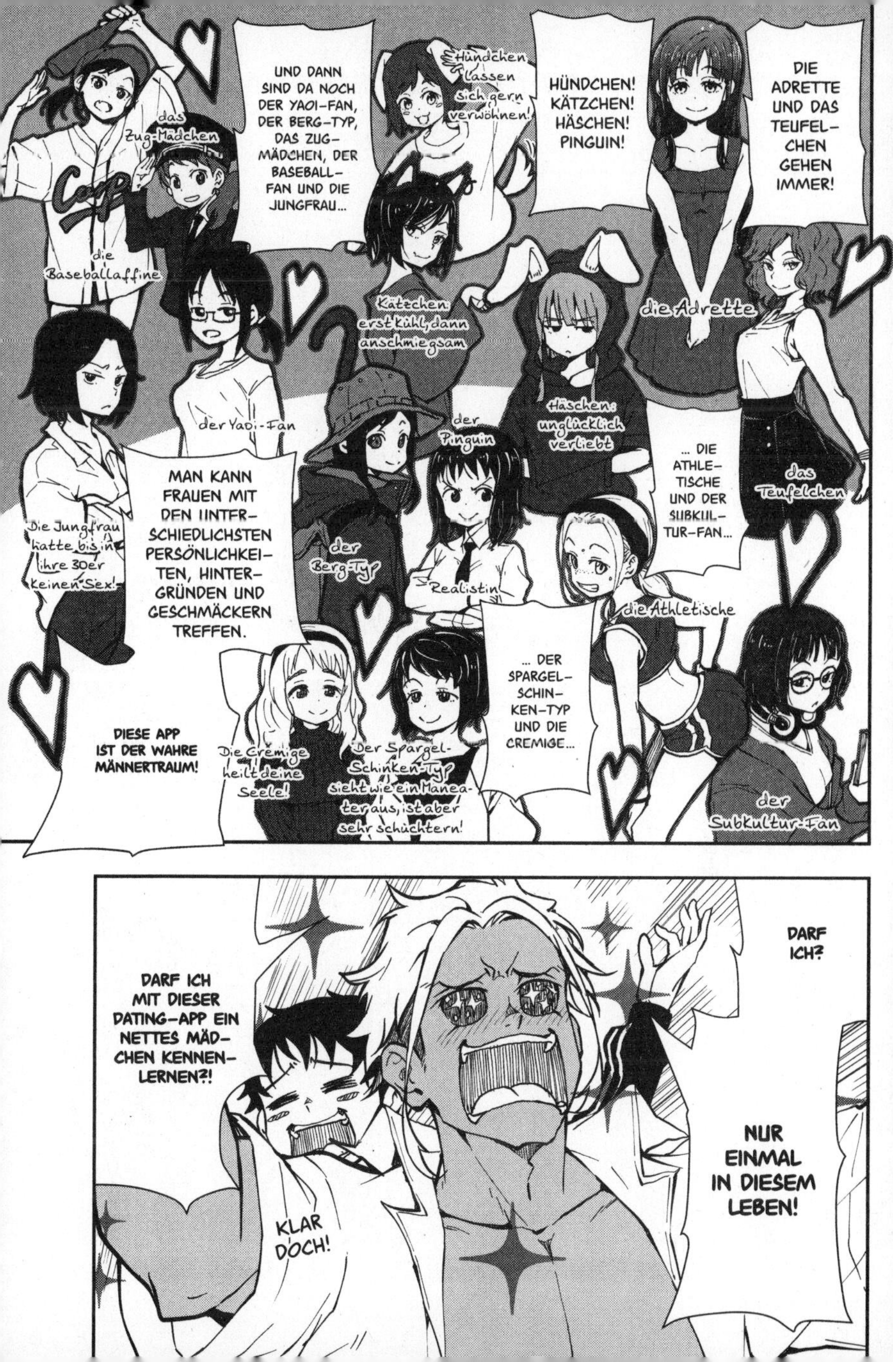
DIE ADRETTE UND DAS TEUFELCHEN GEHEN IMMER!
die Adrette
das Teufelchen
HÜNDCHEN! KÄTZCHEN! HÄSCHEN! PINGUIN!
Hündchen lassen sich gern verwöhnen!
Kätzchen: erst kühl, dann anschmiegsam
Häschen: unglücklich verliebt
der Pinguin
UND DANN SIND DA NOCH DER YAOI-FAN, DER BERG-TYP, DAS ZUG-MÄDCHEN, DER BASEBALL-FAN UND DIE JUNGFRAU...
das Zug-Mädchen
die Baseballaffine
der Yaoi-Fan
der Berg-Typ
Die Jungfrau hatte bis in ihre 30er keinen Sex!
... DIE ATHLETISCHE UND DER SUBKULTUR-FAN...
die Athletische
der Subkultur-Fan
Realistin
MAN KANN FRAUEN MIT DEN UNTERSCHIEDLICHSTEN PERSÖNLICHKEITEN, HINTERGRÜNDEN UND GESCHMÄCKERN TREFFEN.
... DER SPARGEL-SCHINKEN-TYP UND DIE CREMIGE...
Der Spargel-Schinken-Typ sieht wie ein Maneater aus, ist aber sehr schüchtern!
Die Cremige heilt deine Seele!
DIESE APP IST DER WAHRE MÄNNERTRAUM!
DARF ICH?
DARF ICH MIT DIESER DATING-APP EIN NETTES MÄDCHEN KENNENLERNEN?!
NUR EINMAL IN DIESEM LEBEN!
KLAR DOCH!

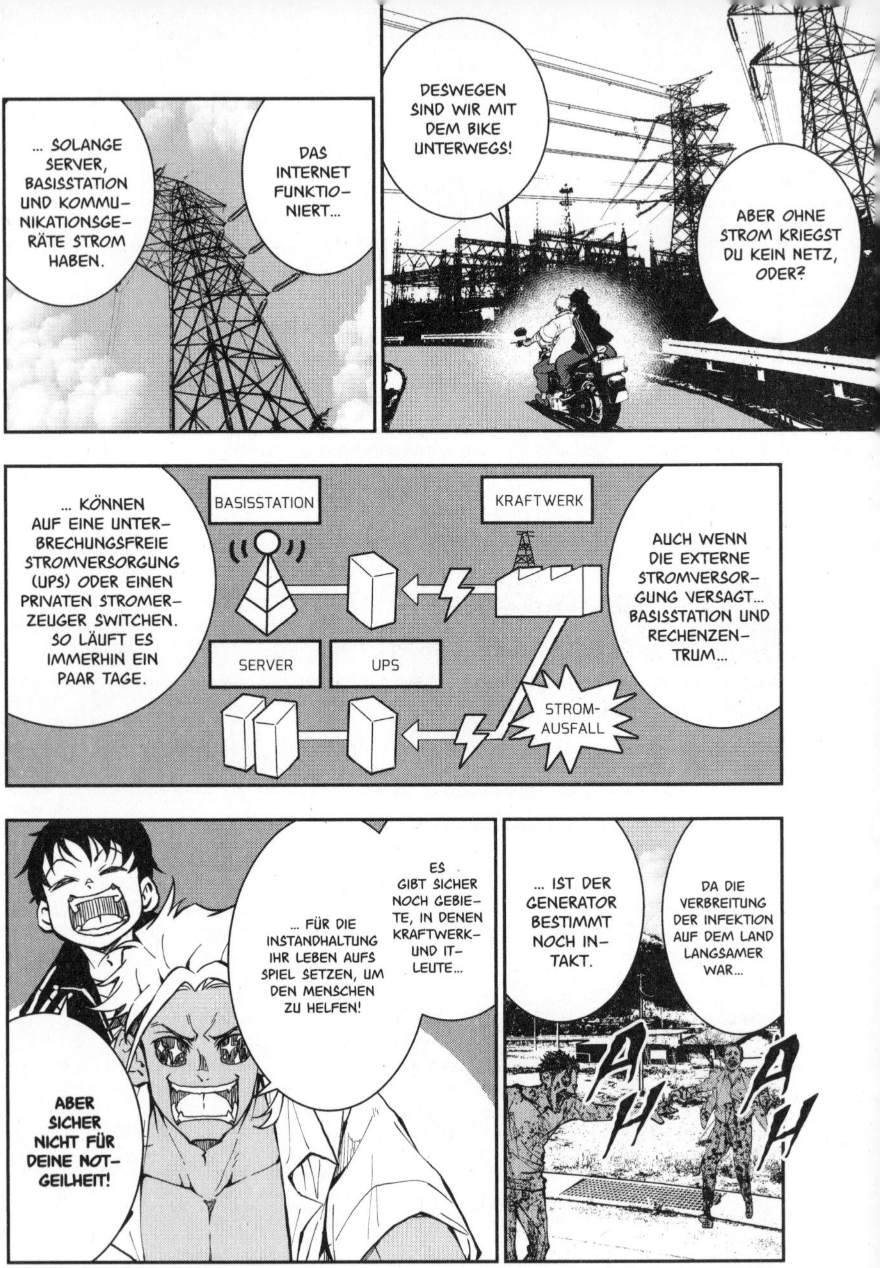

DESWEGEN SIND WIR MIT DEM BIKE UNTERWEGS!
ABER OHNE STROM KRIEGST DU KEIN NETZ, ODER?
DAS INTERNET FUNKTIONIERT...
... SOLANGE SERVER, BASISSTATION UND KOMMUNIKATIONSGERÄTE STROM HABEN.
AUCH WENN DIE EXTERNE STROMVERSORGUNG VERSAGT... BASISSTATION UND RECHENZENTRUM...
KRAFTWERK
BASISSTATION
SERVER
UPS
STROM-AUSFALL
... KÖNNEN AUF EINE UNTERBRECHUNGSFREIE STROMVERSORGUNG (UPS) ODER EINEN PRIVATEN STROMERZEUGER SWITCHEN. SO LÄUFT ES IMMERHIN EIN PAAR TAGE.
DA DIE VERBREITUNG DER INFEKTION AUF DEM LAND LANGSAMER WAR...
... IST DER GENERATOR BESTIMMT NOCH INTAKT.
AH
AH
ES GIBT SICHER NOCH GEBIETE, IN DENEN KRAFTWERK- UND IT-LEUTE...
... FÜR DIE INSTANDHALTUNG IHR LEBEN AUFS SPIEL SETZEN, UM DEN MENSCHEN ZU HELFEN!
ABER SICHER NICHT FÜR DEINE NOTGEILHEIT!

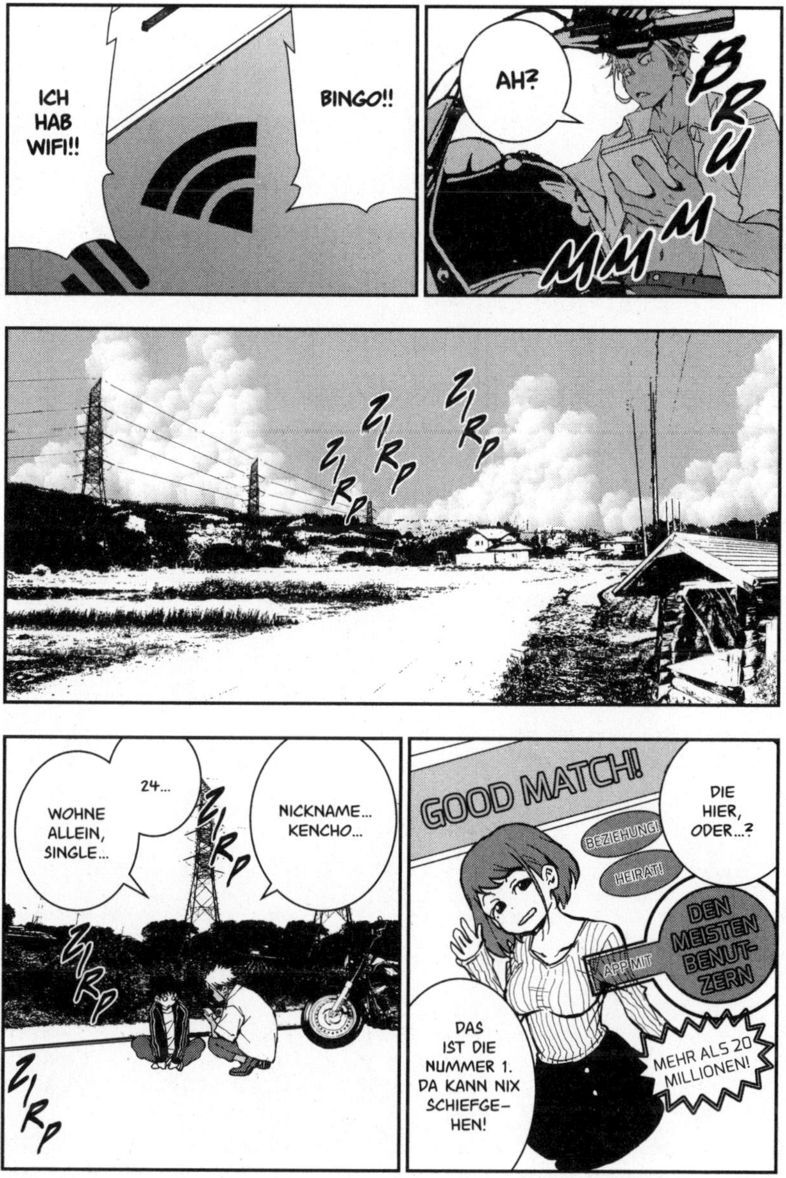
AH?
BRUMMM
BINGO!!
ICH HAB WIFI!!
ZIRP
ZIRP
ZIRP
DIE HIER, ODER ...?
GOOD MATCH!
BEZIEHUNG!
HEIRAT!
APP MIT DEN MEISTEN BENUTZERN
MEHR ALS 20 MILLIONEN!
DAS IST DIE NUMMER 1. DA KANN NIX SCHIEFGE-HEN!
NICKNAME... KENCHO...
24...
WOHNE ALLEIN, SINGLE...
ZIRP
ZIRP
ZIRP

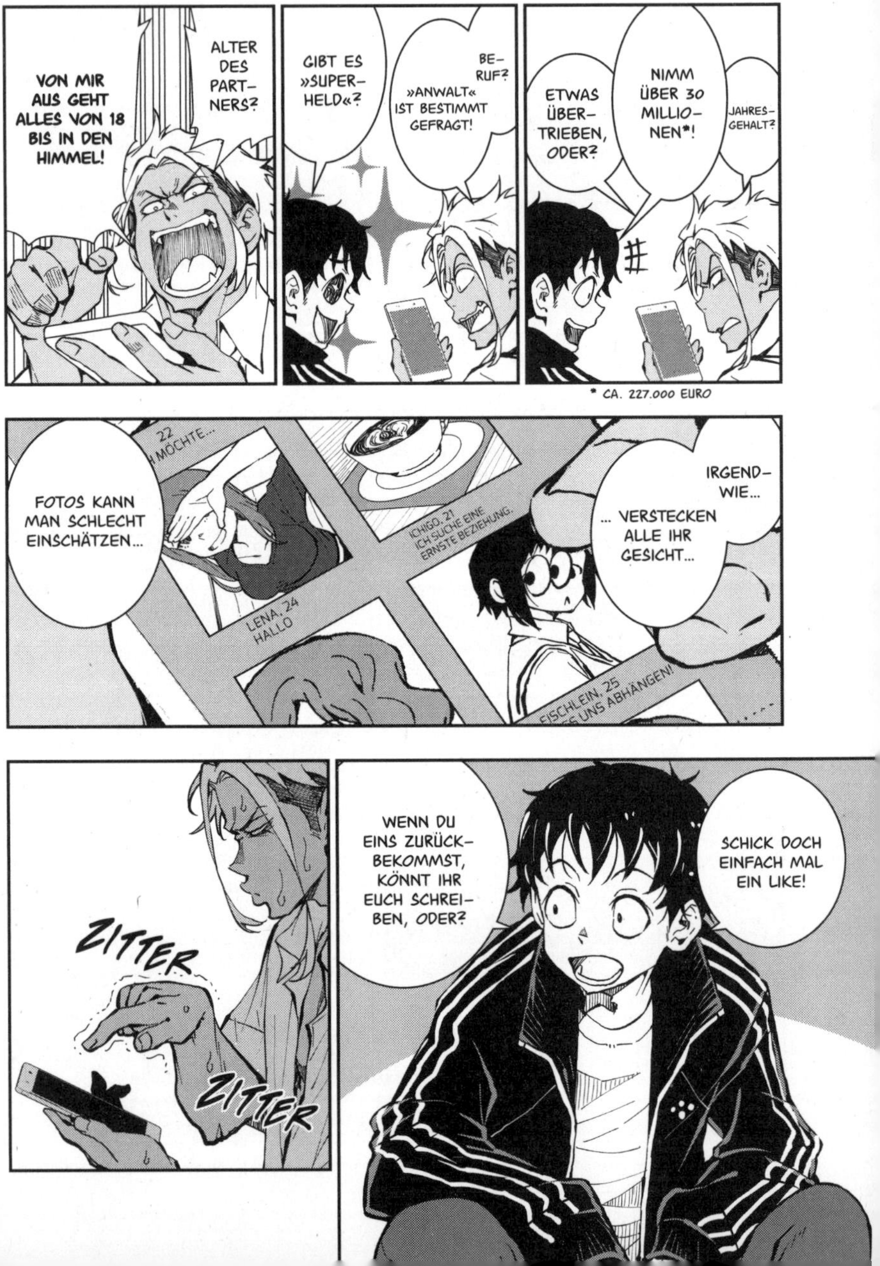


* CA. 227.000 EURO

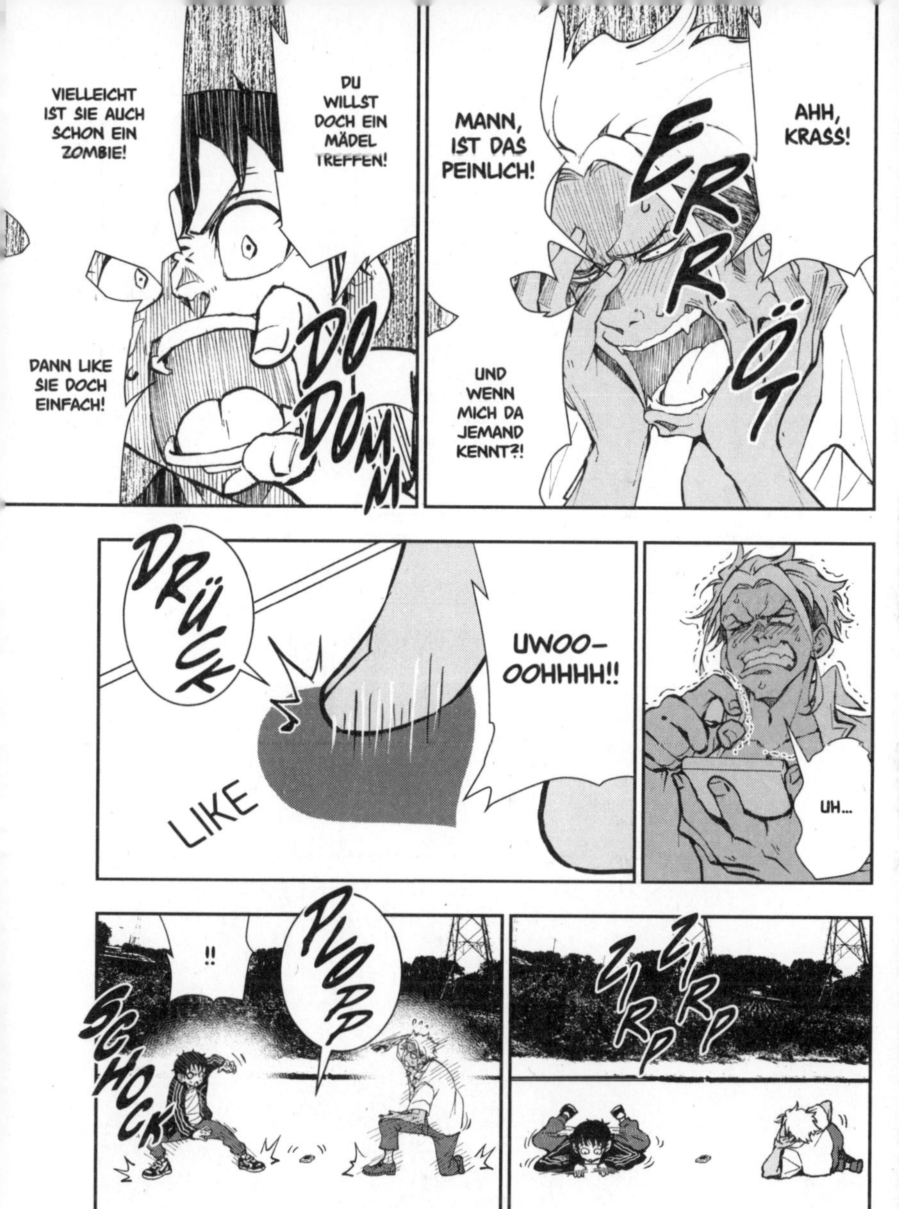
AHH, KRASS!
MANN, IST DAS PEINLICH!
ERRÖT
UND WENN MICH DA JEMAND KENNT?!
DU WILLST DOCH EIN MÄDEL TREFFEN!
VIELLEICHT IST SIE AUCH SCHON EIN ZOMBIE!
DODOMM
DANN LIKE SIE DOCH EINFACH!
UH...
UWOO-OOHHHH!!
DRÜCK
LIKE
ZIRP
ZIRP
PLOPP
!!
SCHOCK

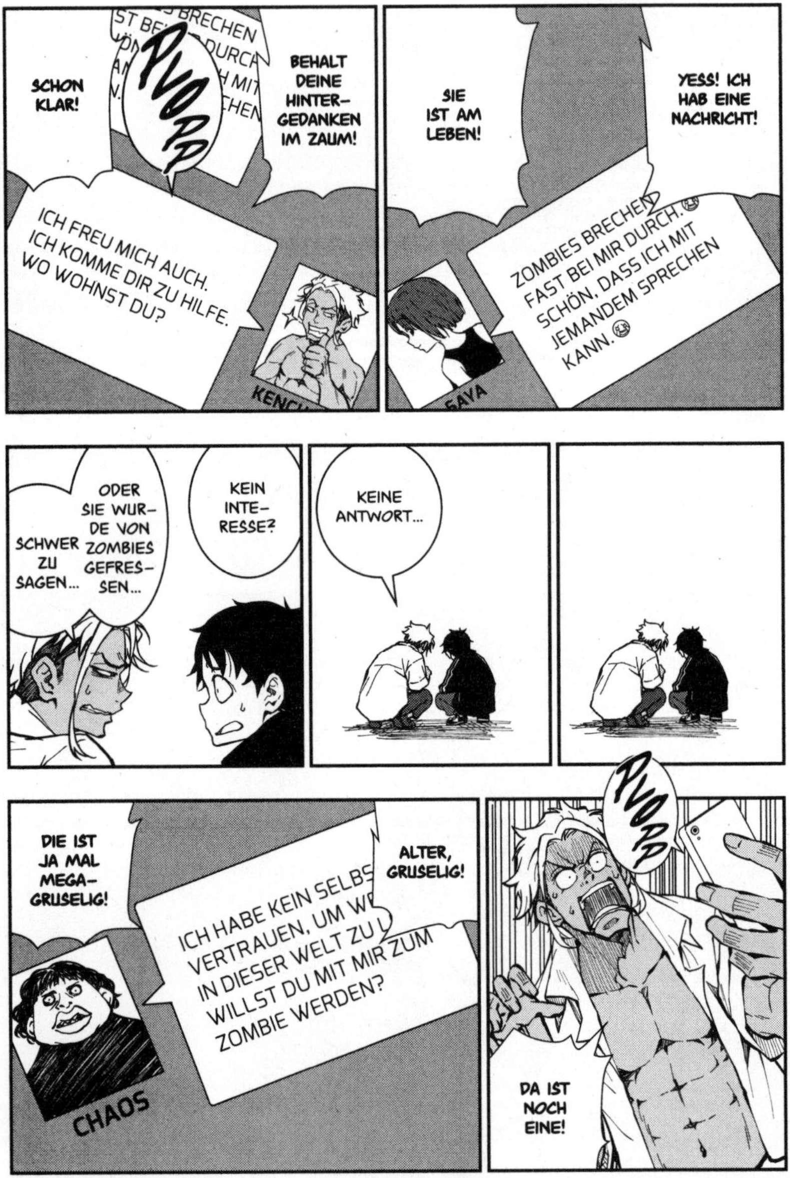
YESS! ICH HAB EINE NACHRICHT!
SIE IST AM LEBEN!
ZOMBIES BRECHEN FAST BEI MIR DURCH. SCHÖN, DASS ICH MIT JEMANDEM SPRECHEN KANN.
SAYA
BEHALT DEINE HINTER-GEDANKEN IM ZAUM!
PLOPP
SCHON KLAR!
ICH FREU MICH AUCH. ICH KOMME DIR ZU HILFE. WO WOHNST DU?
KEINE ANTWORT...
KEIN INTE-RESSE?
ODER SIE WUR-DE VON ZOMBIES GEFRES-SEN...
SCHWER ZU SAGEN...
PLOPP
DA IST NOCH EINE!
ALTER, GRUSELIG!
WILLST DU MIT MIR ZUM ZOMBIE WERDEN?
DIE IST JA MAL MEGA-GRUSELIG!
CHAOS

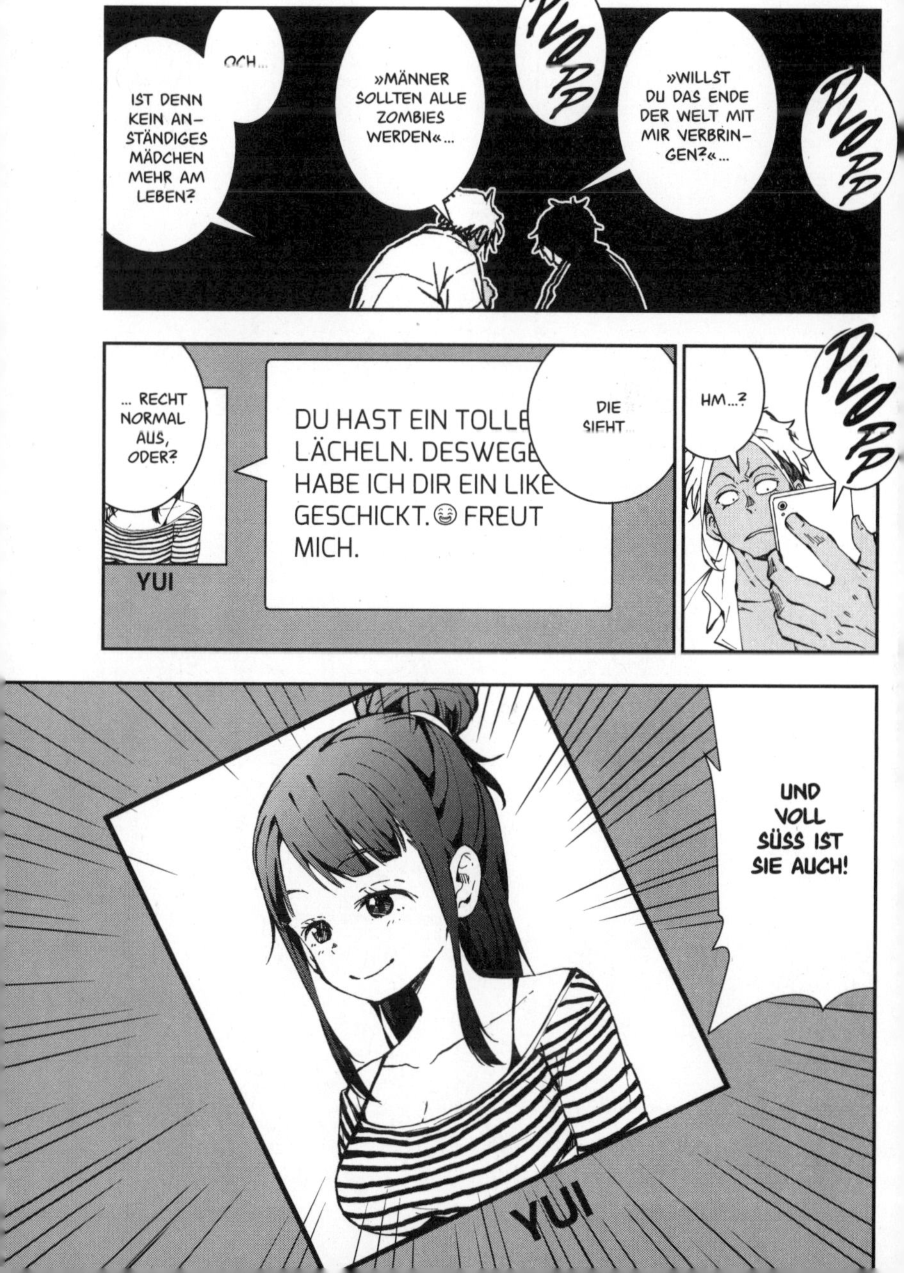
PLOPP
»WILLST DU DAS ENDE DER WELT MIT MIR VERBRIN- GEN?«...
PLOPP
»MÄNNER SOLLTEN ALLE ZOMBIES WERDEN«...
OCH...
IST DENN KEIN AN- STÄNDIGES MÄDCHEN MEHR AM LEBEN?
PLOPP
HM...?
DIE SIEHT...
... RECHT NORMAL AUS, ODER?
DU HAST EIN TOLLE LÄCHELN. DESWEGE HABE ICH DIR EIN LIKE GESCHICKT. 😁 FREUT MICH.
YUI
UND VOLL SÜSS IST SIE AUCH!
YUI

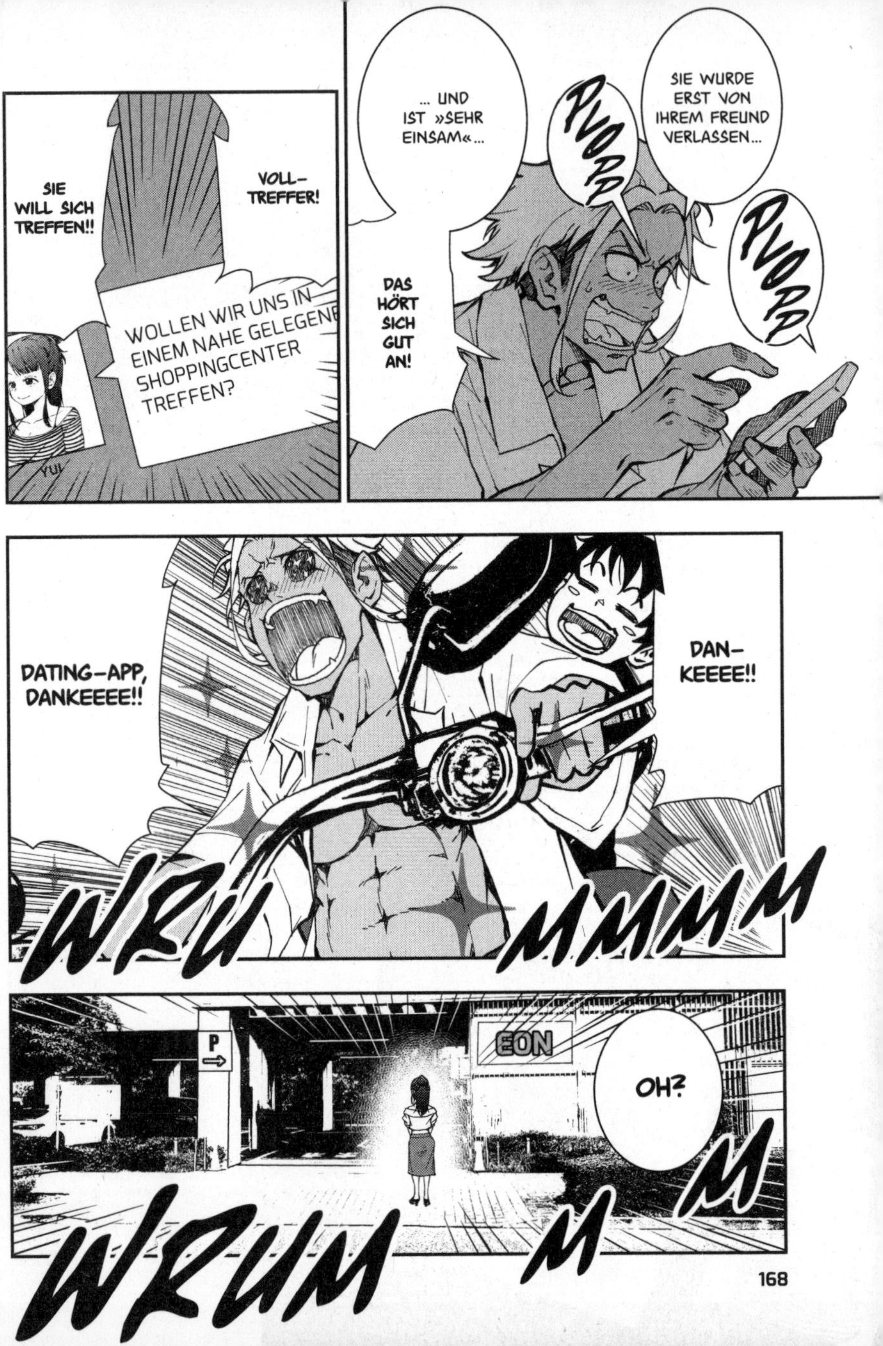
SIE WURDE ERST VON IHREM FREUND VERLASSEN...
PLOPP
PLOPP
... UND IST »SEHR EINSAM«...
DAS HÖRT SICH GUT AN!
VOLL-TREFFER!
SIE WILL SICH TREFFEN!!
WOLLEN WIR UNS IN EINEM NAHE GELEGENE SHOPPINGCENTER TREFFEN?
YUI
DAN-KEEEE!!
DATING-APP, DANKEEEE!!
WRUMMMMMM
P
EON
OH?
WRUMMMM

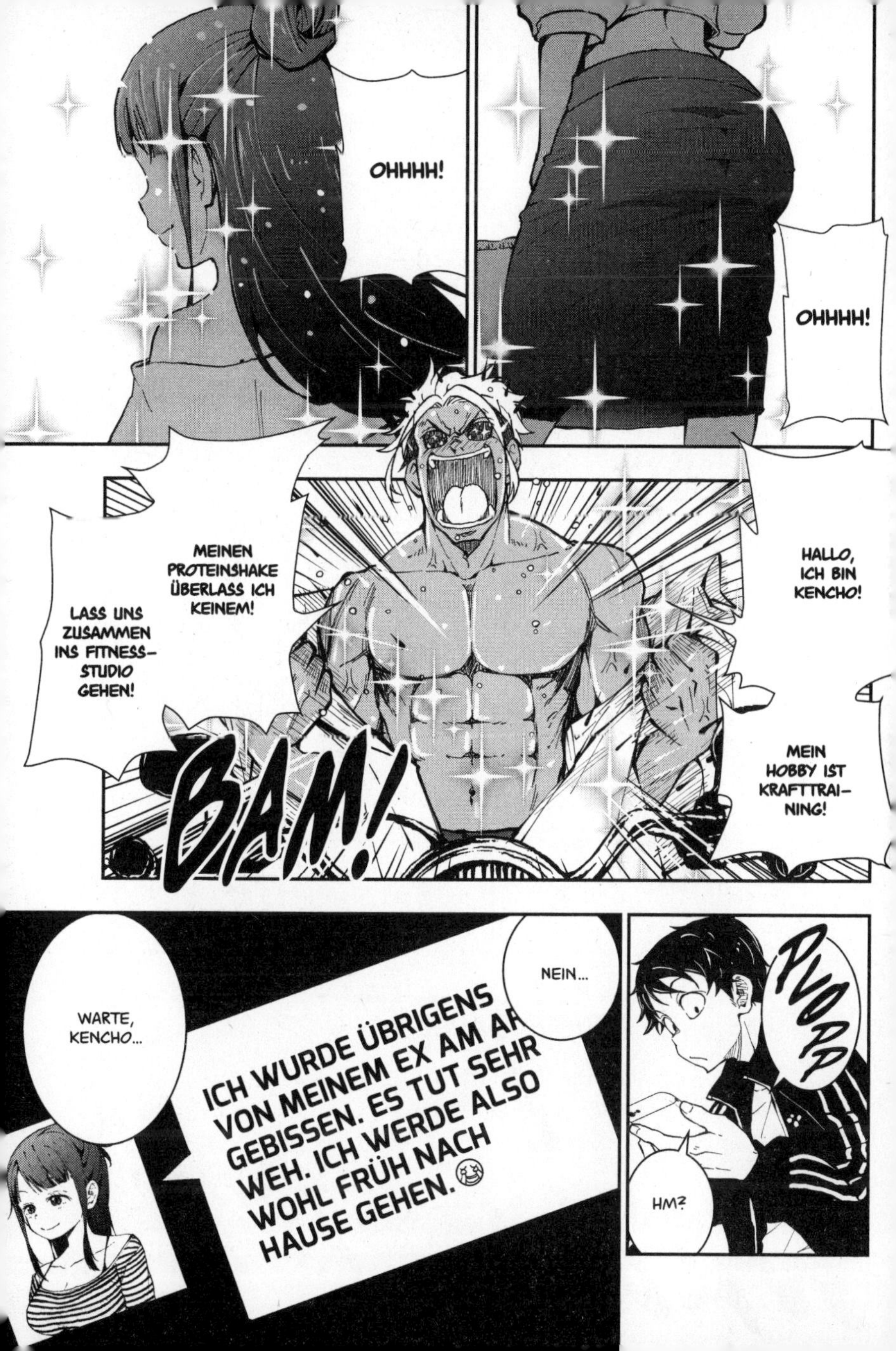
OHHHH!
OHHHH!
HALLO, ICH BIN KENCHO!
MEIN HOBBY IST KRAFTTRAI-NING!
MEINEN PROTEINSHAKE ÜBERLASS ICH KEINEM!
LASS UNS ZUSAMMEN INS FITNESS-STUDIO GEHEN!
BAM!
HM?
NEIN…
ICH WURDE ÜBRIGENS VON MEINEM EX AM AR
GEBISSEN. ES TUT SEHR WEH. ICH WERDE ALSO WOHL FRÜH NACH HAUSE GEHEN.
WARTE, KENCHO…

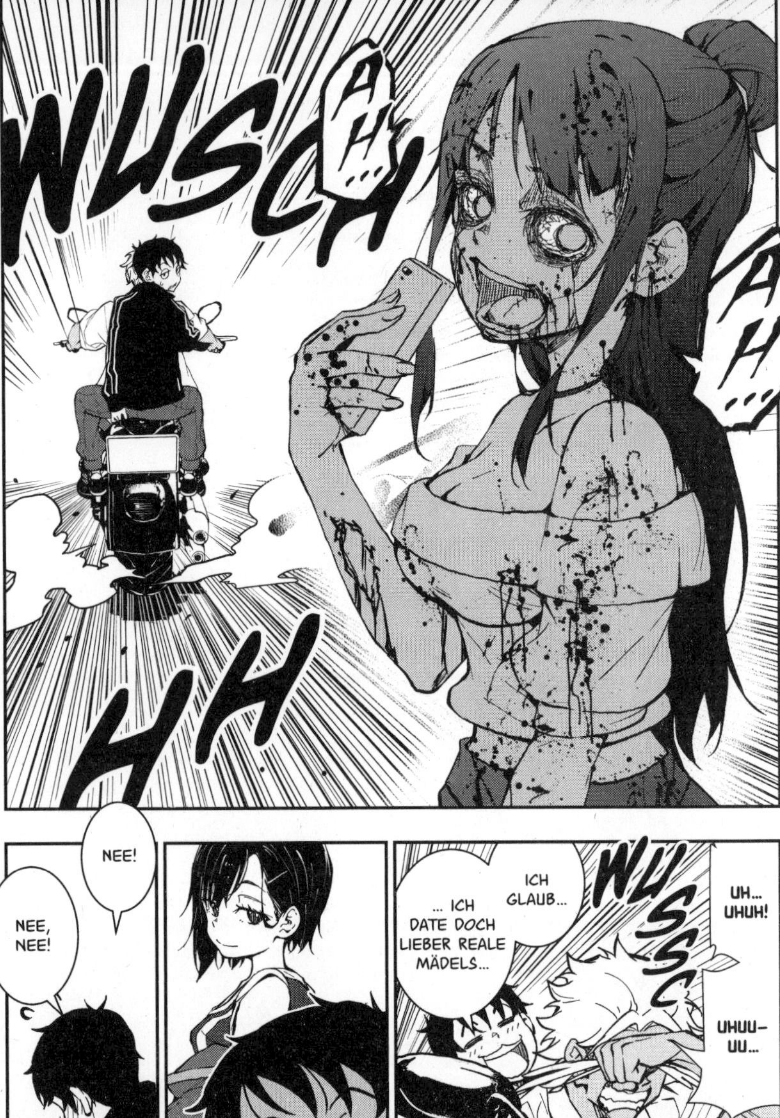
AH...
WUSCH
AH...
HH
UH... UHUH!
WUSSC
ICH GLAUB...
... ICH DATE DOCH LIEBER REALE MÄDELS...
UHUU-UU...
HHHH
NEE!
NEE, NEE!

# ZOMBIE 100

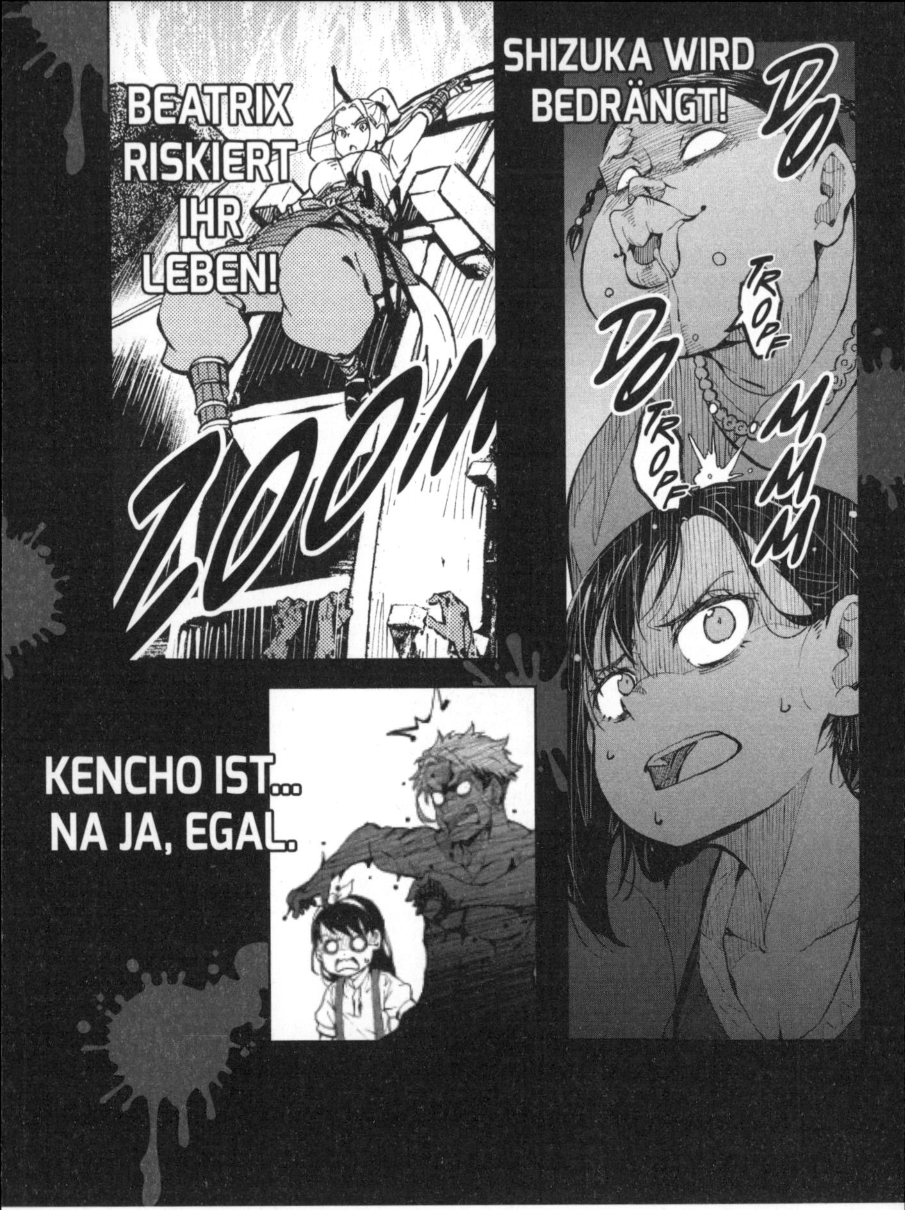
SHIZUKA WIRD BEDRÄNGT!
DO
DO
TROPF
TROPF
MMMMM
BEATRIX RISKIERT IHR LEBEN!
ZOOM
KENCHO IST... NA JA, EGAL.

# EINE NEUE WENDUNG!

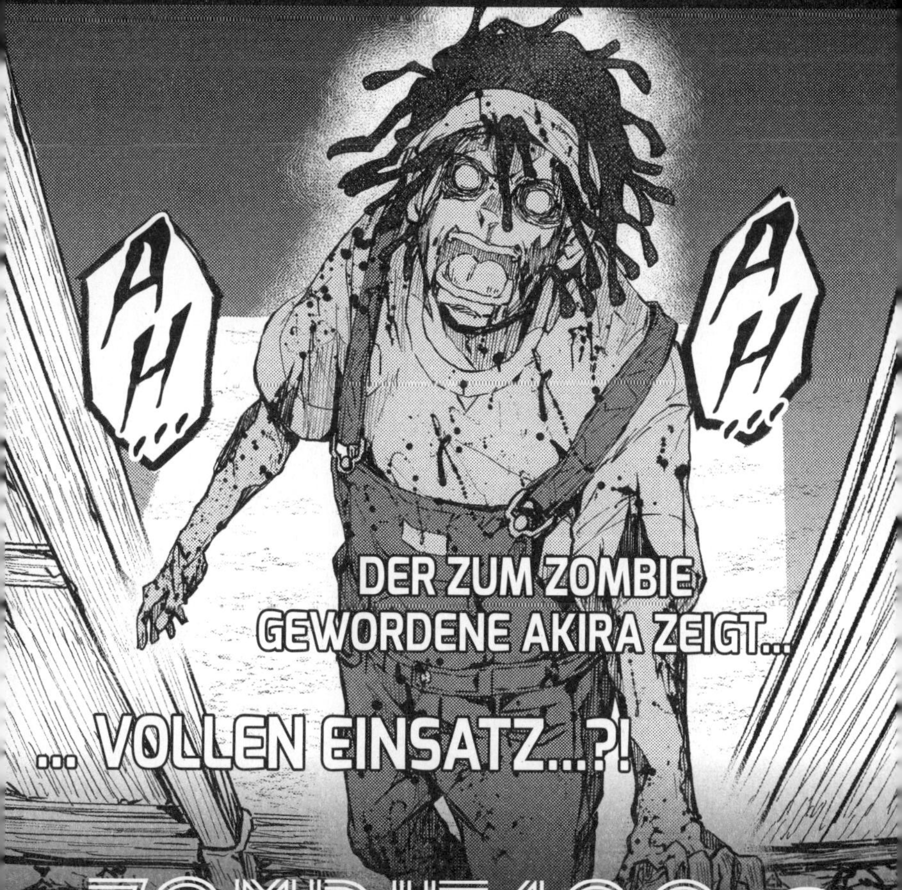


**BAND 6 ERSCHEINT SCHON BALD IM HANDEL!**

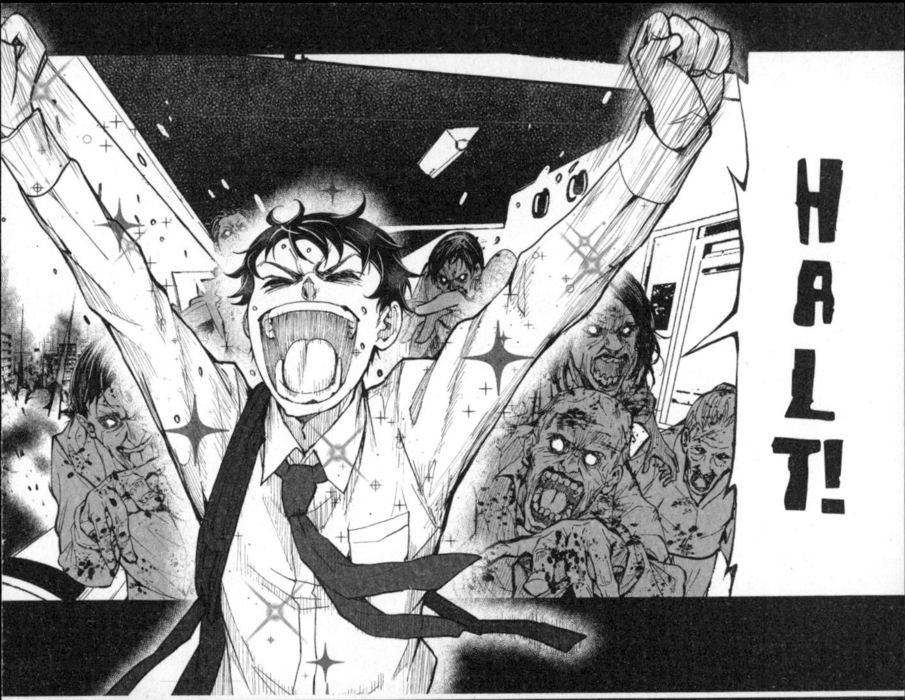


**ZOMBIE 100** ist ein japanischer Comic. In Japan liest man von »hinten« nach »vorn« und von rechts oben nach links unten, also einfach spiegelverkehrt. Viel Spaß mit **ZOMBIE 100** !

PRODUZIERT MIT VERANTWORTUNG

MIX
Papier | Fördert gute Waldnutzung
FSC® C083411
FSC www.fsc.org



CARLSEN MANGA • Deutsche Ausgabe/German Edition © 2022 Carlsen Verlag • Völckersstraße 14-20, 22147 Hamburg
Aus dem Japanischen von Katrin Stamm • ZON100 Vol. 5 by Haro ASO, Kotaro TAKATA ©2019 Haro ASO, Kotaro TAKATA
All rights reserved. • Original Japanese edition published by SHOGAKUKAN. • German translation rights arranged with SHOGAKUKAN through The Kashima Agency. • Original cover design: Yasuhisa KAWATANI • Redaktion: Philipp Nakata
Textbearbeitung: Steffen Haubner • Herstellung: Derya Yildirim • Letteringschrift: Dirk Rehm
Alle deutschen Rechte vorbehalten. • ISBN: 978-3-551-74570-5

Mit Fragen zur Produktsicherheit wenden Sie sich bitte an: carlsen.de/kontakt

Carlsen Manga! News – jeden Monat neu per E-Mail! • www.carlsenmanga.de • www.carlsen.de